ジョン・バージ 編
及川昌典
木村 晴
北村英哉 編訳

無意識と
社会心理学

Social Psychology and the Unconscious
The Automaticity of Higher Mental Processes
Edited by John A. Bargh

高次心理過程の自動性

ナカニシヤ出版

Social Psychology and the Unconscious
The Automaticity of Higher Mental Processes
Edited by **John A. Bargh**

Copyright© 2007 by Psychology Press.
Japanese translation rights arranged with TAYLOR & FRANCIS GROUP
through Japan UNI Agency, Inc., Tokyo.

All Rights Reserved.
Authorized translation from English Language edition
published by Psychology Press, part of Taylor & Francis Group, LLC.

日本の読者の方々へ

JOHN A. BARGH
ジョン・A・バージ

　『無意識と社会心理学』が邦訳出版されることになり，自動性研究がこれまで以上に幅広く日本の心理学界に浸透していくであろうことを大変光栄に思います。過去25年間にわたる心理学の無意識研究の躍進によって，当事者の自覚や意図を伴わない，無意識の心の仕組みが急激に明らかになってきました。無意識について科学的な研究を読むのは初めてだという人は，人間の主観的経験，判断，選択や好み，さらには対人行動までもが無意識に導かれていることに驚くかもしれません。しかし，その驚きは誰もが経験したものです。本書で解説されている知見の多くは，たくさんの優秀な研究者たちを驚かせてきたものばかりなのです。複雑で高次な人間の心理過程が，当事者の自覚や了解すらなしに働いていることを予見できた者は，25年前には誰もいなかったのです。

　無意識の心理過程の理解は，意識的で統制された心理過程に注目してきた伝統的な社会心理学研究の立場に適切なバランスをもたらしました。無意識は概して『現在焦点型』で，現在進行中の環境内の刺激や事象に対して反応します。したがって，無意識は特定の刺激への接近や回避，または周囲の他者と同じように振舞うといった，適切なデフォルトの行動傾向を生み出します。意識の重要な機能である積極的な未来の計画や過去の想起は，このような無意識の現在焦点型の性質に支えられています。意識が未来や過去を巡回している間，無意識は現在の環境に留まって適切な行動を維持してくれるわけです。

　無意識の理解は心理学という学問だけでなく，地球上のすべての生命に関わる実存的命題にも重要な示唆を与えてくれます。わたしたちを人間にならしめているものは何でしょうか？　他の動物とは何が異なり，何が共通しているのでしょうか？　意識は人間特有のもので，それ故に多くの動物たちの中でわた

したちだけが，洗練された文化や文明や技術を築くことを許されたのでしょうか？　本書で解説されている研究は，その可能性を絞ることで意識の真の機能に迫るものです。わずか四半世紀前と比べても人間の理解は大きく様変わりしました。現在では，感情体験や決定の背後にある仕組みの多くは無意識であり，意識的には不透明なままであると考えられています。

　しかし，このような新たなパラダイムに基づく無意識の研究は，文化を越えて世界中で認められることが重要であり，その意味でも本書が邦訳され日本の皆様の目に触れることは大いに価値のあることです。無意識が人間の基礎メカニズムだと自信を持って主張するためには，人類全般を対象として，世界中で集められた研究データを検証する必要があります。最先端の自動性研究および無意識研究では，保護者，遊び仲間，メディア，音楽，本，映画などとの接触を通じて形成された，文化的な信念，規範，価値観などによる無意識の影響の検討がすでに始められています。無意識の影響には先天的なものと後天的なものがあり，遺伝子によって大まかに決定されている部分もありますが，より多くの部分は生まれ育った環境や文化や言語の影響を受けて微調整が繰り返されます。無意識のどこまでが全人類に共通の現象で，どの部分が文化的に異なるのか？『無意識と社会心理学』の訳者たちが予見したように，このような問いは次の25年間における無意識の心理学において重要な議題となることでしょう。本書が多くの読者の関心を惹き，日本の心理学者たちがこのプロジェクトの一翼を担うようになることを心より期待しています。

目　次

日本語版への序文　*i*

イントロダクション　　*1*

第 1 章　自動性とは何か？　自動性を構成する様々な特徴とその関係　*9*

1　自動性へのアプローチ　*10*
　［1］特徴ベースのアプローチ　*11*
　［2］メカニズムベースのアプローチ　*17*
　［3］結　論　*18*
2　自動性の特徴の定義　*18*
　［1］（非）意図性と目標独立（依存）性　*18*
　［2］（未）統制／統制（不）可能　*24*
3　漸進的アプローチ　*29*
4　分解的アプローチ　*30*
　［1］概念的重複　*30*
　［2］自動性の特徴間の関係　*31*
　［3］単純な議論　*31*
　［4］単純な議論の問題点　*33*
5　結　論　*35*

第 2 章　社会行動の自動性　*37*

1　行為の始発点　*38*
2　自動行動に関する 3 つの代表的研究　*40*
3　自動行動の 3 つのルート　*41*
4　模倣ルート　*43*
　［1］経路 1：知覚から運動プログラムまで　*43*
　［2］経路 2：知覚から行動表象まで　*45*
　［3］経路 7：行動表象から運動プログラムまで　*46*

［4］模倣経路の影響　*47*
　　　［5］無意識の模倣の調整要因　*49*
　　　［6］社会的絆としての模倣　*52*
　　　［7］非意識的模倣の影響　*53*
　5　特性ルート　*55*
　　　［1］経路3：知覚から特性まで　*55*
　　　［2］経路4：特性から行動表象まで　*57*
　　　［3］特性ルートの影響　*57*
　　　［4］調整要因　*61*
　　　［5］自己の役割　*65*
　6　目標ルート　*67*
　　　［1］自動的目標遂行　*67*
　　　［2］経路5：知覚から目標まで（目標設定）　*68*
　　　［3］経路5：知覚から目標まで（目標採用）　*70*
　　　［4］経路6：目標から行動表象まで（目標の実行）　*74*
　　　［5］自動的目標遂行を支える認知過程の性質　*76*
　7　特性プライミングと目標プライミング　*79*
　8　人はいつ何のために行動を意識するのか？　*81*

第3章　親密な関係に見られる自動性　　*85*

　1　定　　義　*86*
　　　［1］親密な関係とは　*86*
　　　［2］自動性とは　*86*
　2　親密な関係に対する社会認知的アプローチ　*87*
　　　［1］転移と関係的自己　*87*
　　　［2］関係スキーマ　*89*
　　　［3］他者の自己への内包　*90*
　　　［4］関係的・相互依存的自己解釈　*91*
　　　［5］アタッチメントの作業モデル　*91*
　　　［6］拒絶感受性　*93*
　　　［7］その他のアプローチ　*93*
　3　過程と現象　*94*
　　　［1］自動的情報処理　*94*

[2] 自動的感情と評価　*96*
　　　[3] 受容と拒絶の自動的評価　*99*
　　　[4] 自己定義および自己評価の自動的基盤　*100*
　　　[5] 自動的自己制御　*102*
　　　[6] 対人行動への自動的影響　*108*
　4　まとめと応用：過去が現在に及ぼす影響　*110*

第4章　評価の自動性　*115*

　1　用語解説　*116*
　2　自動評価の証拠　*118*
　　　[1] 評価プライミング・パラダイム　*118*
　　　[2] 脳画像法　*120*
　3　自動評価における状況の影響　*121*
　　　[1] 状況独立性　*121*
　　　[2] 状況依存性　*122*
　　　[3] 独立性と依存性　知見の一致点　*124*
　4　自動的な評価と熟慮的な評価の一致性　*125*
　5　自動評価の発達　*126*
　6　自動評価の影響　*129*
　　　[1] 直後の影響　*129*
　　　[2] 対応（Correspondence）　*133*
　7　自動評価の生成と表象　*135*
　　　[1] 単一タグ観点　*135*
　　　[2] 構成的観点（Constructive Perspective）　*136*
　　　[3] 単一タグと構成的処理のどちらが支持されるのか？　*138*
　8　結　論　*142*

第5章　潜在連合テスト：その概念と方法　*143*

　　　[1] 潜在的認知　*144*
　　　[2] 潜在的測定　*145*
　　　[3] 潜在連合テスト　*145*
　1　内的妥当性　*146*
　　　[1] 材　料　*147*

- [2] 刺激のカテゴリーの明確さと，カテゴリー化における使用の保証　*147*
- [3] 他の刺激の特徴　*148*
- [4] 手続きに関するデザイン　*148*
- [5] 外的な影響　*150*
- [6] 組み合わせ課題の順序　*150*
- [7] 認知的流暢性　*150*
- [8] IATの経験　*151*
- [9] 測定の順序　*151*
- [10] 分　析　*152*
- [11] 信　頼　性　*152*
- [12] 内的一貫性　*153*
- [13] 再検査信頼性　*153*
- [14] 結果の偽り　*154*

2　構成概念妥当性　*155*
- [1] IATと他の潜在的指標との関連　*155*
- [2] IATと自己報告尺度との関連　*156*
- [3] 収束妥当性と弁別妥当性　*157*
- [4] 予測妥当性　*157*
- [5] 変化の可能性と発達　*158*
- [6] 潜在的認知の発達　*158*
- [7] 変化の可能性と結果の偽り　*158*

3　IAT効果の解釈　*159*
- [1] 相対的測定　*159*
- [2] 刺激項目あるいはカテゴリーラベルに対する態度　*160*
- [3] IATは自己報告よりも「真の」あるいは「実際の」認知を明らかにするか？　*161*
- [4] IAT効果に関連する認知プロセスはどのようなものか？　プロセスモデル　*162*
- [5] IAT効果の神経科学的関連　*163*
- [6] IATによって測定される連合は内省することが可能か？　*164*
- [7] IATの適切な応用　*165*

4　まとめ　*166*

訳者あとがき　*167*
引用文献　*169*
索　引　*228*

イントロダクション

JOHN A. BARGH
ジョン・A・バージ

　判断，動機づけや社会行動などの高次の心理過程の自動性についての研究は，この25年間で大きく進展した。2章で，ダイクステルハウス，チャートランドとアーツが述べているとおり，25年前に社会行動の自動性について章を書くように依頼されたとしたら，書けるようなことがらは大してなかっただろう。本書の7つの章（うち5章が翻訳されている：監訳者注，以下章番号は本書の番号としている）で示されている豊かな内容は，確かに状況が変わったのだということを証明している。最初は一握りの研究［1］，それもほとんどは社会的知覚（たとえばステレオタイプ化や行動のカテゴリー化）への自動的影響に限られていたものが，今や，評価，社会行動，目標追求などの領域に至るまで夥しい数の実験が公刊されている。さらに，情動表出や情動経験，親密な人間関係の形成や維持などの伝統的な心理学領域においても，研究の進展にあたって自動性／統制性の概念を適用していくことが始まっている。

　1970年代に，認知革命が社会心理学に及んだ際には，認知は意識的で熟慮的なものであると誰もが想定していた。したがって，人は自らの判断がどのように行われているかを自覚しており，判断に影響する入力にも気づいていると考えられていた。このような仮定は常識であると思えるほど直観的に明白であったため，ほとんど誰もこれを疑わなかった。しかし，幸いにして幾人かは疑いの気持ちを持ったのだ（［1］を参照）。

　自動的過程に関わる現象は定義上意識外で働くわけであるから，常識や自分の個人的経験から正しいと感じられることは研究の進展の足かせとなる。思い

出すのは，何年も前に自動性研究を義理の弟に説明しようと試みたときのことだ．義弟は，自分が意図していない理由から何かを行った経験など1つも思い出せないと反論し，わたしの話を容易には信じようとしなかった．

しかしウェグナー [5] が示したように，自分が行動を意図していたというエイジェンシー感覚さえも，原因の帰属や推論の結果であって，実際の原因についての正しい理解になっていない．

高次過程についての自動性研究は，最初おそるおそる行われたものだ．人の心理や行動は個人の意識的な統制下にあるという前提が主流な中で，そろそろと確かめるように研究が開始された．結果は予想以上に自動性の存在を勇気づけるものであった．確信が高まると，注意と行動の関係，原因帰属，ステレオタイプ化と偏見などの社会心理学の主要領域においても，重要な自動的要素が含まれることが示されるまでに時間はかからなかった．勢いづいた研究者たちは固唾をのんで次の一歩を踏み出した．意図や自覚なしに行動を引き起こすことができるだろうか，さらには動機づけや目標追求を引き起こし，注意や知覚，判断，行動などが必要な，時間が長くかかるようなプロセスをすべて自覚外で働かせることができるのだろうか．答えはイエスだ．2章でダイクステルハウスたちが結論しているように，あらゆる高次プロセスは意識的な意図による先導を必要とせずに，プライミングによって駆動させることができるようだ．

そして，振り子は逆方向に大きく振れた．チェンたちが3章で指摘するように，自動性の考え方はもう社会心理学の中では十分広まったため，かつて自動性を主張するために越えなければならなかった障害の多くは見あたらなくなってしまった．

これは良くもあり悪くもある．検証されずに広く信じられている仮定は，検証に付されないままにしておくと，その分野の進歩を妨げることになる．たとえば，1980年代，自動的ステレオタイプが情報処理に影響を及ぼすことを示した初期のデモンストレーション研究は，ステレオタイプ化は不可避で統制不可能であると多くの者に思い込ませることになった．ムアーズとデ・ハウアー（第1章）が明確に論じているように，自動的な過程と統制的な過程という単純な二分法の考え方は批判を受けている．もしも過程がどちらかでしかないのなら，研究者が得てきている証拠から考えて，1つの過程から別の過程へと素

早く切り替わらなくてはならない。もちろんしかし、ことはそう単純ではない。意識的ないし統制的な過程の特徴と伝統的に考えられてきた、自覚性、意図性、統制性、限定される容量は、必ずしも一枚岩ではなく、通常はバラバラに観察される独立した特徴である。自動的過程の特徴と考えられているもの（自覚の欠如、無意図、統制不可能、効率性）についても同じことがいえる。むしろ、社会心理学者が最も興味を惹かれるような高次で複雑な心的過程には、これらの特徴が混在していることが多い。たとえば、わたしが今行っているタイピングは自動性の例によく用いられるが、これは手書きの草稿に反応して、いちいち意識的に特定のキーを打とうとしなくても、無自覚に指や手が働いてくれることを指している。無自覚という自動性の特徴があるからといって、他の自動性の特徴をさらに仮定して、わたしのタイピングが無意図的で、統制不可能であるということにはならない。

　自動性は、表面上は単純に見えるが、詳細に検討していくともっと複雑な現象である。ムアーズとデ・ハウアーは、自動性の構成要素について詳細な分析を第1章で行っている。そこでは、自動的過程と統制的過程の単純な二分法を排し、実証的、理論的基盤に基づいて自動性の構成要素とそれに関わるプロセスを分解している。多くのプロセスには自動的な特徴と統制的特徴とが混在しているのである。

　自動性の概念をその構成要素に分解して理解しようとする分解アプローチに加えて、著者たちは構成要素のひとつひとつについても、段階的な性質を持つのか、絶対的な性質を持つのか、また、それらは他の構成要素と概念的に区別できるのかといった詳細な分析を展開する。さらに著者たちは特徴間の関係を検討することで、分解した構成要素をこわれたハンプティダンプティのように、そのまま放ってはおかず、もう一度組み立て直そうとする。たとえば、わたしたちが自覚しているような過程であるならば、同時に統制可能であり、逆に、自覚していないような過程ならば、意図的ではなさそうに思える。このように1章では、現在の自動性研究に必要とされる基礎的な概念的問題の明確化が展開されている。

　ダイクステルハウスらによる2章では、社会的知覚、社会行動、目標追求について急速に拡大している自動性研究の領域をカバーしている。2章は、社会

的認知のいくつかの異なる研究領域をジグソーパズルのように慎重に組み合わせながら統合していく初めての試みである。多くの研究では，様々な複雑な社会的知識構造――たとえば，社会集団の表象，重要他者，ステレオタイプと役割概念――の活性化を目立たない形で受動的に引き起こすプライミング手続きが用いられている。著者らはこれらの研究のレビューを通じて，原則的にほとんどの社会心理学的現象がプライムできる，つまり，意図や自覚なしに，自動的に操作できると結論している。著者らはさらに，これらの研究は，社会行動が意識的意図から生じることは稀であり，むしろ多くの行動は最近の経験や内的な連想による活性化から生じていることを示していると論じる［5］。

　社会行動への自動的効果を媒介するメカニズムの分析において，ダイクステルハウスらは，活性化を呼び起こす環境刺激や出来事から社会行動への影響につながる3つの主要なルートをたどる。第1に，自然な模倣プロセス，第2に，特性概念の活性化，第3に，その状況で追求する目標の活性化である。発話や表情表出，姿勢，ジェスチャー，くせなどは，無意識に模倣されることを示す証拠が今や豊富に得られている。しかし，2章で描かれているチャートランドたちの新たな研究では，そのようなデモンストレーションを越えて，相互作用相手に関する現在の目標によって，このような傾向が調整されることが検証されている。たとえば，相互作用相手を自然にまねる傾向には重要な社会的効用があり，利他的行動，説得，好意，自己制御などに影響する。

　2章で特筆すべきもうひとつの点は，特性ルートと目標ルートの区別とその違いについての議論である。2つのルートはどちらも自動的な社会行動という類似の結果を導くが，それらは異なるメカニズムを通して生じる。特性ルートによる自動行動効果は，活性化された特性概念が進行中の行動を調整するために生じるのであり，特性の活性化が新たな行為系列を引き起こすわけではない。それは目標ルートに基づく効果の方がもっぱら及んでいる領域である。目標ルートは，目標設定，目標採用，目標実行の3つの局面に分解される。著者たちは，自動的目標追求を支える基盤となる認知的，神経的過程について考察を行っている。

　心理学実験室の外の世界で，このような知覚や行動の自動的効果の生じる重要な環境文脈の1つは，親密他者との関係である。第3章で，チェンらは，対

人関係だけでなく，情報処理，感情反応，評価，期待の生成，自己概念，自己価値，自己制御などへの効果を含む関係認知における自動性を扱った多くの知見をレビューする。親密な関係は，社会的認知で研究するすべてのことがらが実生活で最も重要となる場であり，そこには，わたしたちが最もよく遭遇する人々がいて，そのわたしたちについての意見は，自己価値の感情に重要であり，重要な人生／生活上の課題や目標の多くを共に追求する。親密な他者との相互作用は頻繁に生じ，一貫していることによって，自動性現象を研究する舞台として実り多い領域である。さらに，親密な関係での自動性のデモンストレーションは，自動的過程が実験室内だけで生じる人工的な現象ではなく，現実世界で意味を持つことのデモンストレーションでもある。

　自動的現象の多くは，わたしたちの過去が現在に及ぼす無意図的で自然な影響だと考えられる。以前の関係や関係の経験が永続して，現在の相手との間に再び現れることは，チェンらがレビューする研究の共通テーマである。このような自動的効果である転移（過去の重要他者との関係が現在の関係や新たな知り合いの印象にいかに影響するか），関係スキーマの影響，親密な他者がいかに個人の自己概念の重要な特徴として組み入れられるか，そしてその結果として，関係にまつわる感情や行動にいかに影響するか，また，安定ないし不安定な愛着の内的作業モデルについての問題などを，3章はカバーしている。

　人は親密さや安全を獲得するために過去に用いた方法を，今の状況で最適なストラテジーかどうかに関わりなく用いてしまうと著者たちは論じている。彼らも認めるように，発達初期の愛着経験が青年期や成人期における他者関係に表れるという考えは，ボウルビィの愛着理論における有名な主題であって，新しいものではない。新しいのは，親密な関係を認知構造に対応するものとして概念化し，自動性と統制性，アクセシビリティや適用可能性，連合，プライミングなどの認知的原理を適用している点である。このような方向性は，この10-15年間，人間関係領域の研究者たちに様々な重要な発見をもたらした。それは，動機や目標を知識構造として捉え直すことで，動機づけと目標追求の領域に顕著な新知見の興隆が見られたのとほぼ同時期である（2章参照）。

　心理現象の中で自動的に働いていることが一般の人にも受け入れやすい領域をひとつ挙げるならば，それは情動経験である（以下情動の章は割愛された）。

そして，自動的に生じるもうひとつの情動経験として，好みや評価の問題がある。ファーガソン（4章）は，フィスク［4］とファジオ［3］による重要な理論的・実証的研究をもとに積み重ねられてきた自動評価や自動的態度の活性化を扱う研究をレビューする。両者は，自動的な感情反応を別の心理システムから生じるのではなく，長い時間を経て対象と強く結びつく，ないし，統合されるようになった要約的な評価であると概念化した。フィスクの"カテゴリーに基づいた感情"モデルでは，日常的な対象や社会的知覚の中で，自動的で即座の感情反応が生じ，知覚表象が活性化されるときには，その評価も活性化するとした。
　ファーガソンは，評価の認知的アーキテクチャーを分析し，いかに評価が心的に表象されるのかを示すモデルについて論じている。現在の主要な理論的問題は，評価は記憶内の永続的な表象に対応しているのか，あるいは，必要なときにその時点でつくられる認知的構築物なのかということである。自動評価が現在の文脈によって調整されることを示す最近の研究は，自動的構成プロセスを支持する証拠のひとつである。ファーガソンは，過去に関する文脈と未来に関する文脈の，2つの種類の文脈を区別した。
　文脈効果は，最近の経験（過去）からもたらされる場合がある。たとえば，教会に礼拝に行く黒人を事前呈示することでネガティブなステレオタイプの潜在的・自動的な表出を減じることができる。一方，文脈効果は展望記憶（未来についての記憶）からもたらされる。進行中の目標追求を促進するか阻害するのかという基準で，刺激が評価されるようなときである。
　ファーガソンは，態度や評価の研究が，この25年ほどで方法的に大きく進展し，それによって多大な利益を得たことを指摘している。それは，質問紙や調査による態度の自己報告から，自己呈示目的によって戦略的に統制することができないような態度の潜在測定へと現在，方法的な進展が得られたことによる。今や潜在的態度に迫る多様な方法があり，4章と5章でそれが議論される。ファーガソンはこれらの新たな測度は重要な新しい研究上の問題を提起したことを述べている。たとえば，潜在的態度と顕在的態度の関係はいかなるものかなどである。潜在的に測定される態度と顕在的な態度とは同じ態度であって，異なった方法で測定されただけであるのか，あるいは，これら2つは別の態度で

あるのか，また，そもそも自動評価はいかに発達するのかなどの新たな疑問がある。

　5章では，自動的影響を測定する次世代の方法を取り扱う（閾下逐次プライミングや認知的負荷，分割注意など，まだ十分利用できる古い方法についての記述は［2］を参照）。5章では，ノゼック，グリーンワルドとバナジが，様々な概念間の自動的ないし潜在的連合強度を査定する今日最もよく用いられる技法であるIAT（潜在連合テスト）についてレビューを行っている。IATは現在とても人気があるが，そのIATを開発し，また，インターネットで世界各国100万人以上の人々に測定を実施した著者たちは，IATの効果的な用い方について詳細で実践的な助言を提供している。そして，他の潜在測度と比べて，IATが信頼性，妥当性のある測度であるかについて議論をしている。

　本書を読まれる方は過去25年間における自動性研究の重要な進展に少なからず感銘を受けることだろう。特にわたしが個人的に報われ，励まされるのは，本書の執筆者たちが次世代の研究者であることだ。彼らの章には，かつて1970年代，80年代の先輩たちが実感した発見の興奮と感動がそのまま反映されている。彼らが成し遂げている方法的，理論的進展はどれも印象深いものばかりだ。本書を読む限りにおいて，引き継がれた研究は次の25年間においてさらに加速度的な進展を遂げるであろうことに，もはや疑いをさしはさむ余地はないだろう。

第1章

自動性とは何か？
自動性を構成する様々な特徴とその関係

AGNES MOORS & JAN DE HOUWER
アグネス・ムアーズ & ジャン・デ・ハウアー

　自動性（automaticity）は近年の心理学研究で幅広く注目される重要概念のひとつだ。しかし，初学者はその用法が統一されていないことに戸惑うかもしれない。ひとことで自動性と言っても，強調される特徴は研究法や領域によって異なる。本章では，これまでの研究で扱われてきた自動性の様々な特徴について解説し，それらの関係について考察する。

　解説に入る前にいくつかのことを確認しておきたい。まず，自動性という用語は心理過程（たとえば，女性の知覚から暖かさを感じさせる心理過程）を指す場合と，その結果（暖かい人だという感覚）を指す場合とがある。心理過程の結果は観察したり報告したりすることが可能だが，心理過程そのものは観察・報告できない。そのため，結果が自動的ならば心理過程も自動的だろうと見なされることが多い。また，心理過程というのはどうにも広い用語で，問題とする分析のレベルによって様々なものを意味する。マー [79] は，心理学で問題とされる3つの分析レベル（機能レベル，アルゴリズムレベル，ハードウェアレベル）を区別している。機能レベルの分析では，原因と結果または入力（女性）と出力（暖かさ）の対応関係だけが問題となる。しかし，アルゴリズムレベルの分析では，入力がどのように出力を導くのかという，入力と出力の間のプロセス（ブラックボックス）が問題となる。さらに，ハードウェアレベルの分析では，間のプロセスを現実的に可能にする脳内の物理的なプロセスが問題となる。分析レベルについてはこれ以外にも様々な区分が提案されているが [2][105]，ひとことで心理過程の自動性といっても，抽象的で高次なレベ

ル（機能レベル）から厳密で低次なレベル（アルゴリズムレベルやハードウェアレベル）まで様々な側面が問題にされるということを覚えておきたい。

　もうひとつ，自動性研究の2つの命題についても解説しておこう。自動性研究の第1の目的は，これまで自動的でないと信じられてきた複雑で高次な心理過程が，実は自動的であることを示すことだ。たとえば，スキル獲得研究では複雑な課題の遂行，感情プライミング研究では対人評価というように，従来は自動的に行うことができないと想定されてきたような，高度な行動や評価の自動性を示す試みがなされてきた。

　自動性研究の第2の目的は，自動性のメカニズム，すなわち，どのような低次の心理過程が，高次の自動性を導くのかを明らかにすることである。たとえば，感情プライミング効果（感情刺激への接触が，後の行動や判断に無自覚の内に影響を及ぼす効果）を導くのは，感情関連記憶検索［40］だろうか？　それとも，目標状態と現実状態の比較だろうか［84］？

　どちらの目的においても，心理過程が自動的であるかどうかを診断することが重要となる。第1の目的は高次心理過程の自動性の診断，第2の目的はその背景にある低次心理過程の自動性の診断が問題となる。高次と低次，2つの次元に適用できる自動性の診断基準を解明することが自動性研究の重要命題だということを心に留めて，この命題に対するこれまでの自動性研究者たちのアプローチを見ていくことにしよう。

1 自動性へのアプローチ

　これまで数々の理論が自動性をいくつかの特徴から定義しようと試みてきた。しかし，どの特徴が最も重要なのか，また，異なる自動性の特徴はどのように関連しているのかといった問題については，理論によって意見が分かれている。一方で，このような特徴ベースのアプローチではなく，背景プロセスから自動性の定義と診断をすべきだとするメカニズムベースのアプローチも考案されている（後述）。

[1] 特徴ベースのアプローチ

　特徴ベースのアプローチとは，自動性の診断基準となる特徴を特定しようとする試みである。これまでの心理学研究で最もよく知られているのは，自動性のいくつかの特徴をひとまとめにして自動的過程と非自動的過程を区別する，2過程モデルの立場だ。これは各特徴をそれぞれ独立したものとして扱う分解的アプローチ（後述）とは異なる立場である。2過程モデルは根強く浸透してはいるが，実は多くの批判がある。

1）2過程モデル　　2過程モデルは，非意図的，無意識的，統制不可能，効率的，速い，という特徴を合わせ持つ自動的過程と，その逆（意図的，意識的，統制可能，非効率的，遅い）と定義される非自動的過程の2つに心理過程を大別する視点である。このような2分化は，自動性の各特徴は常に同時に観察され，また，自動的過程と非自動的過程は完全に独立であるという想定に基づいている。あらゆる過程が完全に自動的な過程か完全に非自動的な過程かに2分化されるため，1つの特徴の有無がわかれば残りの特徴の有無は論理的に自明となるわけだが，実際には話はそれほど単純ではない [12]。

　2過程モデルの誕生には，2つの大きな研究の流れが関わっている。ひとつは，古典的な習慣形成研究 [58; 59]，初期のスキル発達研究 [26]，2重課題研究（[117]，レビューは [118] 参照，詳細は後述）などの分野から生まれた，容量モデル [114]。もうひとつは，ニュールック心理学 [24] の流れである。

2）容量モデル　　容量モデルは注意の分配に関する理論である。容量モデルでは，注意は心理過程の様々な段階に分配される有限のエネルギーだと考える [61]。心理過程の初期処理段階（感覚分析など）では，注意容量はあまり必要とされないが，後の段階（熟慮的判断など）になるほどたくさんの注意容量が必要となる。ただし，通常は多くの注意容量が必要とされる段階の処理でも，同じ処理が何度も繰り返されることで少ない注意容量で作動するようになる。このように容量モデルにおける自動的処理とは，少ない注意容量で働く効率的な処理を指し，自動性は訓練によって発達すると考える [53; 69; 71; 100; 101; 114]。

　そもそも容量モデルでは，注意容量が最小で済む自動的（効率的）過程から，多くの注意容量が要求される非自動的（非効率的）過程までを連続体とし

て捉えていた（[53]参照）。しかし，効率的過程と非効率的過程のそれぞれに付随する様々な機能的特徴（非意図性・意図性，無意識性・意識性，統制不可能性・統制可能性，速さ・遅さ）が見出されるにつれて，いつの間にか自動的過程と非自動的過程は複数の特徴を合わせ持つ2つの処理モードだとする視点へと移行してしまったのだ。

3) ニュールック心理学　ニュールック心理学[24]は，2過程モデルの誕生に寄与したもうひとつの流れだ。ニュールック心理学は，知覚の構成主義的性質，つまり，知覚が環境や刺激だけでなく，環境と個人変数（欲求，期待，価値感，知識など）との相互作用から構成される過程に注目した流れだ[20]。しかし，個人変数が知覚に及ぼす影響が当人に自覚されないことが多いことがわかると，知覚の無意識的な性質に研究の焦点が寄せられるようになった[39]。よって，ニュールック心理学に基づく2過程モデルでは，無意識性と無意図性が自動性の主な特徴として強調される[42]。

　このように，容量モデルでは効率・非効率，ニュールック心理学では意識・無意識というように，2過程モデルでは何らかの特徴対を基礎とし，その上に他の特徴をつけ加えていくことでモデルを発展させてきた。それぞれの流れが異なる特徴対を強調している原因のひとつは研究パラダイムの違いにある。容量モデルに基づく研究では，効率性を検討するためにデザインされた課題が用いられる。たとえばシフリンとシュナイダー[114]による探索課題（スキル発達課題の一種）を用いた研究は容量モデル研究の典型例だ。参加者は効率的に行えるようになるまで課題（ターゲットの検出など）に取り組むように教示される。一方，ニュールック心理学の研究では，本来の研究目的とは無関連な課題に取り組むように教示される。たとえば，ブルーナーとグッドマン[25]は，コインを見せた場合と同じ大きさの円盤を見せた場合とでは，その知覚に基づいて描かれる円の大きさが異なることを示すことで，コインの額や参加者の貧しさが大きさの知覚に及ぼす非意図的な影響を検討している。

　このような違いはあるものの，どちらのモデルも心理過程の仕組みについては同じように（計算論的アプローチで）捉えている。どちらのモデルでも，人間の情報処理には長期記憶内の情報が作動記憶に送られる過程が関わっているとされ，それには2つのルートが想定されている。ひとつは刺激入力だけで生

じる（よって注意容量が少なくて済む）活性化の拡散を通じた自動的ルート，もうひとつは多くの注意容量を必要とする非自動的ルートである。多くの批判があるにもかかわらず2過程モデルが未だに多くの研究分野に浸透している理由のひとつは，このような計算論的アプローチに基づいて認知を扱ってきたことにある。この点で計算論的アプローチは，2過程モデルの誕生と固執を支えた第3の要因だといえるだろう。

4）**計算論的アプローチ**　2過程モデルは，（後述するコネクショニストアプローチよりも）計算論的アプローチによく馴染む（[33] 参照）。計算論的アプローチでは，人間の情報処理をコンピューターの情報処理に例えて説明する。人間の知識は長期記憶内に貯蔵された記号として捉えられる。知識にはデータ（概念や事例，宣言的記憶庫に貯蔵されている）とプログラム（手続き，ルール，アルゴリズムなど，手続的記憶庫に貯蔵されている）がある。心理過程は，入力されたデータにプログラムを走らせ，新たなデータを出力するシステムなのだと考えられる。

　計算論的アプローチには，誰が記号を解釈して意味を与えているのか [110]，また，誰が情報処理（記号操作）をしているのかという厄介な問題がある。ひとまず古典的なモデルでは，中央実行系（ホムンクルス，頭の中の小人とも揶揄される）がこの二役を担当することになっている [8]。中央実行系はさらに注意の方向づけも担当すると考えられているため，意識性，統制性，非効率性は小人の仕事の特徴としてワンセットにされている。

　もっとも，すべての情報処理が中央実行系を必要とするわけではない。知識には似通ったものどうしが連合したネットワークが想定されており，実行系の助けなしでも知識の活性化は拡散していくと考えられている。実行系を通さないすべての処理は自動的と見なされ，無意識，無統制，効率的の3つはセットで考えられている。古典的な計算論的アプローチでは，自動的に実行可能なのはデータを1つ検索することだけだと想定されてきたが（[73] 参照），プログラムも実行系の助けなしで利用可能だとするモデルも提案されている（[3] 参照）。

5）**コネクショニストモデル**　コネクショニストモデルでは，知識を単一の記号ではなく，ネットワーク内に分散したユニット間の活性化パターンとして

捉える．意味的に類似した概念は，活性化パターンも類似する．この類似性が概念に意味を与えるので，コネクショニストモデルは小人を必要としない（[32]，ただし [31] 参照）．また，コネクショニストモデルでは，プログラムもユニット間の連合の重みづけで表されるため，記号形式のプログラムを持たずとも，あたかもプログラムを用いているかのように働くことができる [33]．コネクショニストモデルにおける心理過程は，データとプログラムの組み合わせではなく，ダイナミックな活性化パターンから生じる自己組織化システムなのだ．刺激と遭遇するたびに，以前に確立されたパターンの活性化と連合の重みづけの増加が同時に生じる．

　意識的解釈，操作，注意の方向づけを担う小人を仮定しないコネクショニストモデルでは，意識性，統制性，非効率性をセットとして考える必要がない．（無）意識性はノードの質やノード間の活性化の質によって決定される [34]．ただし，統制的処理や注意をどのように定義するかは難しい問題である．実際のところ，コネクショニストモデルでは統制を想定せず，統制幻想として棄却するか，コネクショニストとは別に目標モジュールを新たに想定して説明しようとすることが多い．注意も，連合の重みづけにかかる歪みと見なされることが多い．このように，コネクショニストモデルでは統制や注意は行動の原因ではなく，プライミング効果に付随する副産物だと見なされる [58, p.447; 92; 60; 41]．

6) 2過程モデルに対する批判　2過程モデルは激しく批判された．実際には，自動性の特徴は常にセットで観察されるわけではなく，また，ひとつの特徴をとっても完全に自動的といえる現象は少ない [12; 64; 72; 73; 74; 75]．たとえば，一般に無意図的で統制不可能とされてきたストループ干渉効果は，実はターゲットから注意を逸らすことで干渉効果を減少させることができ，完全に注意に依存しないわけではないことが示されている [44; 62; 63]．

　それではどうすればよいのか？　いくつかの解決策が講じられた．第1に，自動的処理の種類をさらに細分化した3過程モデルや4過程モデルを提案すること．第2に，自動性の概念を廃止してしまい，各特徴を自動性という上位概念に結びつけずに個別に検討すること．第3に，自動性の概念を捨てずに各特徴を個別に検討し，各特徴が観察される程度に応じて漸進的に自動性を論じる

こと。第4に，すべての自動的過程が共有する中心特徴を1つ特定すること。第5に，特徴ベースアプローチを廃止し，メカニズムアプローチに移行すること。多くの研究者は上記のいずれか，あるいはその組み合わせを解決策として講じている。以降では，これらの解決策の利点と限界点について解説していく。

7）3過程モデル　3過程モデルとは，自動性をいくつかの種類に区別する立場である。たとえばバージ［14; 18; 129］は，ニュールック研究の自動性（前意識的自動性）とスキル獲得研究の自動性（目標依存自動性）は種類が異なると指摘した。前意識的自動性は引き金となる刺激が存在するだけで生じる（たとえば，女性を見ただけで暖かい人だと感じる）。一方で，目標依存自動性は始めてしまえば自動的に進行するが，始めるためには意図を必要とする（たとえば，編み物など）。

　カーバーとシャイアー［28; 29］やモスコビッチ［85］も，学習の初期段階と後期段階の2種類の自動性を区別している。全く未学習の初期段階の処理は，環境刺激に自動的に流されるがままのボトムアップ処理（創発処理）で，この段階の処理は意図的にうまくコントロールすることができない。しかし，繰り返しを通じてある程度学習が進むと，意識的にコントロールできるトップダウン処理となる。さらに学習が進むと，意識的なコントロールなしでも効果的に処理できるようになる。このように，学習の初期段階と後期段階の処理はどちらも自動的だが，その性質は異なる。

　トレイズマンら［119］は，処理の初期段階と後期段階の自動性を区別している。処理段階初期に位置する感覚分析処理などは，注意をほぼ全く必要としない前注意的自動的処理である。一方で，処理段階の後期に位置するほど注意容量が必要となるが，注意容量への依存は学習によって少なくすることができる。ただし，前注意的自動性と学習された自動性とでは，その起源（先天 vs. 後天）だけでなく特徴も異なる。どんなに訓練を重ねても，学習された自動性は前注意的自動性ほど効率的にはならないのだ［46; 67］。

　これらの自動性の分類には共通点もあるが完全に同じではない。バージ［14］の分類は生起条件に，カーバーとシャイアー［29］の分類は学習段階に，トレイズマンら［119］の分類は処理段階に基づいており，その区別や関係は厳密に検討されるべきだ。

8) 漸進的アプローチ　バージ［10; 12; 15］は，ほぼすべての自動的過程を分類できるモデルとして，前意識的自動性，後意識的自動性，目標依存的自動性の区別を提案した。前意識的自動性は，意識的な入力や意図を必要としない。後意識的自動性は，意識的入力を必要とするが，意図を必要としない。目標依存的自動性は，始動するために意識的入力と意図の両方を必要とするが，始動以降は意識や意図を必要とせずに完了に向かう。このようにして見ると，自動的過程の多くは自動性の特徴をすべて兼ね備えているわけではないことがわかる。バージ［12］は，「自動性の特徴と非自動性の特徴のどのような組み合わせについても該当する心理過程は存在する」として，自動性に関連する特徴間の独自性を強調している。

　自動性を構成する特徴に内的妥当性がないのならば，自動性という概念は廃止すべきだろうか？　ローガン［72］は，容量モデルの視点に立ち返り自動性とは訓練によって発達する連続的特徴だと提案する中で，自動性概念を廃止する必要はないと主張した。なぜなら，自動性の発達にかかる時間は特徴によって異なると考えられるからだ［72, p.373］。たとえば，無意識から意識へは少ない時間で移行するが，非効率から効率への変化には長い時間と訓練を必要とする。よって，ある時点で複数の特徴が同時に観察できないとしても，自動性概念の内的妥当性に問題があるとは限らない。ただし，異なる時間的経緯で発達するならば，自動性の特徴は個別に検討されるべきだ。また，自動性を漸進的な概念だとした場合，自動的過程と非自動的過程を区別することはできなくなる。すべての過程は，ある程度自動的だということになる。

9) 自動性の最小基準　自動性を漸進的に捉えてしまうと自動的過程と非自動的過程の線引きが明確でなくなってしまう。バージ［12］は，自律性を自動性の最小基準として定めることでこの問題を解決しようとした。自律性とは，（その原因が意図的であれ非意図的であれ）一度始動してしまえば後は意識的な先導やモニタリングを必要とせずに完結に向かうことを指す。これで自動性と非自動性を区別できる。しかし，なぜ自律性でなければならないのか？　自律性は最も包括的な基準のひとつだが，だからといって自動性の最小基準として定めるのに十分な根拠ではない。たとえば注意研究者たちは，長らく効率性を自動性の基準としてきた。結局のところ，自動性の最小基準は研究者の裁量

によるものなのだ。

10）条件視点　自律性が自動性の最小基準だと主張する一方でバージ［10; 12］は，種類の異なる自動的過程はその生起条件によって分類できるとした。たとえば，意図や目標，一定の容量，刺激入力への意識を生起条件として必要とするか否かを検討すれば，過程の非意図性，効率性，無意識性などが査定できる。このような生起条件に注目した視点は，自動性の特徴間の関係性や独立性の理解にも通じる（後述）。

[2] メカニズムベースのアプローチ

　自動性はどのように発達するのだろうか？　以降では，自動性の発達（自動化）を可能にするメカニズムから自動性を定義しようとするメカニズムベースアプローチについて解説する。ローガンは，自動化のメカニズムを多段階検索（アルゴリズム計算）から単段階検索への移行で説明している。自動的ではない処理では，手間のかかるアルゴリズムによって出力が計算される。しかし，この出力を記憶しておけば，次に同じような処理を行う際には，またアルゴリズム計算を行わなくとも，記憶の検索だけで出力ができる。たとえば，3＋4＋2を計算する場合，3と4の和（7）を検索し，次に7と2の和（9）を検索して解に到達するが（多段階検索），同じ計算を何度も訓練すると問題式と解が記憶内で連合され，問題式を見ただけで解が単段階検索されるようになる。

　ローガン［73］は，自動化をある過程（多段階検索）から別の過程（単段階検索）への移行として捉えたが，これは同一過程内での変化だとする研究者もいる。つまり，訓練の初期でも後期でも，用いられるアルゴリズム計算は同じだが，訓練後期では計算が迅速かつ効率的に行えるようになるのであり，自動的過程と非自動的過程の違いは処理の効率性と速さなのではないか［1; 106］？

　単段階検索でもアルゴリズムの強化でも，一貫した訓練が自動化に重要な役割を果たすという点は同じだ。ただし，単段階検索は訓練したデータに対してのみ有効だが，アルゴリズム強化は同じアルゴリズムが用いられれば，データまで同じである必要はないと考えられる。アルゴリズム強化説を支持するアンダーソン［1; 3］は，宣言的記憶システム（データを扱う）と手続き的記憶システム（プログラムを扱う）を区別し，繰り返し用いられたアルゴリズムは手

続き的記憶システムに貯蔵され，自動的に利用できるようになると主張している（e.g., [1; 3; 120]）。

ツェルコフら [120; 121] は，自動化にはアルゴリズムの強化と単段階検索への移行の両方が関与しているとする調停案を推奨している。スキル獲得研究では，一貫したアルゴリズムの訓練効果（スピードと効率性の向上）は訓練中に遭遇したことのないデータに対しても転移することが示されている [27; 66; 108; 115]。より近年のストループ課題やプライミング課題を用いた研究でも，訓練されたアルゴリズム計算に非意図的な特徴が見出されている [84]。

[3] 結論

自動性とはすなわち単段階検索のことだと確信したローガン [73] は，特徴ベースではなくメカニズムベースで自動性を定義し直すべきだと提案した。しかし，単段階検索かアルゴリズム強化を含む調停案か，どちらを支持すべきか決定的な証拠が得られていない現状においては，不明確なメカニズムに基づいて自動性を定義しようとするのは賢明ではない。現在のところは，自動性をいくつかの特徴に分解し，各特徴が観察される程度によって漸進的に自動性を診断する，漸進的，分解的，特徴ベースのアプローチを維持する他ない。

しかし，自動性の特徴を漸進的と見なすことは本当に妥当だろうか？ また，自動性の各特徴は概念的に独立しているのだろうか？ 自動性の漸進的・分解的アプローチの前提となるこれらの問いに答えるために，以降では自動性を構成する特徴の定義について解説する。

2 自動性の特徴の定義

本節では，まず目標に関連する自動性の特徴（非意図性，目標独立性，統制不可能性，自律性）について解説する。その上で，目標とは独立した自動性の特徴（純粋に刺激駆動，無意識性，効率性，迅速性）の定義について解説する。

[1]（非）意図性と目標独立（依存）性

意図的な行為の定義には3つの異なるアプローチがある。

1）因果論的アプローチ　因果論的アプローチにおける意図的な行為は，「意図が原因で生じた行為」と定義される．意図，行為，そして意図と行為の因果関係の3点が揃えば意図的な行為となるわけだ．意図とは行為を行うことに特化した目標（〜がしたい）と定義される．たとえば，家を青く塗ろうと意図することはできるが，青く塗られた家を意図することはできない．

意図していた行為が生じたとしても，意図が原因で生じたのでなければ，それは意図的な行為ではない［35；109］．片膝をついて花を摘もうとしたときに突風が吹いて片膝をついたとしても，それは意図的に片膝をついたことにはならない．

同じ行為でも，ある側面は意図的だが別の側面は非意図的ということもある．森を歩いていて虫を踏み潰した場合，「森を歩く」ことは意図していたとしても，「虫を踏み潰す」ことは意図していなかっただろう．意図性を問題にする際には，行為のどの側面を問題にするのかを特定しておく必要があるのだ．

ヴァラシャーとウェグナー［125］は，行為は低次（具体的な運動）から高次（抽象的な意味）まで様々なレベルで同定できると指摘している．たとえば，同じ行為でも比較的高次で同定すれば「歩く」，低次で同定すれば「左右の脚を交互に踏み出す」となり，一方は意図したが他方は意図しなかったということもあり得る．

このように，行為のどの側面をどの次元で問題にするのかを特定しておくことは重要である．また，行為とその結果を混同しないことも大切なことだ．厳密には，行動の記述には行動の結果まで含めてはいけない．たとえば，森を歩くという行為には，家に到着するという結果は含まれない．しかし，行為の高次同定には結果が含まれていることが多い［129］．「森を歩く」という行為をさらに高次で同定すれば「知人の家を訪ねる」となり，家に到着することまでが含まれてしまうのだ．

ヤブロ［134］は，因果関係における原因と結果は釣り合っていなければならないと指摘している．意図と行為が因果関係で結ばれるためには，意図は行為を生じさせるための過不足のない必要条件でなければならないのだ．たとえば家を訪ねるという意図は，森を歩くという行為を生じさせるためには十分過ぎるため，適切な原因ではない．逆に，森を歩くという意図は，家を訪ねると

いう行為の必要条件として十分ではない（ただ森を歩くだけでは家には着けない）。

　行為を生じさせるためにちょうど釣り合った意図などあるのだろうか？　マッキー[77; 78]は，因果関係のINUS条件を提案している。ある原因Cは，結果Eの発生に「不十分だが必要」(Insufficient but Necessary)な条件だといえる。Eの発生には，「必要ではないが十分」(Unnecessary but Sufficient)な条件のセットが関与しており，Cはそのセットの一部，すなわちINUS (Insufficient but Necessary part of Unnecessary but Sufficient set of conditions)なのだ。たとえば，「火災（E）の原因（C）は漏電だった」という場合，漏電（C）はそれだけでは火災（E）を生じさせるのには不十分（I）だが，火災を生じさせるのに必要ではないが十分な条件セット（U but S，可燃材料や酸素の存在，そして漏電）の一部だったという意味だ。これらの条件セットは，火災を生じさせるための必要条件ではないが（漏電ではなく煙草の消し忘れでも火災は生じる），火災を生じさせるのに十分ではある。つまりC（漏電）は，条件つきの（この条件セットに対してのみ有効）必要条件だといえる。漏電がなかったら，この条件セットからの火災はなかった。しかし，漏電（C）がなくても火災（E）に通じる，他の条件セットは存在するかもしれない。条件セット内のC以外の条件をXとするならば，CXはEの十分条件セットのひとつであり，Cを必要としない他の十分条件セット（e.g., KX）もあり得るということだ。

　いささか複雑ではあるが，意図的な行為の厳密な定義は「意図がINUS条件な行為」なのだ。行為を生じさせた十分条件セットの中に，意図が必要条件として含まれていれば，それは意図的な行為だったといえる。もちろん意図だけでは行為を生じさせるのに十分な条件ではないが，その他に必要とされる多くの背景条件（たとえば，意図的に視覚刺激を処理するためには，部屋の明かりがついている，刺激が視野に入っている，参加者が盲目ではないことなど）は当然揃っているものと仮定される。ただし，意図を必要としない十分条件セットも存在するので，ある条件では意図的な行為でも，別の条件では意図的ではないこともある。このように，意図が必要条件かどうかの決め手となる背景条件の特定も，意図性の問題を扱う上では重要となる。

目標遂行の研究分野では，意図が実行に移されるために必要となる条件が検討されており，意図的行為の3つの基本材料（意図，行為，因果的結びつき）以外にもいくつかの条件が特定されている［48; 49; 54］。たとえば，人の心の中には一度に複数の意図が存在しており，行動に移されるのはその中で最も強い意図だと考えられる。弱い意図が行動に移されるためには，何らかの後押し（たとえば副次的な目標や命令）が必要となる［58; 87; 133］。

　意図の強さだけでなく，行為の実現しやすさ（実現可能性）も，意図を行動に移すために重要な要素だ。実現可能性は機会とスキルによって決まる。意図を実現させるには，その機会を見過ごさないことが重要である。ゴルヴィッツァー［48］は，具体的な機会と行為を事前に結びつけておく（たとえば，次に花を見たら，摘んでおこうという実行意図を形成する）と行為の実現可能性が高まると論じている。このような実行意図の形成が行為の実現可能性を高めるのは，機会の見過ごしが減るためだと考えられる。十分なスキルがあることも，意図を実行に移すために重要な要素だ［55; 81］。たとえば，「宝くじを当てる」など，多くをスキルではなく運に依存する行為を意図的に行うことはできない。

　このように，行為（のある側面）が意図的となるのは，その行為に従事しようとする目標表象（意図表象）が原因（INUS条件）となって，その行為が生じた場合だといえる。また，意図が行為に移されるためには，いくつかの条件が満たされる必要がある。機会やスキルなどは不可欠な要素だが，命令（意図が弱過ぎる場合に必要）や実行意図（機会を見過ごしやすい場合に必要）などは，意図の強さや機会の少なさを補う，補助的な方略だといえる。

　それでは，非意図的な行為とは何だろうか。「意図によって生じたわけではない行為」には2種類ある。ひとつは意図せざる行為（意図が不在），もうひとつは，意図してはいたが意図以外の原因から生じてしまった行為だ（意図は存在するが，意図と行為の因果関係が不在）。

　ここで，（非）意図性と目標（独立）依存性の違いを確認しておこう。目標依存行為とは，目標が存在する行為である。目標には行為を行うことを目指す近接目標（＝意図）と，望ましい結果状態を目指す遠隔目標の2種類があり，前者は目標依存的であると同時に意図的でもある。意図的な行為は目標依存行為の下位分類なのだ。行為の多くは近接目標と遠隔目標の両者を含んでいるが（た

とえば，森を歩くという近接目標は，家に到着するという遠隔目標の手段となっている），独立して近接目標や遠隔目標が生じる場合もある．たとえば，遠隔目標を忘れて森歩きに没頭する場合（近接目標のみ）は，意図的かつ目標依存的な行為だ．逆に，ただ家に着きたい一心で，どう移動したのか覚えていないといった場合（遠隔目標のみ）は，目標依存的だが非意図的な行為となる．

因果論的アプローチの解説を終える前に，思考と行為の関係については対立する2つの立場があることに簡単に触れておきたい．一方では，行為についての思考や知覚や実行には，同じ認知的表象が使われているため，これらは同じ性質を持ち，また，行為の知覚や思考は即座に実行に影響すると捉える共通符号化仮説 [104] の立場がある．他方では，意図的な行為を生じさせるのは特別な目標表象であり，これは一般的な認知表象とは異なる動機的性質（e.g., 時間経過に伴う強度の増幅，妨害に対する固執，中断後の復帰）を持っているとする立場もある [17]．

2) 創発する意図　因果論的アプローチでは，すべての意図的な行為は意図に関する表象（それが認知表象であれ目標表象であれ）から生じると考えるが，これを批判する立場もある．人は表象なしでも行動できるのではないか？　ウェイクフィールドとドレイファス [127] は，R意図（表象媒介意図）とG意図（ゲシュタルト意図）の区別を提案している．これまでの因果論的アプローチで解説してきた意図は，表象に媒介されているのでR意図にあたる．G意図的行為とは，行為表象に先行されない行為であり，ピアノ演奏や車の運転などの熟達した活動に付随する副次的行為などが例に挙げられる．ウェイクフィールドとドレイファスは，熟達したピアノ演奏や運転などは細かい副次的行為の連続で構成されているが，そのひとつひとつに対応した表象が先行しているとは考え難いと主張した．本当に意図表象に媒介されていないとしたら，これらの行為が意図的だとする根拠は何だろうか？　熟達した活動に付随する副次的な行為には，脳の運動皮質に直接電流を流すことで生じるペンフィールド反射 [96] などとは異なり，意図的に行っているという感覚が伴う．自らが行為を生じさせた主体であるというエイジェンシー感覚が伴うという点で，G意図的な行為は表象に媒介されていなくとも意図的な行為だといえるだろう．

もっとも，エイジェンシー感覚はどこから生じているのかという疑問は残る．

副次的行為のひとつひとつは意図されていなくとも，その全体的なプロセスは意図されているためにエイジェンシー感覚が生じているのだとすれば，G 意図は意図的ではなく目標依存的な行為に分類されるべきだ。また，個々の副次的行為が表象に媒介されている可能性も捨てきれない。表象は必ずしも意識的で概念的でなければならないわけではない。行動表象の先行が自覚されなくても，無意識的［11］で非概念的［イメージ的］な表象が先行している可能性はある。

3）**創発する行動**　意図の存在をすべて否定する立場もある。ダイナミックシステムモデルでは，人間の行動のすべては複数の制約を充足するボトムアッププロセスによるもので，トップダウン的な意図は不要だとされている（［65; 124; 29］参照）。コネクショニストモデルも意図を仮定しない。ただし，ダイナミックシステムモデルはあらゆる表象の存在を否定するが，コネクショニストモデルはパターンを構成する表象（ただし象徴的ではない表象）の存在を前提としている。

　コネクショニストモデルでは，行為は意図などの象徴的な表象ではなく，非象徴的な表象のパターンから生じるとされる。ウェグナー［128; 130］は，意図（行為の予期）とそれに対応した行為の両方を実験的に操作し，実際には意図に行為を生じさせる因果的な力がなくても，あたかも意図が行為を生じさせたかのように感じるエイジェンシー感覚の幻想が生じることを示し，エイジェンシーや意図の感覚は少なくとも部分的には誤帰属に過ぎないと主張している。

　心理過程のどのレベルが因果的に行為を生じさせる力を持つか（あるいは持たないか）は，哲学者たちが盛んに論じている問題でもある。原因と結果は同じ分析レベルに位置し，原因は結果に先行している必要がある。また，原因はINUS 条件［77］を満たし，過不足なく結果を生じさせる必要がある［134］。

　因果関係を問題にするならば，意図と行為はこれらの公式基準を満たしている。一方で，コネクショニストモデルにおける非象徴的な表象は行為に先行するが，多くの行為よりも低次の分析レベルに位置しているため［51］，非象徴的な表象は行為の原因としての基準を満たさないことになる。

　しかし，メカニズムの説明を問題にするならば，還元主義的には説明の分析レベルは低次なほどよい。コネクショニストモデルやダイナミックシステムモデルは，強い還元主義的な立場だ。コネクショニストモデルは，行為の説明を

低次の非象徴的レベルに求める。また，ダイナミックシステムモデルは非象徴的レベルで止まず，さらに神経生理から物理レベルまで降りていく。

[2]（未）統制／統制（不）可能

統制性は意図性の上位分類であり，行為を行うことだけでなく，行為を変更する，行為を止めるなど行為に関する様々な目標と，その結果の因果関係を指す [129]。デネット [37] は，統制とは単なる因果関係ではなく，望まれた因果関係であると論じている。目標はまさに自分が望む状態と定義されるので，行為者 A が行為 B に関して持っていた目標が達成されたときに，A は B を統制したことになる。

行為に関する目標には，行為を行うこと以外にも，行為の変更，停止，回避，などがある。また，行為を行うことは，行為の開始，持続，完了などに細分化できる。このように行為に関する目標は実に多様であり，統制性を論じる際には問題となる目標を特定しておくことが重要となる。

行為を行うことに関する目標（＝意図）から生じた行為は意図的な行為であり，行為に関する目標（行為を行うことに限定されないがそれを含む）が達成された場合には統制された行為となる。意図的な行為は統制された行為の下位分類なのだ（表 1.1 を参照）。

機械工学でも，統制は基準（目標）とそれを達成するためのアクション（行為）で構成される。統制システムには基準達成の是非を知らせるフィードバック機構が有るもの（クローズドループ）と無いもの（オープンループ）があるが，その有無に関わらず，統制とは基準の達成を指す。オープンループシステ

表 1.1　目標依存性，意図性，統制性の定義

特徴	原因	結果
目標依存性	目標	行為
	遠隔目標＝何らかの結果状態 近接目標＝行為に従事する目標	
意図性	行為に従事する目標	行為
統制性	行為に関する目標 （行為の停止，変更，回避，従事）	目標に表象された状態 （行為の中断，変化，予防，生起）

ムでは，単に基準達成のためのアクションが行われる。クローズドループシステムでは，行為の結果がフィードバックされることで，基準達成の是非が繰り返し比較され，基準が達成されるまで何度も行為が繰り返される [28; 82]。

　パワーズ [103] は，統制の中心材料として障害に対する抵抗を挙げている。Bに対する障害にも関わらずAがBを望む方向に先導し続ければ，AはBを統制していることになる。たとえば，障害に負けずに道を歩き続けることができれば，歩くという行為を統制していることになる。統制には複雑なものもあるが，ここでは最も単純なオープンループシステムの統制に議論を絞る。すなわち，行為に関する目標（原因），目標の達成（結果），そして両者の因果関係の3つで構成される統制について考える。

　行為が統制されるには，行為に関する目標（たとえば，行為を行う，回避する，変更する，停止する）が結果（たとえば，行為の生起，防止，変化，中断）のINUS条件（十分条件セットに必要な条件）でなければならない。無統制な行為（統制されていない行為）にはいくつかのバリエーションがある。第1に，(a) 行為に関する目標が不在であり，(a1) 結果も不在，または (a2) 結果は存在するがそれが別の原因によって生じた場合。第2に，(b) 行為に関する目標は存在するが，(b1) 結果は不在，または (b2) 結果は存在するがそれが別の原因によって生じた場合である。(b1) は目標を含む条件セットが，結果を生じさせるのに十分ではなかったケース，(b2) は結果を生じさせた十分条件セットに目標が必要とされていなかったケースだ。

1）自律性　自律性の語源はギリシャ語で自己管理を指し，外的な勢力によって統制されないことを意味する。自律的な人は自分の運命を自ら決定し，また，それ以外の力に決定をゆだねない。自律的な行為とは，行為そのものが自らその実行を決め，それ以外の外的な力（たとえば行為者）によって統制されない行為ということになる。すなわち，(a) 非意図的（行為を生じさせる十分条件セットに行為を行うことに関する目標が必要ない），かつ (b) 統制不可能な（行為を変更，停止，回避しようとする目標があっても，変化，中断，防止が生じない）行為ということだ。

　ただし，自律性はしばしば異なる定義でも用いられる。バージ [12] は，一度駆動してしまえば，後は意識的なモニタリングを必要とせずに完了へと向か

うことを自律性と呼んでいる。この定義の強調点は意識的介入が不要であることで、過程の統制可能性には言及していない。

バージ [12] の自律性の定義は、ローガンとコーワン [75] の弾道性の定義に似ている。弾道性とは、一度始まってしまうと停止できない性質を指す。ただし、バージは過程の継続、ローガンとコーワンは過程の停止を強調している。自動的に継続する過程は、必ずしも停止不能とは限らない。

2) 純粋に刺激駆動　純粋に刺激駆動とは、引き金となる刺激が存在するだけで生じることを指す。もちろん、刺激が行為の原因といっても、それはINUS条件なので、多くの背景条件（刺激の視知覚を可能にする照明など）が整わなければ行為は生じない。よって純粋に刺激駆動とは、刺激入力への自覚や注目、目標、他の行為などを必要とせずに生じる行為という意味だ。

純粋に刺激駆動な行為は、非意図的な行為とイコールではない。純粋に刺激駆動な行為は常に非意図的だが、すべての非意図的行為が純粋に刺激駆動だとは限らない。非意図的な行為が生じるためには、刺激の存在以外の条件（刺激入力への自覚や注目、目標、他の行為など）が必要な場合もあるため、純粋に刺激駆動な行為は、非意図的な行為の下位分類だといえる。

3) (無) 意識　意識（自覚）と無意識（無自覚）には、未だに合意に至った定義がない。伝統的に意識の研究では、意識の意図的側面 (e.g., 傷ついたという情報) と現象的側面 (e.g., 痛みの感覚) の区別が重要視されてきた。

「意識の意図的側面」というときの『意図』は哲学的な意味で用いられており、哲学的用途（括弧つきの『意図』）と日常的用途（意図）では意味が異なる [109]。哲学的な用途での『意図』は、行為が何かに向かっている状態を指すときに用いられる（何かを意図した行為）[23]。一方で、日常的な用途での意図は、個人が何らかの行為に向かっていることを指すときに用いられる（人が行為を意図している）(e.g., [127])。

「意識の現象的側面」は、即時的クオリア [118]、質的側面 [90]、体験的側面 [89] などとも呼ばれる。ブロック [22] は、意識の現象的側面と意図的側面をそれぞれ指す、現象意識（P意識）とアクセス意識（A意識）の区別を提案している。P意識は現象的に体感される感覚内容を指し、A意識は推論や行動・言語報告の合理的統制に用いるためにアクセスされる知識内容を指す。A

意識は意図的・表象的形式を持ち，アクセスするには注意を向ける必要がある（A 意識の対象は注意の対象でもある）。ブロック［22］によれば，P 意識は A 意識や注意なしでも持つことができる。たとえば，工事の騒音を体験しているが，注意を向けてはいない場合などがそうだ。逆に，P 意識なしで A 意識をもつことはできるだろうか？ たとえば，工事の騒音に注意を向けているが，体験してはいない。ありえないようにも思えるが，盲視などはこれが可能であることを示す典型的な例だ。盲視ができる人は，視覚情報を体感することなく，それを用いた推論をしたり，視覚情報の内容を報告したりできる。ブロック［22］は，盲視は P 意識と A 意識が独立して存在するひとつの証拠だが，通常は P 意識と A 意識は互いに影響しあうと論じている。たとえば，注意の向け方によって，同じ環境でも体験の内容や趣は変化する（［52］参照）。地と図の図形などに見られるように，注意焦点（すなわち A 意識）の内側にある場合と外側にある場合とでは，現象的な違い（すなわち P 意識の違い）が生じるのだ。

　P 意識と A 意識が独立だとする立場には多くの異論が唱えられている。たとえば，P 意識は A 意識の前提条件ではないか［107］？ つまり，自発的な行動に用いられる情報は，まず現象的に表象化される必要があるのではないか？

　逆に，A 意識は P 意識の前提条件だとする立場（随伴現象主義）もある。つまり，実行系システム（A 意識）に入った情報だけが P 意識化されるのではないか？ また，意識は 1 つであり，P 意識と A 意識はあくまでも理論上の区別だとする立場もある（崩壊統合説［5］参照）。ただし，言語報告や行動指標は，P 意識よりも A 意識の測定に適していることを考えると，A 意識を測定すれば P 意識の内容まで把握できるとする立場は，P 意識を測定したいという研究者の願望の反映に過ぎない可能性もある。

　ブロック［22］はさらに，もう 2 種類の意識を提案している。モニタリング意識（M 意識）と自己意識（S 意識）だ。M 意識とは，P 意識や A 意識が生じているというメタ的な認識を指す。S 意識とは，自己に対する思考や自己覚知状態を指す。一般的には，P 意識と A 意識の組み合わせ（最小意識や第 1 種の体験と呼ばれる）と，M 意識（完全意識や第 2 種の体験と呼ばれる）とが区別される［129; 95］。

　（無）意識の定義は複数存在するが，その対象も様々だ。たとえば，(a) 心理

過程を喚起させる刺激入力に対する（無）意識性，(b) 心理過程の出力に対する（無）意識性，(c) 心理過程そのものに対する（無）意識性，(d) 心理過程の（その後の過程に及ぼす）影響に対する（無）意識性などがある。心理過程の駆動には意識が必要だが，それ以降はすべて無意識という場合（後意識的自動性［12; 17］参照）もあるため，（無）意識を論じる際にはその対象を特定しておく必要がある。

　分析レベルについても考えておいた方がいい。意識的にアクセス可能なのは機能レベルの過程（入力と出力の関係）だけで，その間のプロセスを意識することはできない。行為者が入力と出力を結びつけられれば，機能レベルではその過程を理解したことになる。たとえば，どんな心理過程（アルゴリズムレベル）や脳内回路（ハードウェアレベル）が働いたのかはわからないが，とにかく入力（たとえば，広告）が出力（たとえば，商品購入選択）に影響したことを自覚していれば，機能レベルではその過程は意識的だったということになる。ただし，入力の定義については慎重になる必要がある。入力という言葉の中には，生の刺激入力に対して働く初期知覚プロセスが隠されてしまうことがある。たとえば，入力といっても初期知覚過程には生の刺激入力（複数の線）と，その結果として生じた出力（像）がある。意識的にアクセス可能なのはこの初期知覚プロセスの出力であって，生の刺激入力ではない。このように意識的なアクセスが構造的に可能な部分と不可能な部分を区別しておけば，無駄な研究努力を費やさずに済む。

4)（非）効率　　効率性とは限りある注意容量（処理資源）の消費が最小限であることを指す。注意容量の消費は連続体であり，よって効率性は漸進的な概念であると考えられる［53］。効率的な過程は資源枯渇にあまり影響されないため，効率性の検討には2重課題が用いられることが多い (e.g., ［8; 70; 71］，ただし［114］参照)。2重課題では，検討対象となる1次課題と同時に，注意容量を消費する2次課題を行わせる。2次課題の容量要求を変えても1次課題の成績が影響されなければ，1次課題は効率的だということになる［56］。

　ただし，2次課題は処理容量を完全に枯渇させるわけではないので，1次課題が完全に資源に依存しないことを検証することは難しい。また，2重課題は単一資源理論に基づいており，実験に際してはいくつかの前提が満たされている

必要がある。たとえば，1次課題と2次課題の資源要求は，同時に行った場合でも別々に行った場合でも一定であることが前提とされる。他にも，注意容量の全体量は2次課題を変更することで生じる課題条件の変化に影響されないことも前提とされる [91]。認知システムには複数の資源があり，異なる課題は異なる資源を消費する可能性があるとする多重資源理論に基づくならば，2重課題が有効なのは1次課題と2次課題が同種の資源に依存している場合に限定されることになる [91; 131]。

資源としての注意は，定量的なエネルギーとして，たとえば液体で満たされた樽のメタファーで語られることが多い。しかし，注意には資源容量だけでなく，スポットライトのメタファーで語られる，方向性という性質もある [7; 68; 102; 132]。注意の容量と方向は相互に関連する特徴だが，注意の方向には依存するが容量はほとんど必要としない過程もある。たとえば，ストループ干渉効果は，刺激の呈示位置や特定の刺激側面から注意が逸れると減退する [63]。ストループ干渉は注意に依存しているが，注意容量の消費は少ないため，効率的なプロセスだといえる。

また，注意はプロセスの入力（刺激）に向けられる場合と，プロセスそのもの（入力と出力の関係）に向けられる場合とがある。よって，効率性を論じる際には，刺激に働く初期知覚段階の特徴を指すのか，プロセスそのものの特徴を指すのかを区別しておく必要がある。

5) 速さ（遅さ）　速さはしばしば自動性の特徴リストから落とされるが，他の自動性の特徴と関連が強い。たとえば，速さは効率性の結果であり，また，非意図性・非統制性・非意識性の条件であると考えられる。速さは過程の持続時間で測定することができるが，効率性の場合と同様，過程の持続時間と過程を始動させる刺激入力の持続時間を分けて考える必要がある。

3　漸進的アプローチ

自動性の特徴はすべて漸進的だといえるだろうか？　効率性や速さは明らかに程度の問題であるため，漸進的な特徴だといえる。それほど自明ではないが，（無）意識も漸進的な特徴だといえる。ただし，意識を漸進的とする概念化は，

無意識から意識への移行を強度の問題だとするコネクショニストアプローチでは自然な立場だが（[34] 参照），意識的認知と無意識的認知を2つの独立したシステムだとする計算論的アプローチとは整合しない。実証知見は明確ではなく，無意識から意識までのなだらかな漸進的移行を支持する証拠 [9] と，鋭い変化を支持する証拠 [111] の両方が報告されているため，結論が出せないのが現状である。

　目標に関連する自動性の特徴（非意図性，目標独立性，統制不可能性，自律性）はさらに複雑だが，やはり漸進的な特徴だといえる。なぜなら，目標と実際に得られた結果との対応は不完全な場合が多く，程度問題だからだ。ただし，これは目標が存在する場合に限られる。目標が不在の場合には，非意図性や統制不可能性は漸進的ではなく，完全に非意図的あるいは無統制となる。

4　分解的アプローチ

　これまでの議論では，自動性の最も重要な特徴をひとつずつ検討し，その構成材料を特定してきた。しかし，概念間にはいくつかの重複や，研究において重要な意味を持ついくつかの関連性が見出された。たとえば，いくつかの特徴は別の特徴の必要条件や十分条件，あるいはその両者になっている。このような関係を理解すれば，ある特徴の有無から別の特徴の有無を論理的に推論することができるかもしれない。以降では，自動性の特徴どうしの概念的重複について確認した上で，特徴間の関係について論じる。

[1] 概念的重複

1) 目標関連の特徴間の重複　　特徴の定義のセクションでも述べたように，目標関連の特徴間にはいくつかの重複がみられる。たとえば，意図性は目標依存性や統制性の下位分類であり，非意図性と自律性は無統制性の下位分類，純粋に刺激駆動は非意図性の下位分類だ（[83] 参照）。

　ただし，自動性の定義は研究者によって若干異なる。通常は，（非）意図性と（無）統制性の重複は想定されていない。逆に，非意図性と純粋に刺激駆動は完全に重複すると考えられている。たとえば，バージ [13] は意図性を始発

段階の統制（過程を始める目標），統制可能性を始発後の統制（過程の変更や停止に関わる目標）の問題として定義している。こうすると一見，意図性と統制可能性は重複しないように見えるが，よく見れば意図性の定義にも統制という言葉が含まれているため，やはり意図性は統制性の下位分類ということになりそうだ。

非意図性と純粋に刺激駆動が完全に重複するという考えは，心理過程が生じる原因は刺激か意図かのどちらかだという前提に由来している。しかし，実際には遠隔目標，他の過程の出力，意識，注意など様々な原因が存在するので，非意図的だからといって必ずしも刺激駆動だとは限らない。

2) 目標関連特徴と意識の重複　　近年では，目標は意識的な場合も無意識的な場合もあることが広く認められてきている（[11; 19; 30] 参照，レビューは [86] 参照）。よって，目標によって定義される意図性や統制性は，意識と重複しないと考えられる。ただし，研究者によっては意識的意図的過程や意識的統制的過程を略称して「意図的過程・統制的過程」と論じている場合もあるので注意したい。また，意識を意図性や統制性に不可欠な材料だと見なす立場もある [94]。この場合は，意識の欠如から意図性や統制性の欠如が推論できる。

[2] 自動性の特徴間の関係

概念的重複以外にも，自動性の特徴間にはいくつかの関係がある。特徴 A が特徴 B の必要条件ならば，A の欠如から B の欠如を論理的に推論できる。特徴 A が特徴 B の十分条件ならば，A の存在から B の存在を論理的に推論できる。このような関係の想定は自動性の特徴を一枚岩とする不適切な視点に固執させた。

多くの研究は自動性の特徴を一枚岩とする視点を正式に廃止し，目標，注意，意識の複雑な関係を認めたはずだった。しかし，自動性の診断に関する実証知見の多くは，未だに一枚岩の視点に頼っていることが多い（図 1.1 参照）。

[3] 単純な議論

1) 目標と注意の関係　　目標と注意が密接な関係にあることは広く認められている。先述したように，目標が実行に移されるためには適切な機会（刺激入

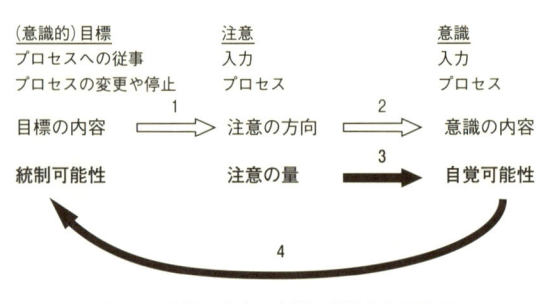

```
(意識的)目標        注意          意識
プロセスへの従事    入力          入力
プロセスの変更や停止 プロセス       プロセス
                1              2
目標の内容    ⇒  注意の方向  ⇒  意識の内容
                        3
統制可能性       注意の量   ➡  自覚可能性
     ⬑_____⬏
                        4
```

図 1.1 目標，注意，意識の単純な相互作用

力）が必要となる。たとえば，刺激を評価するという目標は刺激が見えなければ実行できないため，評価目標は刺激がある位置まで注意を向かわせる。また，刺激の特定の側面に注意が向けられることで，何らかの目標（たとえば評価目標）が導出されることもある。このように，目標は注意の向かう先を決定し，注意は目標の導出を補助する。心理過程への従事に関する目標の実行には，適切な刺激入力への注意が必要となる。また，心理過程の変更や停止に関する目標の実行には，その心理過程への注意が必要となる（図 1.1, Step 1）。

2） 注意と意識の関係　　注意と意識も密接な関係にある。通常，注意の方向は意識の内容を決定すると考えられている（図 1.1, Step 2）。つまり，注意の焦点にあるものが意識され，それ以外のものは意識されない（[7; 80; 97; 98; 114]，ただし [6] 参照）。

目標は注意の方向を決定し（Step 1），注意の方向は意識の内容を決定する（Step 2）。ならば，目標は意識の内容も決定するということになる（Step 1 + Step 2）。さらに，注意の投入量は，刺激や心理過程に対する意識の是非や程度も決定する（Step 3）。

3） 意識と目標の関係　　意識は意図や統制の必要条件だとする研究者も多い（図 1.1, Step 4）。刺激入力が意識されると，心理過程に従事しようとする目標が設定・実行される。心理過程そのものが意識されると，心理過程の変更や停止に関する目標が設定・実行される [12; 13; 16; 34; 36; 38; 123; 112]。先述したように，カーバーとシャイアー [29] は，学習初期の自動的過程が反復によって増強されると，意識化してトップダウン的に利用できるようになると論じている。そして，トップダウン制御が不要になるほど正確になった処理は再び

意識から外れる。これは,「意識は必要とされない処理を放棄する」とする倹約原則の議論 [58] とも整合しており,どちらの場合も心理過程の統制には意識が必要であることが前提とされている。

注意投入量は意識が生じる可能性を決定し (Step 3),意識は目標の設定・実行が生じる可能性を決定する (Step 4)。ならば,注意投入量は目標の設定・実行が生じる可能性も決定することになる (Step 3 + Step 4)。

これまでの議論が正しいとするならば,自動性の特徴間の関係は循環してしまう。たとえば,目標は注意の向かう先を決定 (Step 1) するが,投入可能な注意量は目標の実行に必要な情報が検出される可能性を決定 (Step 3) し,目標の実行可能性を決定するのだ (Step 4)。

[4] 単純な議論の問題点

特徴間の関係に関する単純な議論 (全体図は図1.2を参照) には2つの問題がある。ひとつは,実際に存在する複雑な相互関係を説明し切らないということ。もうひとつは,特徴の漸進的性質を考慮していないということだ。

1) 再び目標と注意の関係　注意は意識的な目標だけでなく無意識的な目標によっても方向づけられる (図1.2, Step 5)。意識的目標に先導された注意システムと,無意識的目標に先導された注意システムの区別は多くの理論に登場している [4; 76; 99; 114]。

ただし,注意の方向づけに目標が必要かどうかは,未だに議論され続けている。一方では,刺激の目標関連性,特に刺激と望まれる結果状態のずれは,注意の方向づけの必要条件だとする立場がある。しかし他方では,注意の方向づけは刺激の新奇性や,刺激と期待状態のずれからも生じるとする立場もある ([45; 116],ただし [21] 参照)。たとえば,注意が無意識的目標や刺激の新奇性によって先導されている場合には,意識的な注目体験が伴わず,唐突に注意を引きつけられたように感じるかも知れない [116; 114]。

また,注意が特定の位置にあったとしても,必ずしも注意がそこに方向づけられているとは限らない。注意のスポットライトは目標関連刺激や新奇刺激に触れるまで視界をランダムに移動し続けているのだ [43]。

2) 再び注意と意識の関係　注意は意識の十分条件ではないと主張する研究

11 P意識

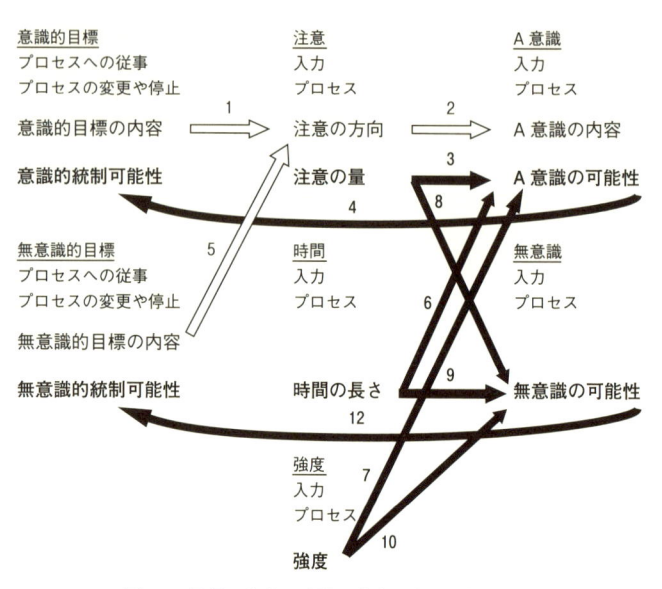

図1.2 目標，注意，時間，強度，意思の相互作用

者も多い。意識の生じる可能性や程度は，注意投入量だけ（図1.2, Step 3）ではなく，刺激の持続時間（Step 6）や強度（Step 7）によっても決定される。たとえば，刺激が弱過ぎたり呈示時間が短過ぎたりした場合，対応するノードの活性化が閾値に到達せず，どんなに注意を凝らしても意識的にアクセスすることはできない。実際に，閾下知覚の研究では刺激をごく短い間呈示する手続きが一般的に用いられる。

また，注意は意識だけでなく，無意識的処理にも重要な役割を果たすことが指摘されている。一定の注意，呈示時間，刺激強度は意識的アクセスだけでなく，無意識的アクセスにも必要とされるのだ（Step 8, 9, 10）。たとえば，ナカッチェら［88］は閾下プライムとターゲットが呈示される時に注意を逸らすとプライミング効果が消えることを示している。また，プライムをターゲットと重ならない位置に呈示すると閾下プライミング効果が消えることも古典的に知られている［57］。注意，呈示時間，刺激強度などは，閾下知覚にも必要とされるのだ（［126］参照）。

注意の方向は意識の内容を決定すると考えられているが，本当に注意の焦点にあるものが意識内，それ以外はすべて意識外と考えてよいのだろうか？　意識的経験には注意の焦点から外れたものも含まれている [22; 52; 93]。たとえばブロック [22] は，A 意識は注意に依存するが，P 意識は注意に依存しないと論じている（Step 11）。P 意識が注意の量や方向に依存しないならば，注意は意識の必要条件とはいえない。

3）再び意識と目標の関係　　目標の設定や実行に意識が必要となるのは（図 1.2, Step 4），意識的な目標においてのみであり，無意識的な目標においてはその限りではない。無意識的な意図的過程は無意識的な刺激検出によって駆動する（Step 12）。同様に無意識的な統制も可能だと考えられる [47]。

このように，自動性の特徴間の関係はこれまで論じられてきたほど単純ではないようだ。自動性の特徴間の関係は一枚岩ではないため，ある特徴の有無を別の特徴の有無から論理的に推論することはできない場合が多い。

特徴間の関係に関する単純な議論のもうひとつの問題は，特徴の漸進的性質が考慮されていないことだ。たとえば，刺激の自覚は注意容量，刺激持続時間，活性化強度が低ければ生じないと考えられるが（Step 3, 6, 7），刺激の自覚が生じるために各要因がどの程度必要かを特定することは極めて困難である。実際には，刺激の自覚に必要な注意や時間は極めて微量である。また，実行意図の形成などによって必要な注意や時間を倹約できることを考慮すると，程度の特定はますます困難になる（[48] 参照）。意識的な入力は必要だが，効率的で速い過程も多い。さらに，各要因が相互作用する可能性を考えると問題はいっそう複雑になる。たとえば，刺激持続時間の短さは注意投入量や活性化強度の増加によって補うことができるため，刺激持続時間の短さだけで刺激が意識的にアクセスできないと断定することはできない。

5　結　論

本章では，自動性の定義と診断において，特徴ベースアプローチ，特に漸進的かつ分解的なアプローチが推奨される理由を解説した。自動性は個々の特徴がどの程度存在するかという基準で検討されるべきだ。このような漸進的かつ

分解的なアプローチは，自動性の特徴が実際に漸進的であり，かつ個々の特徴が互いに分離可能であるという仮定を前提としている。本章では自動性研究の知見を概観し，自動性の中心的な特徴である，（非）意図性，目標（独立）依存性，（無）統制性，自律性，純粋に刺激駆動，（無）意識性，（非）効率性，速さ（遅さ）を概念的に分析した。個々の特徴の定義と必要条件を特定し，また，いくつかの特徴については下位分類が特定された。たとえば，2種類の意識（A意識とP意識）は，意識の異なる側面（意図的側面と現象的側面）を扱っている。

　自動性の特徴は概ね重複せずに定義できるが，目標に関連する特徴では部分的な重複は避けられなかった。ただし，目標の種類（行為への従事，変更，停止）を分類することで，分解的アプローチに適した定義が見出された。これまで自動性の特徴間の徹底した概念整理は行われておらず，特徴間の重複や関係（ある特徴が別の特徴の必要ないし十分条件ないしその両者となる関係）は暗黙の前提とされてきた。分解的アプローチに基づき，特徴間のより複雑な関係を描き出すと，ある特徴の有無から他の特徴の有無を単純に類推できる保証はないことがわかる。

　また，自動性の特徴はすべて漸進的な性質を持つと考えられた。漸進的アプローチを採用することで，自動と非自動の明確な線引きをする基準は失われてしまう。つまり，すべての過程はある程度自動的ということになる。これに対する解決策のひとつは相対的な基準を設けることであり，すでに多くの研究者がこれを始めている。たとえば，ある過程が効率的だと論じる場合には，「他の過程と比べて，従来信じられていたよりも，訓練前に比べて，効率的だ」というように，効率性の基準を明示する必要がある。このように，漸進的アプローチにおいても，対照群を定めれば（非）自動性の明確な線引きが可能となる。研究者がその定義を特定して用いる限り，自動性という用語は心理過程の重要な特徴を診断する包括的な用語として今後も維持されることだろう。

第 2 章

社会行動の自動性

AP DIJKSTERHUIS, TANYA L. CHARTRAND, & HENK AARTS
アップ・ダイクステルハウス，ターニア・L・チャートランド，&ヘンク・アーツ

> 石を拾って投げたとしよう。飛行中の石に意識と理性が宿ったならば，石は自らの自由意志を主張し，現在の進行方向を決めた理由を理性的に語り出すだろう……。［283, p.283］

　社会行動の自動性について執筆してくれと25年前に依頼されていたら，さぞかし困惑したことだろう。かつては誰もが自動的で無意識的な行動という考えに違和感を覚えていた。たとえば呼吸や歯磨きなどの単純な行動であれば，あるいは意識的に行う必要はないかもしれない。しかし，社会心理学者が伝統的に関心を寄せてきた複雑な行動は別だ。対人行動や目標追求などを自動的に行えるはずがない。つまるところ人間は意識的決定に基づいて行動する合理的なエイジェントであり，しばしば自動的に振舞うことがあったとしても，それはごく瑣末な作業に限られると思われていた。この章もさぞかし短くなったことだろう。

　時代は変わった。人間を意識的エイジェントとする考えは，社会的認知を筆頭とする数々の研究の前に崩されていった。ことの始まりは対人認知の自動性だった。人が他者に対して抱く印象は，実は無自覚のうちに様々な文脈に影響されることが示された［37; 146; 251］。すると，人が社会集団に対して持つステレオタイプ的なイメージも，自動的に活性化されることが明らかとなった［82; 192］。堰を切ったように多くの社会行動や知的課題達成も自動的に生じることが実証され［34; 92］，ついには意識的過程の代表格とされてきた目標

追求までもが概ね無自覚にコントロールされているという合意に至った［5; 6; 36; 62; 208; 239］。このように，自由意志を行使する意識的エイジェントとしての人間像は瞬く間に崩れ去った［30; 32; 33; 276; 281］。『社会行動における意識的過程』の方が，むしろ短い章になったかもしれない。

現在では，原則として人間行動は自動的に生じることが合意されているが，それまでの道のりは険しかった［33; 85］。それは人間行動の領土をめぐる自動性陣営と意識的決定陣営との綱引きだった。意識的決定を必要とする行動とは何か？　また，意識的決定を必要としない（すなわち自動的な）行動とは何か？　自動性研究者たちは自動的行動を示す証拠を着実に積み上げ，意識的決定を不可欠とする立場にじわじわと後退を迫ってきた。

本章ではまず，「意識的決定を必要とする行動としない行動の区別」という長年の議題が，実はおかしな問いであったことを指摘したい。科学的な証拠からも，哲学的な議論からも，この問いにはすでに決着がついている。直感的には信じ難いかもしれないが，そもそも意識的決定から生じる行動などありはしないのだ。

すべての行動は無意識的過程から生じているという前提を確認した上で，無意識的行動を説明するモデルを提案する。また，このモデルに照らして，これまでの自動性研究の知見を模倣行動（模倣ルート），カテゴリーや特性の活性化効果（特性ルート），目標関連行動（目標ルート）の3つのセクションに分けて概観する。そして最後に，意識の役割について考察する。意識的決定から生じる行動などありはしないのに，それでも人はしばしば自らの行動を意識する。これはなぜだろうか？　意識が自己制御に果たす役割とは何だろうか？

1 行為の始発点

喉が渇いて冷蔵庫を開けたとき，人はしばしば何を飲むかを意識的に考える（「よし，ジュースを飲もう」）。このような意識的思考は行為をよく予測するので，まさにこの意識的思考が行為を生じさせたように感じる（［276］参照）。しかし，行為の最初の準備はいつどこで生じたのだろうか？　結果的にジュースを飲んだとして，意識的にジュースを飲もうと考えたときが行為の始発点だろ

うか？

　答えはノーだ．どんなに単純な行為でも，実際にはそれが意識されるずいぶん前に無意識的な準備がすでに完了している．脳波を測定しながら指の曲げ伸ばしなどの単純な行為を行わせた実験では，脳内で生じる無意識的な準備電位は，実際に行為が生じる 800 ミリ秒ほど前に生じることが示されている［167］．これはずいぶん早い．意識的な準備はこれよりもさらに早い段階で生じているのだろうか？　リベットら［184］の有名な研究によって，行為の意識的準備が生じるタイミングは行為が生じる 200 ミリ秒ほど前，つまり，無意識的準備よりも 600 ミリ秒ほど後だということがわかった．行為の決定が意識されるよりも前に，無意識の決定がすでに下されているのだ．

　無意識が下した決定の多くは少し遅れて意識に伝達されるため，意識よりもさらに少し遅れて生じる行為は，あたかも意識的決定によって生じたように感じられる［216; 276］．実際には，自由意志の感覚は無意識の決定が行為の直前にタイミングよく意識化されることで生じる幻想に過ぎない［277］．しかし，人はこのような因果推論によって，意識が行為の決定因だと固く信じてしまうのだ．

　本当にすべての行為は無意識から始まっているのだろうか？　何を飲むか具体的に決めずに冷蔵庫を開いた瞬間にジュースが目に止まり，「まだ残っていたか，よし，ジュースを飲もう！」と決めた場合でも，意識的決定が行為を生じさせたとはいえないのだろうか？　そう，いえないのだ．第 1 に，「ジュース」が意識されるためには形や色などの感覚情報を意味のある知覚に変換する無意識の作業が完了している必要がある（［216］参照）．無意識が事前に見ていないものを，意識が見ることはないのだ．第 2 に，このように感覚情報が意味のある知覚に変換されている間に，無意識はすでに何に注意を払うかを決定している［51; 212］．無意識は冷蔵庫の中にジュース以外にもビールやミルクがあることを検出しながら，他でもないジュースに注目することを決定する．その結果としてビールが意識に止まるのであり，意識的に決定をしたという現象的感覚よりも先に，無意識はすでに最初の決定を下しているのだ．

　リベットらの研究はごく単純な行動を扱っていたが，どんなに複雑で重要な決定も例外なく無意識的プロセスの結果である．すべての行為が無意識から始

まることは科学的にも支持されているが、論理的にも妥当な主張である。意識は脳内で生じるが、これはつまり脳内の他の（無意識的）プロセスの結果として生じるということだ。ノーレットランダーシュ［216, p.22］の言葉を借りれば、「野放図に宙を漂っているのでなければ、意識は脳内のプロセスと関連しているはずであり、それらのプロセスは意識が生じる前に始まっている必要がある。意識にのぼったものだけが意識されるのだから、行動の始まりは意識されないプロセスだということになる」。

行動が無意識の統制下にあることは、近年の神経生理学の知見からも否定できなくなってきている。バージ［32］は、意識システムと運動システムには独立した脳内構造が関わっており、よって、運動システムの働きを意識的に参照することはできないと主張している（［230］参照）。この主張は、近年急増している自動的な運動統制システムに関する証拠とも整合している。リゾラッティら［232］は、自動的な運動統制システムの神経基盤を新小脳に見出している。同様の環境で同様の行動が繰り返されると、知覚入力と低次運動プログラムが新小脳で統合される。また、その出力は計画や決定を司る前頭葉に自動的に送られる。

このように、すべての行動は無意識から始まる。しかし、始まりから終わりまで一度も意識的に自覚されない行動もあるが、少なくとも一度は意識的に自覚される行動もある。行動の自覚はいつ生じ、また、それがどんな機能を果たすのかを明らかにすることは自動性研究の次のステップだといえるだろう。ただし、この問題については本章の最後で扱うことにする。

2　自動行動に関する3つの代表的研究

自動性研究は模倣行動、社会的カテゴリーの活性化、そして目標の活性化を扱う3つの研究領域に分類される。まずは各領域を代表する研究を紹介しておこう。

チャートランドとバージ［63］は、相互作用相手の些細な癖が自動的に模倣（まね）されることを示した。参加者は、貧乏ゆすりや鼻を擦るくせのあるサクラと共同作業を行う。作業中の様子を密かに記録したビデオを分析すると、参

加者は無自覚にサクラの素振りをまねていることがわかった。

　バージら（[34]，実験2）は，社会的カテゴリーの活性化が行動に及ぼす影響を示した。参加者の半分は実験課題中（乱文構成課題[251]）に高齢者に関する単語（白髪，杖など）に接触することで，高齢者ステレオタイプをプライミング（心的表象を導出する操作）された。プライミング課題の後，参加者は実験の終了を告げられたが，実験室を出てからエレベーターに歩くまでの時間が密かに記録されていた。高齢者ステレオタイプをプライミングされた参加者は，統制群の参加者に比べて歩くスピードが遅くなっていた。高齢者ステレオタイプはゆったりとした動作と関連しているため，高齢者ステレオタイプが活性化されることで動作が遅くなったのだ。

　アーツとダイクステルハウス[6]は，目標獲得のための手段が自動的に活性化することを示した。参加者はコンピューター画面上に呈示される先行刺激（プライム）を無視して，次に呈示される後続刺激（ターゲット）をできるだけ速く判別するように求められた。その結果，高頻度で自転車を利用する参加者において，移動目標に関するプライム（講義に出席する）を知覚した後では，自転車に関するターゲットへの反応が速くなっていた。習慣化された目標の知覚は，それに対応する獲得手段を自動的に活性化させるのだ。

　このように，人は自動的に他者の振舞いを模倣し，社会的知覚に応じた行動を行い，目標獲得手段を選ぶ。以降では，これらの現象を説明するモデルについて解説する。

3　自動行動の3つのルート

　社会行動の自動性を理解するには，入力（知覚情報）と出力（行動），そして入力と出力を結ぶ媒介ルートについて知る必要がある。

　すべての行動は内的または外的な入力によって生じる。喉の渇きを知らせる生理過程が冷蔵庫までの移動を始発させるのは内的入力の例だ。高齢者に関連した単語を読むことで，高齢者ステレオタイプが活性化し，ステレオタイプに沿った行動が始発するバージら[34]の実験は，外的入力の典型例だ。社会行動の自動性を説明する上で特に重要となるのは，後者の外的な知覚入力である。

行動を出力するのは運動プログラムの管轄である。たとえば，実験参加者をエレベーターまで歩かせるのは，この運動プログラムの働きに他ならない。

入力と出力の間には3つの媒介ルートが存在すると考えられる。極めて単純な模倣を除けば，すべての自動行動は，特性表象，目標表象，行動表象のいずれかを経て生じる。

特性とは人の特徴に関する概念であり，代表的な行動と連合している。特性の多くは，発達初期に具体的な行動（飴をもらったらお礼を言う）と抽象的な特性概念（礼儀正しい）が結びつけられることで学習される [32; 188]。特性の活性化は連合した行動を生じやすくさせる。心理学の実験では1つの行動（廊下をゆっくり歩く）だけを検討することが多いが，特性は複数の行動と連合しているため [189; 245]，特性の活性化は実際には同時に複数の行動変化を導くと考えられる。特性の活性化を通じた行動は純粋に認知的な回路（知覚-行動リンク [86]）の結果として生じた受動的なプロセスであり，動機的な性質は持たない。

一方で，目標表象には行動に長期的な意味を与える動機的性質が備わっている。目標はポジティブな行動結果と定義される [71]。よって，目標表象は行動とその結果 [99] の学習と，行動結果とポジティブ感情の連合の2つのステップを経て形成される [71]。ポジティブ感情と連合した行動結果には，それを達成したいという活力が付与されている。よって，目標にはその達成に向かう進捗状況を監視するフィードバック機構が備わっているのだ。また，目標は比較的抽象度の高い上位目標からより具体的な下位目標まで階層的に表象されている [267]。よって，目標表象の活性化は，その達成に向かう交換可能な行動を状況に応じて柔軟に生じさせることができる。

特性表象や目標表象が行動に及ぼす影響は，どちらも行動表象の活性化を通じて生じる。たとえば，特性（ゆっくりとした）の活性化はそれに応じた行動表象（ゆっくり歩く）を活性化させる [34]。目標（大学に行く）の活性化も，その手段となる行動表象（自転車に乗る）を自動的に活性化させる [5; 6]。行動表象も特性と同様，発達初期に行動と対応する言葉が結びつけられることで学習される [32; 188]。学習された行動表象（課題に集中する）は，さらに様々な特性（有能）や目標（達成）と連合する。

第 2 章　社会行動の自動性

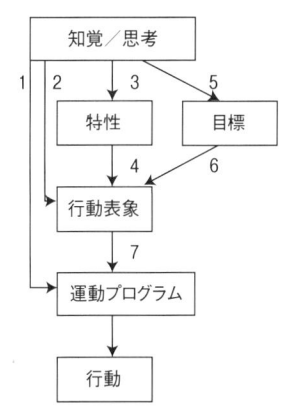

図 2.1　行動機構の構成ブロック

　このモデルの全体像を図 2.1 に示した。模倣ルート（経路 1, 2, 7），特性ルート（経路 3, 4, 7），目標ルート（経路 5, 6, 7）の 3 つのルートは，それぞれに異なる心理過程を経て行動を導く。行動表象と運動プログラム（経路 7）についてはすべてのルートに共通するので，最初に解説する模倣ルートのセクションで論じる。

4　模倣ルート

　以降では，模倣ルートの仕組みについて解説し，無意識の行動模倣を扱った会話，表情，身振りに関する 3 つの研究領域の知見を紹介する。また，自動的な模倣を調整する要因について触れた上で，機能的視点からその役割について論じる。

[1]　経路 1：知覚から運動プログラムまで

　人間のような洗練された種が，見たままの情報をそのまま行動に変換してしまうことは驚きである。しかし，そもそも知覚は事象の理解ではなく，適切な行動のためにある [86; 104; 153; 205; 228]。ミルナーとグッデール [205] の言葉を借りれば，「自然淘汰は行動レベルで働く。重要なことは，どれだけ世界を＜理解しているか＞ではなく，どれだけ捕食し，捕食されず，交配し，環境内

を効果的に移動しているかだ（p.11）」．だとすれば，知覚が意識的な認識や理解を迂回して，行為に直接影響を及ぼすことに不思議はない．この考えは神経生理学の知見とも整合している [32]．頭頂葉損傷患者は対象を意識的に認識すること（本が縦に置かれているのか横に置かれているのかを識別すること）はできなくても，適切に振舞うこと（縦ではなく横に置かれた本を掴むこと）はできる [123]．対象への行為と意識的認識に対して人は別々の視覚経路を持っているのだ [78; 159]．適切な行動を担う背神経視覚経路は，通常は意識的自覚の外で機能する．一方で，認識と理解を担う腹神経視覚経路は，意識することはできるが行動とは関連しないのだ．

知覚と行為の密接な関係は100年以上も前から論じられてきた [57; 153; 187]．かつてウィリアム・ジェームズ [153] は考えた，「夕食後のテーブルで，ときおり食べ残したレーズンをつまんでいる自分に気づく．もう食事は済み談話の最中で，自分の振舞いはほとんど自覚されない．ただレーズンの知覚から生じる，それをつまむことが可能であるという束の間の観念が宿命的に行為を生じさせるのだ（p.523）」．これはジェームズが観念運動行為と呼ぶ現象の例である．このように束の間の観念だけで行為を生じさせるのに十分だという考えは，以後多くの研究者に支持され発展してきた [187]．観念運動行為のもともとの概念は，知覚ではなく思考が自動的に行動を生じさせるという指摘だったが，ジェームズの著書では頻繁に思考と知覚が交換可能に用いられており，知覚と思考はどちらも行動を導くという目的を共有しているのだと考えられる．

プリンツ [229; 231] は，知覚と思考は実際に同じ機能を果たすことが多いと主張している．プリンツ [231] によれば，「行為に関する思考には [中略] 行為を導出する力があるが，他者の行為を観察するなどして行為を知覚することにも同様あるいはそれ以上の力がある」（p.143）．行為を生じさせるために必要な運動プログラムの活性化は，内的な思考によっても外的な知覚によっても生じるのだろう．

チャートランドとバージ [63] による模倣研究は，知覚が運動プログラムに直接的な影響を及ぼすことを示した代表研究だが，エイデルバーグ [98] は模倣傾向に関する最初の証拠を，運動プログラムという言葉が誕生するよりも前に示していた．実験参加者は，鼻という言葉を聴いたら自分の鼻を，ランプと

いう言葉を聴いたらランプを指差すように求められた。実験者も参加者に見える位置で同様に教示に従った指差しを行うが，ある時点で鼻という言葉を聴いているのにランプを指差したり，ランプという言葉を聴いているのに鼻を指差したりといったミスをする。すると多くの参加者は，言葉に応じた指差しをするという実験課題に反して，実験者の身振りを即座に模倣してしまうのだ。人間には自動的に他者の行動を模倣する仕組みがある。エイデルバーグの実験は，身振りの知覚が対応する運動プログラムを活性化させ，同じ身振りを行う傾向を高めることを示した最初の証拠だといえるだろう。

近年では，ミラーニューロンに関する研究知見からも同様の証拠が得られている。最初はサルの脳内で［111; 232］，続いて人間の脳においても［78; 101; 151］，前頭皮質の一部のニューロンは動作を観察した場合にも実際に行った場合にも同じように発火することが確認されている。

［2］経路2：知覚から行動表象まで

知覚が行動表象に影響するプロセスは2つある。ひとつは，行動の知覚がそれに応じた行動表象を活性化させるプロセス。これは前節で解説した知覚が運動プログラムに直接影響するプロセスと似ているが，行動表象に媒介されている点で異なる。たとえば，他者が走っているのを見ると「走る」という行動表象が活性化する。行動表象の活性化は帰属プロセスの第一段階だ［116; 263; 265; 282］。他者の行動から特性や意図を見出そうとする際には，まず行動が同定される必要がある。ただし，同じ行動を知覚しても常に同じ行動表象が活性化されるとは限らない。行動の解釈はその行動自体の曖昧さや解釈の個人差，状況文脈などを反映して変化する［116; 267］。

知覚が行動表象を活性化させるもうひとつの経路は，環境の知覚が特定の行為を行う機会を活性化させるアフォーダンスと呼ばれるプロセスである［114; 198］。レーズンの知覚が「食べる」という行動表象を活性化させ，実際の行動を導出するウィリアム・ジェームズの逸話はアフォーダンスのよい例だ。アフォーダンスは学習されたプロセスだが，椅子を見たら座るというように，対象と行動表象の対応は完全に自動化されていることが多い。

社会心理学者にとって興味深いことは，他者の特徴の知覚に対しても行動表

象が自動的に活性化することだ。たとえば，幼児体型を知覚すると「抱きしめる」などの行動表象が活性化し [15]，高齢者の外見は「保護反応」を導出させる（[198] 参照）。外見だけでなく，社会的なカテゴリーも同様の反応を引き起こす。たとえば，医者を見ると「相談する」，被害者を見れば「援助する」，有名人を見れば「尊敬する」などの行動表象が自動的に活性化する [161]。

近年では，逆に行動の実行が行動の知覚を促進することも示されている。ムスワイラー [211] は，特定の集団に典型的なステレオタイプ的行動（高齢者のようにゆっくりと歩く）を自ら行った後は，無関係な対象人物がステレオタイプ的な特徴を持っていると判断する傾向が高まることを示している。

[3] 経路 7：行動表象から運動プログラムまで

行動表象と運動プログラムの研究はかなり昔にまで遡る（[276] 参照）。思考するだけで行為が生じるとする観念運動行為の概念は 19 世紀にはすでに提案されていた。ジャストロウとウエスト [154] は手の微細な運動までも記録できる自動運動描画器具を用いて，「左」とただ思っただけで手が微妙に左に動くことを示し，「思考は抑圧された行為なのだ」と主張した。部屋の左側の壁に絵を想像しただけでも手は左に動いた。タッカー [264] はこの研究を拡張し，ピアノの演奏を想像すると実際の演奏に似た微妙な指の動きが生じるなど，様々な思考が行為に及ぼす影響を示した。

ジェイコブソン [152] は，より近代的な器具を用いて同様の結論を導いている。特定の運動（腕の屈曲）を想像しただけで，対応する筋肉に圧力が生じるのだ。最近では，重量挙げやランニングなどの活動を想像すると心拍や呼吸測度が高まるなど，実際に活動を行った場合と同様の生理変動が生じることも確認されている [79]。

筋電図を使ったスポーツ心理学の研究では，行為の想像は実際の行為と同じ運動領域の活性化や神経生理的影響を生じさせることがわかっている [128; 221; 155; 157]。これらの研究を受けてジャンヌロー [156] は，「運動のシミュレーションは，その実行が遮断されている以外は実際の行動と変わらない」と述べた。最近の研究では，動詞の知覚や想起だけでも対応する行動表象が活性化することが示されている（[158; 224; 126] 参照）。

このように，行動表象の活性化は運動プログラムの活性化を導く．もちろん，何らかの要因によって行動の実行が阻止されることはある（後述 [86]）．しかし，制止要因さえなければ行動表象の活性化は自動的に行動を導くのだ．

[4] 模倣経路の影響

以降では，無意識の模倣の影響について，会話，表情，行動マッチングの3つの領域で得られている研究知見を紹介する．

1) 会話パターン　会話は模倣で溢れている．たとえば，何かのきっかけで活性化した構文はそのまま用いられることが多い．構文固執と呼ばれるこのような現象を扱った電話調査では，質問に用いられた構文構造が返答に持ち越されることが示されている．同じ内容でも「お店が閉まるのは何時ですか？」と質問した場合には「5時です」，「お店は何時に閉まりますか？」と質問した場合には「5時に閉まります」と答える率が高い [176; 235]．同様の現象は単語，文節，文章形式など，会話のあらゆる端々で観察できる [176; 235]．

人は相手の口調も無意識の内に模倣する [214]．テープ録音されたスピーチの内容を復唱するように求められた実験参加者は，それが悲しい口調であれば悲しい口調，幸せそうな口調であれば幸せそうな口調というように，スピーチの内容だけでなく口調までもまねしていた．

2) 表情の模倣　人は他者の表情もまねする傾向がある [95; 273; 289]．あくびは非常に感染力の強い表情のひとつだ．周りの誰かがあくびをすると，たいていは自分もそうせずにはいられない気持ちになる．バビラスら [40; 41] は，実験中にサクラが苦痛に顔を歪めるアクシデントに遭遇すると，それを目撃した参加者の顔も歪むことを示した．この効果はサクラの表情がよく見えているほど顕著であり，模倣行動が表情認知を通じて生じていることを示している．

カップルの研究でも同様の結果が得られている．ザイアンスら [288] は，長年一緒に暮らしたカップルは情動経験を共有するので，やがては顔のラインに共通の表情が刻み込まれ，長く連れ添ったカップルは顔が似てくると考えた．予測されたとおり，結婚25年以上のカップルは，同年代のランダムな他者との組み合わせや新婚夫婦よりも顔がよく似ていることがわかった．これは情動経験の共有の影響を示す知見として有名だが，知覚が行動に及ぼす影響を示して

いるとも考えられる。相手の表情を頻繁に知覚した結果，同じ表情を自ら繰り返しとるようになり，カップルの顔は似るようになるのかもしれない。

表情の模倣は情動の伝染を示す研究と関連が深い［134］。表情は顔面筋からのフィードバックを通じて情動状態にも影響する［214; 259］。表情の模倣は同じ情動を体験することにつながるのだ。たとえば幸せな表情の知覚は，知覚者自身にも幸せな表情をとらせ，その結果，実際に幸せな気持ちにさせる。

ザイアンスら［288］は，表情の共有と情動の共有には密接な関連があることを見出している。彼らは，カップルの表情の類似度は情動共有を反映しており，また，情動の共有はつながりを強めるため，人生のパートナーどうしは表情が似ているほど幸せである可能性が高いだろうと考えた。実際に，カップルの表情の類似度と幸福感は強い相関を示していた。

3) **行動マッチング**　会話や表情だけではない。人は他者の姿勢や身振り，振舞いなどをも無意識的に模倣する。先述した指差しの実験は，行動マッチングが実に頻繁に生じる現象であることを示唆している［98］。しかし，他者の身体行動を自ら取り入れる傾向は，社会科学では当然のこととされ［16; 166］長らく見過ごされてきた。

ベルニエリ［42; 43］は，姿勢の模倣に関する明確な証拠を示している。参加者AとBは，互いに交流した後，別の参加者CとDとそれぞれ交流した。それぞれの交流における参加者AとBの様子を記録したビデオを使って，2つの無音の映像をつくり出す。ひとつは，参加者AとBが互いに交流している映像。もうひとつは，参加者AとBが映し出されてはいるが，実はお互いに別々の参加者と交流しているときの様子をつなぎ合わせた映像である。そうとは知らない評定者に，参加者同士の姿勢や身振りの類似度を評定させると，前者（実際に参加者AとB同士の交流）の方が後者よりも，似通っていると評定された。行動マッチングだ。

チャートランドとバージ［63］による研究も，共同作業相手の些細な癖の知覚から，その模倣が直接的に生じることを示唆している。人はカメレオンのように，現在の社会環境に溶け込むために，周囲に合わせて自らの色（行動）を自動的に変えているのだ。

[5] 無意識の模倣の調整要因

　無意識の模倣はいくつかの要因によって調整されることがわかってきている。たとえば，模倣は信頼関係と密接に関連している。模倣の機能が対人関係の調和を促進することならば，親和を求める状況で無意識の模倣が特に顕著になることは理に適っている。

1）親和目標

　親和目標の活性化　　親和状況では行動の模倣が自然に要求される。もちろん，協働作業などのために明示的に親和が求められる場合にも模倣傾向は高まるが，親和関連語の閾下プライミングによって非意識的な親和目標を与えられた場合でも，相手の行動を模倣する傾向は強くなることが示されている［173］。

　ラーキンとチャートランド［173］は，他者との親和に失敗した後には親和への願望が強くなり，別の他者に対しても模倣が強まることを示している。実験参加者は親和に関連する語句を閾下でプライミングされた後に，2人のサクラと連続で相互作用を行った。親和をプライミングされた群では，最初のサクラとの相互作用が失敗していた場合に，顕著に次のサクラのくせ（足を揺らす）を模倣する頻度が高くなった。親和をプライミングされていない群では，最初のサクラとの相互作用の成否に関わらず，次のサクラに対して同程度に行動模倣を示していた。

　模倣を高めることは実際に親和に役立つのだろうか？　答えはイエスだ。2人目のサクラに相互作用の印象を評定させたところ，模倣が高いほど好印象で，相互作用もスムースだったと評定されていたのだ。

　親和目標の引き金となる要因　　親和欲求は様々な要因によって自動的に活性化される。以下のような状況も，模倣を自動的に強める。

　同僚：たとえば大学生は，他の大学生とは親和を求めるが，高校生や大学院生など年代の異なる集団に対してはさほど親和を求めない［66］。もちろん他者と自己の違いや社会的文脈の含意に気を配る傾向（セルフモニタリング傾向）には個人差があり，セルフモニタリング傾向が高い者ほど友人が得られる状況（大学生との相互作用）と得られない状況（高校生や大学院生との相互作用）を顕著に区別すると考えられる。実験の結果はまさにこの想定を支持していた。顔を触るくせのあるサクラの女性との相互作用において，セルフモニタ

リングが高い参加者は，相手が大学生だと伝えられていた場合において，高校生や大学院生だと伝えられていた場合よりも行動の模倣を示していた。セルフモニタリングが低い参加者においては，相手の年代による模倣行動の違いは見られなかった。

　高地位の他者：地位は重要な社会的情報のひとつである。部下は上司に対して，その逆の場合よりも親和に動機づけられる。このような上下関係の効果も，セルフモニタリングが高い場合に顕著に見られる。実際に，セルフモニタリングの高い者は，実験中に労働者役を命じられると，リーダー役を命じられたときよりも，相互作用相手のくせをより頻繁に模倣していた [66]。一方，セルフモニタリングが低い参加者においては，与えられた立場による模倣行動の違いは見られなかった。

　他者と大きく外れる：ブリューワー [49] の最適弁別性理論（optimal distinction theory）によれば，人は他者と異なっていたいという個別化欲求と，他者と同じでいたいという同化欲求を持ち，これらの最適なバランスを維持しようとする。よって，重要な集団から大きく外れていると感じると同化欲求が高まり，自分を集団に近づけるための模倣行動が強まると考えられる。実際に，パーソナリティ検査の結果が他の一般大学生の基準から大きく外れていると知らされた参加者は，基準内だと知らされた参加者に比べて，後の共同作業においてサクラのくせ（足を揺する）をより多く模倣していた [226]。

　社会的排斥：集団からの排斥は強いネガティブな体験であり，模倣による社会関係の回復を動機づける [174]。

　社会的排斥操作のために開発されたオンラインキャッチボールゲーム，サイバーボール [280] では，参加者は他2名のプレイヤーとオンラインでキャッチボールゲームを行い，後にゲームや他のプレイヤーの様子を評定するように求められる。他のプレイヤーについては，画面に表示されるイニシャル以外に一切情報は与えられず，ゲームの後にも先にもプレイヤーどうしが対面することはない。実際には，参加者以外のプレイヤーはおらず，コンピュータープログラムが参加者を排斥して（あるいは排斥せずに）ゲームを進めるよう組まれている。このようなサイバーボールゲームを行った後に，別のサクラと共同作業をさせると，前の課題で他の参加者に排斥されたと思っている参加者は，排斥

されなかったと思っている参加者に比べて高い模倣行動を示した。ここでもやはり，共同作業を行ったサクラに参加者の印象を評定させると，前のゲームで排斥された参加者が最も好印象であり，また，相互作用もスムースであったと評定されていた。

2）その他の調整要因

マインドセット　人は様々な処理様式（マインドセット）を用いて情報処理を行うが，文脈依存的なマインドセットは環境手掛かりの知覚を高め，結果的に模倣を促進することがわかっている［270］。逆に，文脈独立的なマインドセットは背景的な環境手掛かりから切り離された対象の知覚を高め，模倣を低減させる［269］。また，マインドセットと模倣の関係は双方向的であり，先行課題で模倣された者は，後続の無関連な課題において文脈依存的処理を用い易くなることも示されている。

自己概念　人はしばしば東洋的（相互依存的）あるいは西洋的（相互独立的）な自己概念を持つ。乱文構成課題を通じて相互依存性をプライミングされた参加者は，相互独立性をプライミングされた参加者に比べて，後の共同課題におけるサクラのくせ（ペン回し）をより多く模倣していた［271］。自己概念の違いは慢性的な文化差としても存在している。上記の課題において，在米の日本人（相互依存的）は白人（相互独立的）よりも模倣頻度が高かった。自己概念と模倣の関係も双方向的であり，先行課題で模倣された者は，後続の課題において相互依存的自己概念を取り入れることも示されている。

視点取得　視点取得とは，共感性の一部であり，他者の視点を理解して取り入れる能力を指す［77］。視点取得は他者の行動の理解や予測を助け，知覚者自らが集団に認められるようになるために重要な役割を果たす。デービス［77］の共感性尺度において視点取得得点が高かった参加者は，低得点の参加者に比べて他者の行動をより多く模倣していた［63］。集団成員との親和が得意な者は，他者を理解する能力を持つと同時に，頻繁に他者の行動を模倣しているのである。

ムード　ポジティブなムードは自動的処理への依存を促進し，ネガティブなムードは慎重で熟慮的な行動を導出することが知られている［237］。模倣も自動的な行為であるため，ポジティブムードの参加者は，ネガティブムードの

参加者に比べて模倣を多く示すことが報告されている [268]。

[6] 社会的絆としての模倣

　社会関係は人間の生存に重要な意味を持つ。古来より，自分勝手に振舞う者は生存や交配の危機に晒されてきた [52]。ヒトは仲間と助けあって生存に必要な活動（育児，家庭の保護，食料や住居の調達）を行うため，他者と協力し調和のとれた集団関係を維持するほど進化的に優位となり，社会的に排斥された個体の生存率は低くなる [54; 55; 56; 83; 183; 227]。集団関係を効果的に維持する適応的な行動は自動化され [29]，やがては人類全体に浸透した（[69] 参照）。自動的な模倣は集団関係を維持する適応行動のひとつなのだ [175]。

　このように，進化的な視点からすれば，自動的な模倣（そして知覚行動リンク全般）が生存に重要な役割を果たすことは明らかだ。同族他者の行動は，捕食者，捕食対象，交配対象の存在など，現在の環境について多くの重要な情報を伝える。熊から逃げる仲間を見たら，意識的にあれこれ考えるのではなく，即座に走り始めるべきだろう [64]。

　模倣が適応的に機能するために自動性は不可欠な特徴だ。緊急状況下では，なぜ仲間が走っているのかじっくりと考えている余裕はない。自動的な模倣傾向を持つ者だけが，自然淘汰に耐えてきたのだ。自動的な模倣傾向は人間以外の動物にも観察されることからも [86]，この傾向が先祖から継承された進化の遺産であることがわかる。

　人間の歴史の大部分において，模倣は物質的な生存に重要な役割を果たしてきたが，現在では主に社会適応のために機能していると考えられる。所属や親和は人間の根本的な欲求であり [39; 49]，現代社会における自動的模倣は，他者と共存し社会的に受容されるために役立っている。社会的な絆としての機能によって，自動的模倣の適応的価値は依然として維持されているのだ。

1）模倣とラポールの関係　　自動的な模倣を社会的絆として捉える視点は，ラポールの研究とも整合している [61; 75; 172; 234]。たとえば，学生には教師の姿勢を模倣する傾向があり，模倣が多いほど学生と教師のラポールも強い [171]。他にも，模倣をよく行うカウンセラーほどクライアントに好かれることも知られている [196]。

母子関係においても，関係が良好（親密，受容的，養育的，相互依存的）であるほど母子の身体的な共同性は強くなる。ベルニエリ[42]は，複数の母子の相互作用を2台のビデオカメラで収録し，それをつなぎ合わせて実の母子で構成された映像と，別々の母子で構成された映像とを作成した。映像は巧妙に構成されており，評定者は実の母子と別々の母子とを弁別できなかったが，それでも実の母子の映像は別々の母子の映像に比べて動きが似ていると評定された。

見知らぬ他者の間でも模倣とラポールの関係は成立する。ベルニエリ[42]は，見知らぬ参加者どうしが単語の意味を教えあう10分間のビデオを分析し，身体的な動きが似ている参加者どうしほど，後のインタビューで強いラポールを報告することを見出している。

模倣はラポール以外の評価にもポジティブな影響を及ぼす。ダッブス[75]は，サクラに模倣された参加者は，そのサクラの有能さと教養を高く評定することを示している。逆に，反模倣，すなわち参加者と逆の姿勢をとる（前かがみに対しては背筋を伸ばす）サクラは，参加者から好まれなくなった。

[7] 非意識的模倣の影響

調整要因の検討は，現象の機能と存在理由について教えてくれる。自動的な模倣は，他者から受容や好感を引き出す非意識的な適応方略なのだ。しかし，模倣には調和的な行動調整以外にも思わぬ作用があることが示され始めている。

1) **向社会的情動**　近年では，他者に模倣されることで生じるポジティブな情動は，関係相手だけでなく人間関係全般に拡張される向社会的情動であることが示されつつある[21]。たとえば，サクラによる模倣操作の後に，2つの円を描いて自分と一般的な他者との関係（近接性）を表現するように求めると，模倣された参加者は模倣されなかった参加者に比べて，高い近接性を表す大きく重複した円を描くことが示されている。

2) **向社会的行動**　向社会的情動は実際に向社会的な行動を導く。オランダのウェイトレスを対象とした現場実験では，客の注文をそのまま繰り返した場合，言い換えをした場合に比べてチップの額が高くなることがわかっている[269]。他にも，実験者から模倣されると，実験者が落としたペンの束を拾う率

や［271］，実験者とは関係のない慈善事業への寄付金の額が高くなることも示されている．模倣されることで生じる向社会行動は，模倣をした人物だけでなく，それ以外の対象にも影響するのである．

3) 消費行動 　消費行動の模倣は商品態度に影響を及ぼす［102］．参加者が実験室に入ると，机には金魚型のクラッカーの盛られたボウルと動物型のクラッカーの盛られたボウルが用意されており，共同作業者のサクラが金魚型（あるいは動物型）の方をつまんでいる（参加者用にも，同様の２つのボウルが用意されている）．共同作業の後，参加者は無関連な商品アンケートにおいて，金魚型クラッカーと動物型クラッカーを含むスナック菓子を評価した．

　まず，サクラが金魚型（あるいは動物型）を食べていた場合，参加者もそれを模倣して，金魚型（あるいは動物型）を多く食べていた．参加者は自分がサクラの消費行動を模倣したことを自覚していなかったが，それでも，この模倣は後の商品態度に影響していた．すなわち，サクラが金魚型（あるいは動物型）を食べていた群では，後のアンケートにおいて金魚型（あるいは動物型）の方がより高い評価を得たのだ．これは，人の商品態度が他者の消費行動の模倣を通じて形成されることを示す結果である．なぜ金魚型（あるいは動物型）の方が好きなのか，その理由を聞かれても，参加者は誰ひとりとしてサクラの消費行動やその模倣について言及しなかった．模倣によって生じたポジティブ感情は，スナック菓子への評価として誤帰属されてしまうのだ．

4) 模倣による説得 　仮想現実シミュレーションの世界では，リアルな人型エイジェント（アバター）が相互作用を展開している．オンライン説得の実験では，アバターが３分間の説得スピーチを行う際に，４秒遅れで参加者の頭の動きを模倣した条件では，模倣なし条件に比べてアバターがより好ましく評価され，アバターへの注目が高まり，説得効果が高くなることが示されている［24］．

　現実世界でも同じことができる［261］．参加者は新商品の検品という名目で，スポーツドリンクの試飲に呼ばれた．まず，調査者役のサクラは，好みのドリンク飲料，スポーツドリンクの消費頻度，商品知識などについてインタビューをしながら，参加者の姿勢を模倣，あるいは反模倣した（参加者が足を組んだら組んだ足をほどくなど，逆の姿勢をとった）．

インタビューを終えると，参加者は好きなだけ新商品を試飲して評価するように求められた。その結果，サクラに模倣された参加者は，反模倣された参加者に比べて試飲量が多く，また，購買意欲を高く報告していた。重要な点は，調査者役のサクラはセールスマンではなかったということだ。つまり，模倣によって生じたポジティブ感情は，模倣者と関係がなくても，商品に誤帰属されていたのだ。

それでは，模倣者がセールスマンであったならばどうだろうか。同様の実験パラダイムにおいて，サクラが商品のセールスマンだと名乗った場合，調査者だと名乗った場合に比べて，模倣による商品好感度の増加は一層高くなった [261]。興味深いことに，セールスマン条件ではサクラに対する印象は変わらなかった。つまり，模倣の効果はすべて商品に誤帰属されていたのだ。

5) **自己制御**　自分の振舞いを模倣されると，自己制御能力が高まり，より効率的な作業が可能になることが示されている。最初の共同作業でサクラに模倣されていた参加者は，模倣されなかった参加者に比べて，次のピンセットで小さな部品を扱う制御課題でのミスが少なく，また，時間当たりの作業量が高くなった [103]。

このように，模倣ルートには様々な機能があることが示されている。人は日常頻繁に相互作用する相手の会話，表情，姿勢を模倣し，また模倣されることで様々な行動調整をしているのだ。

5 特性ルート

社会的カテゴリーや特性概念などの活性化を通じた自動的影響の研究の多くは，バージら [34] の代表研究を追って過去10年間で急速に打ち立てられたものだ。特性概念の活性化が行動に及ぼす影響は80年代にも指摘されていたのだが，自動性が明確に主張され始めたのは90年代以降だ [58; 137]。このセクションでは，特性ルートの背景メカニズムについて論じる。

[1] 経路3：知覚から特性まで

社会的知覚による特性概念の活性化には主に2つの過程が関与している。第

1に，他者の行動の知覚は特性の推論を導く。このような特性推論は，意識的に行おうとしなくても行動の知覚に伴い自動的に生じることがわかっている［115;265;282］。たとえば，「ジョンは高速を150キロで走行した」と聞いた人は，具体的な行動を自動的にパーソナリティ特性に変換し，意識せずともジョンは向こう見ずな人間だという結論に到達する。他者の印象が具体的な行動ではなく特性概念に基づいて形成される理由のひとつは，特性概念に基づいた印象は単純な行動に基づいた印象よりも情報価値が高く，それだけ役に立つことが多いことだ［116;170］。たとえば，ある人物が「友人と夜通し遊んでいた」という情報よりも，「外向的で社交的だ」という情報の方がその人物の今後の行動を予測する上で役に立つ［220］。特性推論は日常の社会的知覚に不可欠なため，即座に，無意識に，そして非常に頻繁に生じるのである［143;144］。

第2に，人は社会的なカテゴリー化を通じて，与えられた情報を超えたステレオタイプ的な推論を行う。ステレオタイプとは，特定の集団カテゴリーを記述する様々な特性概念を一体化させたものであり，性別や人種など，検出が容易な社会集団の特徴に基づいて自動的に活性化される［48;105］。

人を見ると，顕現的な特徴に基づいた集団カテゴリー化が自動的に行われるだけでなく，その集団に連合したステレオタイプ的特性も同時に活性化される［31;82;125;178］。たとえば，黒人の顔写真を閾下で知覚するだけで，一般的な米国大学生は黒人に関するステレオタイプを活性化させることが知られている［34;65］。ステレオタイプの活性化は特性推論などと同様に，日常の社会的知覚において自然に生じる過程なのである。

社会的カテゴリーの知覚はそれにあらかじめ連合していた特性を活性化させる。高齢者カテゴリーの活性化がゆったりした動作を導くのは，何らかの理由で高齢者カテゴリーと遅いという特性が連合していたためだ。ダイクステルハウスら［84］は，高齢者カテゴリーと物忘れが連合している参加者においてのみ，高齢者カテゴリーの活性化は記憶成績の低下を導くことを示している（［50］参照）。

社会的カテゴリーの知覚は，特性の活性化を経ずに，直接行動に影響する場合もある。看護師などの職業ステレオタイプは，思いやりなどの特性推論を介さずに，ベッドメイクなどの典型的な行動の表象を活性化させることがある。

カワカミら［163］は，高齢者カテゴリーの活性化は課題への反応時間を遅らせるが，媒介分析の結果，この効果は特性の活性化を経ていなかったことを示している。

他にも，特性概念の活性化が行動に及ぼす影響は，様々な方法で確認されている。たとえば，F1チャンピオン，マイケル・シューマッハの知覚は，文字を読む速度を高める［190］。速い動物（チーター）や遅い動物（カメ）の知覚は，動作を速くあるいは遅くさせる［7］。スーパーヒーローの活性化は，援助行動を高める［213］。

このように，特性は様々な方法で活性化されるが，日常において最も重要かつ頻繁な特性活性化の源泉は，行動の知覚に基づく即時的特性推論と，カテゴリーの知覚に基づくステレオタイプの活性化だといえる。

[2] 経路4：特性から行動表象まで

特性概念の活性化は行動の表象を活性化させる。人物の記憶の研究では，架空の人物の行動記述文を記憶させると，特性に基づいて記憶されることが知られている［91; 129; 130］。たとえば，「賢い」行動はひとつのまとまり，「外交的」な行動は別のまとまりというように記憶される。行動記述文を思い出そうとすると，まず特性概念が活性化し，それが手掛かりとなって関連する行動記述文の想起を助けるのだと考えられる。

実際に，行動記述文を思い出す際に特性を手掛かりにすると再生成績が高くなる［282］。特性が行動表象を活性化させるため，行動記述文の再生が容易になるのだ。

[3] 特性ルートの影響

以降では，特性ルートを通じた自動的な社会行動への影響を扱った知見を，運動行動，対人行動，課題成績の3つに分けて紹介する。

1）カテゴリーや特性の活性化が運動行動に及ぼす影響　高齢者カテゴリーの活性化が歩行速度に及ぼす影響を扱ったバージら［34］の研究は，カテゴリー活性化が運動行動に及ぼす影響を示した最も有名な研究である。

カテゴリーや特性の活性化が運動に及ぼす影響は，ビジネスマンカテゴリー

（歩行速度などが速くなる［249］），マイケル・シューマッハ（数字音読測度が速くなる［190］），スピードに関連する動物カテゴリー（歩行速度に影響を及ぼす［7］）など，様々なカテゴリーと行動で再現されている。

　高齢者カテゴリーの活性化は，歩行速度だけでなく実験課題への反応時間などにも影響する［89; 163; 236］。これらのカテゴリー活性化が運動に及ぼす影響はどのように生じているのだろうか？　バンフィールドら［26］は，高齢者カテゴリー操作後の卵を握る行為のシークエンスを詳細に分析し，個々の運動（腕の動き，指の動きなど）と運動の合間の間隔との区別に注目した。その結果，カテゴリー活性化は個々の弾道運動の速度ではなく，運動の合間の間隔に影響していたことがわかった。高齢者カテゴリーの活性化は運動そのものではなく，運動の準備に影響していたのだ。

　これは神経生理学の知見とも整合している。単純な視覚運動行為は脳の背部の支配下にあり，注意投入を必要としないため，社会的カテゴリーなど知覚表象の活性化の影響に敏感ではない。一方で，運動準備は脳の前頭の支配下にあるため，知覚表象の影響はこの経路を通じて生じていると考えられるのだ。

2) カテゴリーや特性の活性化が対人行動に及ぼす影響　　カーバーら［58］は，特性プライミングが顕在行動に及ぼす影響を初めて実証的に示した。これには，有名なミルグラム［203］の実験を改変したパラダイムが用いられている。教師役の参加者の課題は，学習者に出題し，誤答が返ってくるたびに電気ショックを送ることだ。この際の電気ショックの強度を，教師役は自由に決めることができた。事前に乱文構成課題（［251］参照）を通じて攻撃性を活性化されていた参加者は，学習者役のサクラに対してより強い電気ショックを送ろうとしたのだ。

　カテゴリーの活性化がネガティブな対人行動を導くことは，閾下呈示でも確認されている。バージら［34］は，黒人ステレオタイプの活性化が参加者の攻撃性を高めることを示した。長く面倒なコンピューター課題を続けていると，コンピューターが警告音とともに止まり，駆けつけた実験者が課題を最初からやり直すように告げる。この一部始終はビデオに記録されており，参加者の反応の攻撃性が後に評定されるのだ。課題中に黒人男性の顔写真を閾下呈示されていた参加者には，白人男性の顔写真を閾下呈示されていた参加者に比べて，

より攻撃的な反応が現れていたのだ。同様の影響は，日常的な聴覚刺激でも再現されている。歌のジャンルを問わず，歌詞が攻撃的な曲を試聴した後は攻撃的な振舞いが増えるのである［17］。

バージら［34］は他にも様々なプライミングが対人関係に及ぼす影響を検討している。乱文構成課題を終えた後，参加者が指示された部屋まで来ると，実験者は別の参加者に扮したサクラと話し込んでいる。この時に，10分以内に会話を遮って実験者に話しかけた参加者の率が記録された。礼儀の悪さをプライミングされた群では63％の者が会話を遮ったが，中性的な語句をプライミングされた統制群では38％，そして礼儀正しさをプライミングされた群では17％しか会話を遮った者はいなかった。同様の結果は，内向性と外向性をプライミングした研究でも再現されている［168］。

特性やカテゴリーの活性化は，ネガティブな行動だけでなくポジティブな行動を導くことも報告されている。たとえば，乱文構成課題で援助に関連する特性をプライミングされた参加者は，統制群の参加者に比べて，より高い頻度で実験者が落としたペンを拾った［191］。同様の結果は，利他主義や利己主義のプライミングよる援助の促進や阻害でも再現されている［274］。

最近の研究では，スーパーヒーローのカテゴリーの活性化は，その後のボランティア活動へのコミットメントを高めることが示されている［213］。一度上昇したコミットメントは，なんとプライミングから3ヶ月後のフォローアップでも持続していた。

他にも，協力性［139］や道徳性［248］の活性化は，囚人のジレンマゲーム中の協力選択を促進することや，黒人カテゴリーの活性化は黒人偏見を持つ者においてのみ，協力選択を阻害することも示されている［50］。また，忠誠心のプライミングは最小集団パラダイムにおける内集団ひいきを増幅し，平等のプライミングは内集団ひいきを低減することが示されている［140］。

少し前までの研究ではプライミングとその影響の直線的な関係が数多く報告されていたが，近年では，プライミング効果の影響は個人差によって調整されることが示され始めている。たとえば，囚人のジレンマゲームにおいて協力プライミングは協力選択，競争プライミングは競争選択を促進するという直線的な結果が報告されている一方で［164］，これは競争傾向が高い個人においての

み得られる効果だという報告も出ている［266］。

　プライミング効果が状況によって調整される可能性も報告され始めている。複数のサクラが意見を表明した後で主観的な意見を求められると，同調への強い圧力が生じる。このような状況では，協調プライミング群では統制群に比べて同調が促進されたが，非協調プライミング群では同調の阻害は見られなかった［100］。このように，圧力が強い課題状況では，プライミング効果が弱まる可能性がある（［86］参照）。しかし，アッシュ［20］による有名な同調研究のパラダイムのように，より客観的な意見が求められると同調率は比較的低くなる。このような状況では，非協調主義的な人物（パンクバンドマン）の写真を見せられた群は，協調主義的な人物（会計士）の写真を見せられた群に比べて同調傾向が低くなった［223］。

　また，プライミング効果は行動への直接的な影響だけでなく，相互作用相手の印象や状況の解釈を通じた，間接的な影響を及ぼすことも指摘され始めている。たとえば，協力プライミングが協力行動に及ぼす促進効果は，相手からの協力への期待が高まった結果ではないか？　どちらの可能性を支持する証拠もある。特性プライミングは行動を直接生じさせることもあるが，状況解釈もそれに加えて働くのだろう［164］。

3）カテゴリーや特性の活性化が課題成績に及ぼす影響　　ダイクステルハウスとバン・ニッペンバーグ［92］は，大学教授について思い浮かぶ属性を記述するように求めると，クイズ問題の成績が高くなることを示した。大学教授のステレオタイプに含意される有能さの活性化は，知的課題の成績を促進するのだ。課題成績への効果は，プライミングの時間を長くすると比例的に増幅した。逆に，愚かさを含意するサッカーフーリガンについて考えさせると，クイズ問題の成績は低くなった。このような成績への影響は社会的カテゴリーだけでなく，有能さや愚かさといった特性を直接プライミングした場合でも同様に見られる。

　現在までに，多くの研究が同様の知見を再現している。たとえば，スーパーモデル［90; 127］や売春婦［236］のプライミングも，サッカーフーリガンと同様に知的課題の成績を下げる。成功者のプライミングは知的課題の成績を上げる［149］。大学教授のプライミングは，課題成績だけでなく学習の効率も高

める［127］。黒人のプライミングは数学テストの成績を下げ［279］，アジア人のプライミングは数学テストの成績を上げる［246］。高齢者のプライミングは記憶成績を下げる［84；87］。パンクバンドマンのプライミングは創造性課題の成績，エンジニアのプライミングは分析的思考課題の成績を高める［108］。政治家のプライミングは議論を長くさせることや［93］，高齢者のプライミングは保守的な意見への賛同を強めること［162］，スキンヘッドのプライミングは人種偏見的態度を強めることなども報告されている［162］。

［4］ 調整要因

たくさんのプライミング研究の知見を紹介してきたが，カテゴリーや特性の活性化は常に対応する行動を導くわけではない。以降では，その効果の制止や変化につながる調整要因について論じる。

1）同化効果と対比効果　活性化された概念に同化する方向に行動を変化させる同化効果は，社会的判断に及ぼす影響を扱った古典的な研究から現在に至るまで，多くの研究で示されてきた効果である。たとえば，乱文構成課題によって敵意性概念を活性化させると，後の無関連な課題において，曖昧な刺激人物の行動がより敵意的であると解釈される［146；251］。しかし，このような同化効果の知見が発表された数年後には，その逆の対比効果が報告され始めた（［138；286］参照）。たとえば，ヒトラーなどの敵意的な特性を持つ具体的な人物例（エグゼンプラー）をプライミングすると，後に評定対象となる人物の敵意性が低く判断されるのだ［137］。

社会的判断研究では，カテゴリーや特性の活性化は同化効果を導くが，個々のエグゼンプラーの活性化は対比を導くとされる（［253；286］参照）。たとえば，大学教授カテゴリーをプライミングした場合，スーパーモデルカテゴリーをプライミングした場合よりもクイズ成績が高くなるが，それぞれのエグゼンプラー（アルバート・アインシュタインとクラウディア・シファー）をプライミングした場合には成績が逆転する［90］。他にも，高齢者ステレオタイプのプライミングは歩行速度を遅くさせるが，高齢者エグゼンプラー（実験当時88歳のオランダの皇太后）のプライミングは歩行速度を速くさせることや，スーパーヒーローカテゴリーのプライミングは援助行動を高めるが，そのエグゼン

プラー（スーパーマン）の活性化は援助行動を低めることなどが示されている[213]。

カテゴリーとエグゼンプラーの違いは何だろうか？ ひとつには刺激の抽象度の違いがある。印象形成の研究では，他者の印象は抽象的なステレオタイプに基づいて形成されるのが通常であり，具体的な個別の印象を持つことは稀だとされる（[46; 48; 105] 参照）。実際に，高齢者を1人だけ呈示した（具体的な印象が促進される）条件では対比効果，高齢者を数名呈示した（抽象的な印象が促進される）条件では同化効果が生じることが示されている[89]。

2）対比効果が生じる条件　カテゴリーや特性は常に同化効果，エグゼンプラーは常に対比効果を導くわけではない。

スターペルら[252; 253; 254]は，解釈比較モデル（ICM, Interpretation/Comparison Model）を提唱し，判断における同化効果と対比効果の生起は比較過程の有無によって決定されるのだと説明している。すなわち，プライム刺激（カテゴリー，特性，エグゼンプラーなど）がターゲット刺激の解釈に用いられれば同化効果，ターゲット刺激との比較の基準として用いられれば対比効果が生じるのだという。たとえば，敵意的な人物を見ることで活性化した敵意性特性が，後に曖昧な人物を見た際の解釈に用いられれば，その人物は敵意的だと判断される（同化効果）。一方，先ほどの人物との比較が生じれば，かえって敵意的ではないと判断される（対比効果）。

ICMでは，特にプライム刺激の具体性が比較過程を規定する重要な要因だとされる。プライミングされる表象が具体的であるほど比較が生じ易くなるためだ。たとえば，カテゴリーや特性などの抽象的な刺激では比較が生じる可能性は低く，同化効果が生じやすい。また，プライムとターゲットの関連性も比較の有無を規定する要因のひとつだとされる。人は自分を周りの人間と頻繁に比較するが，猿や木やフローズンマルガリータなどとはあまり比較しない。人という同じカテゴリー内では，異なるカテゴリー間よりも比較が生じやすいのだ[193]。

ICMとは別の立場もある。ムスワイラー[210]の提案する選択的アクセシビリティモデル（SAM, Selective Accessibility Model）では，実は同化効果と対比効果のどちらでも比較は生じているのだが，生じる比較の性質が異なるの

だという。そもそもすべての判断は相対的であり，比較は常に生じているのだ。プライムに続いてターゲットが呈示されると，人はすぐにプライムとターゲットの類似性を査定する。プライムとターゲットが似ていれば類似性の程度が査定され，同化効果を導く。逆に，プライムとターゲットが異なっていれば相違性の程度が査定され，対比効果を導くのだ。

　ICM や SAM はプライミングが判断に及ぼす影響を説明するモデルだが，行動への影響も説明できるだろうか？　判断ではプライムとターゲットの関連性が重要となるが，行動では行動を行う自分がターゲットなので，プライムと自己との関連性が重要となる。たとえば，アインシュタインのプライミングによる成績低下は，アインシュタインと自己との比較を通じて生じる。実際に，大学教授プライミングは有能さ概念を活性化させるだけだが，アインシュタインプライミング後は自己と無能さの概念の連合が強化されることが示されている[92]。

　ICM と SAM は同化と対比に関して同じ予測を導くことが多いが，いくつかの重要な違いもある。ICM では比較関連性が重要視されており，互いに関連しているものどうしで比較が生じやすいと予測される。関連性が高い者どうしは一般的に類似性も高く，よって，行動では自分と似た対象との間で比較が生じると考えられる。一方で，SAM では類似性の高いものどうしは類似性査定を導出し，同化効果が生じると考えられる。

　動物は人間と似ているだろうか？　アーツとダイクステルハウス（[7]）は，動きの速い動物（チーター，カモシカ），あるいは遅い動物（カタツムリ，亀）を例として，人間とそれ以外の動物との類似点，あるいは相違点を強調した文章を読ませた。その後，参加者の歩行速度を記録すると，類似点を強調した文章では対比効果，相違点を強調した文章では同化効果が生じていた。この知見は，ICM の想定と整合するものであり，SAM の想定には当てはまらない。

　ル・ブフとエスティーズ [176] は，査定方法の導出を実験的に操作して ICM と SAM のどちらが支持されるかを検証している。大学教授あるいはアインシュタインについて，自分との類似点，あるいは相違点について記述するように求めて，後のクイズ成績を分析した結果，類似点を考えた参加者は対比効果，相違点を考えた参加者は同化効果を示していた。この知見も，ICM と整合して

おり，SAMとは整合しない結果である。

どうもSAMの行動領域への適用は旗色が悪いようだ。SAMと整合する知見も報告されてはいる。この研究では，複数のスーパーモデルの写真を呈示され，それらの類似点に注目するように教示された参加者はクイズ成績の低下（同化効果），相違点に注目するように教示された参加者はクイズ成績の向上（対比効果）を示した [127]。しかし，この知見は類似点への注目がカテゴリー化に基づく印象形成，相違点への注目が数人のエグゼンプラーに基づく印象形成を促したと考えれば，ICMとも整合する結果だといえる。

比較の重要性を指示する知見は多い。たとえば，マイケル・シューマッハのプライミングは，音読速度に同化効果を導く [190]。シューマッハはエグゼンプラーであり，顕在的には「私はシューマッハほど速くは運転できない」という比較を生じさせるかもしれないが，実際に行う課題領域が異なるため（運転と数字音読）潜在的には比較が生じず，むしろ速さの概念のレベルで同化効果が生じるのだ。これもやはり，ICMと整合する結果である。

このように，SAMは顕在的な比較を伴う社会的判断領域では説明力を持つが，潜在的な比較を伴う行動領域ではICMの方が優れた説明であると考えられる [255]。顕在的な判断を求められることのない行動領域では，ステレオタイプやエグゼンプラーと自己とで明らかな比較が行われることはほとんどない。これらの比較は即時的にそして潜在的に生じるのだ。

外集団カテゴリーのプライミングが同化効果を導く仕組みは，長年疑問視されてきた問題のひとつだ。集団間関係の研究では，人は一般に外集団との差別化をはかることが知られている [49; 260]。それにもかかわらず，大学生参加者たちが高齢者，大学教授，スーパーモデルなどの概念と同化を示すのはなぜだろうか？ ICMにおける比較関連性を重要視する立場は，このような問題にも説明を提供できる。やはり比較関連性が重要な規定因であり，場合によっては外集団プライミングが対比効果を生じさせることもある。たとえば，集団間比較を促進させることによって，または，内集団アイデンティティや自己概念の顕現性を高めることによって，通常は同化効果が生じる条件においても，対比効果を生じさせることができる [236; 249]。

[5] 自己の役割

　最新の研究では，カテゴリーや特性の活性化が行動に及ぼす影響に対して，自己概念が重要な調整要因として機能することが報告されている。以降では，プライムの自己関連性と自己概念の活性化が，行動領域でのプライミング効果に果たす調整的な役割について解説する。

1) 自己関連性　これまで紹介してきた研究の多くでは，主に自己とは無関連な集団カテゴリーのプライミング効果が検討されていた。それでは，高齢者に高齢者カテゴリーというように，自己関連のある集団カテゴリーがプライミングされた場合には，どのような効果が生じるのだろうか。

　自己関連カテゴリーでのプライミング研究の知見も数多く報告されている。高齢者カテゴリーの活性化は，参加者が若年者の場合だけでなく高齢者であっても歩行速度 [34; 135] や記憶成績 [84; 180] を低下させる。アジア人女性に対して，アジア人カテゴリーをプライミングすると数学成績が上がり，女性カテゴリーをプライミングすると数学成績が下がる [247]。

　自己関連カテゴリーのプライミングは，関連のないカテゴリーのプライミングよりも強い効果を生じさせる可能性もある。一般的に，人は自己関連刺激に対して敏感に反応することが知られている。実際に，高齢者の参加者においては，老衰などのネガティブな高齢者カテゴリー語によるプライミングは記憶成績を低下させ，老練などのポジティブな高齢者カテゴリー語によるプライミングは記憶成績を向上させたが，この影響は，若年者の参加者においては見られないという知見もある [180; 141; 142]。

　在米のアジア人あるいは非アジア人の参加者に対して，アジア人カテゴリーをプライミングした実験では，アジア人参加者では閾下，閾上どちらのプライミング法でも行動への影響が見られたが，非アジア人の参加者では閾上でのプライミング法でのみ影響が生じるという報告もある [246]。自己に関連しない刺激でも閾下プライミングの効果が得られることを示す知見も数多く報告されているため，結果の解釈には慎重を要するが，自己関連プライムの方が，効果が見られやすいことを示唆する知見である。

　自己関連カテゴリーには，ステレオタイプ脅威を通じた独特の影響ルートがある [256; 257; 258]。ステレオタイプ脅威とは，ネガティブな自己関連ステレ

オタイプを確証する行動をとってしまうことへの恐れによって，課題遂行が阻害されることを指す．たとえば，黒人参加者が自らの人種に注目すると，低い成績を出すことへの恐れから課題に集中できなくなり，かえってテスト成績が低下してしまう．このようなステレオタイプ脅威の効果は，行動プライミング効果とは複数の点で異なる．まず，ステレオタイプ脅威が生じるためには，自己関連カテゴリーが活性化されると同時に，成績が評価される状況が必要である．また，ステレオタイプに沿ってしまうことへの恐れが課題成績に影響を及ぼすので，ネガティブな自己関連ステレオタイプが注目される必要がある．

2) 自己の活性化　　複数の行為傾向が活性化された際には，競合する中で最も優勢なものが行動に現れる [215; 243]．自己焦点の高まり，あるいは自己概念の活性化は，規範や目標などの内的な基準を顕現化させるため，自己焦点が高められた条件では，環境の知覚が行動に及ぼす影響が弱くなると考えられる [59; 97; 113]．活性化された規範や目標は，その他の行為傾向（プライミング効果）を制止するのだ．たとえば，鏡の前に座って課題を行うと自己焦点が高まり（[97] 参照），通常であれば生じる社会的カテゴリーによる行動プライミング効果が生じなくなることが示されている [87; 93]．

ところが，自己意識得点が高い者は，低い者よりもプライミング効果の影響を顕著に示すことも報告されている [149]．また，黒人の典型的な1日を想像して記述させることで黒人ステレオタイプをプライミングし，その後の数学の成績に及ぼす影響を検討した実験では，第一人称で記述を行った参加者は，第三人称で記述を行った参加者に比べてプライミング効果が強くなることが示されている [279]．さらに，自己概念を活性化すると，自己とプライム刺激との比較が生じ，通常であれば同化効果が生じる状況でも対比効果が生じるという報告もある [236]．

このように，自己概念の活性化がプライミング効果を調整することは頻繁に報告されているが，その方向は制止，増幅，対比と一貫しない．ウィーラーら [278] は，このような知見の混乱を整理する作動自己概念モデル（active self-concept account）を提唱し，プライミングが行動に及ぼす影響は，プライムと作動自己概念との重なりの程度に規定されると主張している．たとえば，大学教授カテゴリーのプライミングによって活性化した有能さの特性は，それが自

己の一部と見なされることで行動に影響する。特性が自己の一部だと感じられるほど行動への影響も強くなり，逆に，自己の一部と感じられなければ影響は生じない，あるいは比較を通じた対比を導く。

　このモデルの弱点は，極めてネガティブなプライムでも同化効果が生じることを説明できないことだ。行動プライミングに自己の役割を想定するには，自己への包含・除外を決定する何らかの動機的プロセスが仮定されるべきだが，人種偏見者，フーリガン，売春婦などに関連するようなネガティブな概念でもすぐに包含されてしまうのはなぜか？　もしも自己が何でも包含するスポンジだとしたら，フィルターとしての機能を果たさない。

　このように，特性ルートは豊富な研究知見に支えられている。カテゴリーや特性の活性化は，日常的に頻繁に行動に影響している。その影響の多くは同化的だが，逆に対比効果が生じる場合もある。特に自己に関連する様々な要因が行動プライミング効果を調整しているようだが，その検討はまだ始まったばかりである。

6 目標ルート

　以降では，目標ルート（経路 5, 6, 7）について概観する。まず，自動的な目標遂行を可能にする背景プロセスと，その前提となる目標の概念について解説する。その上で，自動的目標追求に関する代表的な研究を紹介する。

[1] 自動的目標遂行

　自動的目標遂行の概念化にはいくつかの前提がある。まず，目標は望ましい行動への従事（フルーツを食べる，よい仕事をする，社交的に振舞う）や，その結果（給料を得る，誇りを感じる）として心的に表象されているということ [60; 120]。また，目標表象はその遂行を助ける手段や文脈などを含む知識構造と密接に連合しているということだ [5; 6; 35; 169]。たとえば，フルーツを食べるという目標は，バナナや大学のカフェテリアや昼食の時間と連合している。このように，目標の設定，採用，実行は様々な情報に依存している。

　「望ましい状態」という目標の概念化には，2 つの特徴が含まれている [3;

74]。ひとつは，目標達成のための基準設定や進行状況のモニタリングに必要な知識としての認知的特徴 [59; 204; 228; 233]，もうひとつは，目標状態に誘引価を与える感情・動機的特徴である [222; 225; 287]。目標に関連する刺激の知覚は，目標関連の認知プロセスと動機プロセスの両者に影響するのだ。

伝統的に目標研究は意識的自覚の役割を強調し，目標遂行に伴う顕在的な経験や思考を検討してきたため，目標の設定や採用には意識的な熟慮や意図が密接に関与しているという考えが根強い [25; 80; 117; 186; 217]。しかし，これらの研究では目標遂行に関わる無意識的プロセスはほとんど触れられてこなかった。以降では，目標の設定，採用，実行の3段階に分けて，知覚・目標・行動を結ぶ自動的なルートに関する研究を概観する。

[2] 経路5：知覚から目標まで（目標設定）

自らの目標を明確にしたいときや，誰かに自分の願望や目標を説明するように求められたときには，目標を設定する必要がある。目標の設定とは，このように個人が達成したいと望む目標を明示的に宣言・説明する過程を指す。明示的に宣言される目標は，外的な情報の影響を受けずに設定されているだろうか？

社会的カテゴリー（ステレオタイプやエグゼンプラー）の知覚は，利用可能な情報を無自覚の内に活性化させ，顕在的な判断に影響を及ぼすことが知られている [85]。同じように，目標関連情報の活性化は，目標設定に無自覚の影響を及ぼすことが報告されている。たとえば，アーツら [10] は喉の渇くスナックを食べた参加者は，後の語彙決定課題や偶発再生テストにおいて飲み物に関する情報の活性化の高まりを示すことを報告している。このような目標関連情報の活性化の高まりは，適切な文脈さえ与えられれば，顕在的な目標設定に影響すると考えられる。このような影響はいくつかの経路を通じて生じる。

カスターとアーツ [73] は，目標の閾下プライミングが顕在的な目標設定に直接影響する経路があることを示している。「身だしなみ目標」を閾下プライミングされた参加者は，他者からそう見られたいと思う属性を5つ思いつく順番に挙げるように求められると，統制条件の参加者に比べて，「身だしなみがよい」という属性をより頻繁に上位に挙げていた。

ホランドら［148］は，より日常的な実験状況で無自覚の活性化が目標設定に及ぼす影響を示している。意識的に自覚しない程度に微かな洗剤の匂いに接触した参加者は，今日中に行いたいと思う活動を5つ思いつく順番に挙げるように求められると，統制条件の参加者に比べて，掃除をより高い頻度で挙げていた。これらの知見は，顕在的な目標を形成する際には活性化の高い情報に関連する目標が自動的に用いられ易くなることを示している。

ウェグナー（［276; 277］参照）の提唱する見せ掛けの心的因果理論（apparent mental causation theory）は，プライミングが目標設定に影響を及ぼす経路について異なる説明を提供している。先述したように，行為やその結果が生じる前に持っていた「行為に関する思考」は，目標の意図として経験され，行動を生じさせた原因であるかのように感じられる。ただし，人は自らの行為の原因を常に自覚しているわけではなく，目標設定の感覚の大部分は行為の結果に関する情報に基づいて事後的につくられる。人は自らの行為とその結果の因果関係を直接観察することができないため，目標設定の是非は推論する他ない。ウェグナー［276］によれば，思考が出来事を生じさせたという推論には，その出来事を自ら望んで生じさせたという感覚も伴って経験される。よって，行為の結果（目標）のプライミングは，それを自ら望んで生じさせたという感覚を促進すると考えられる。

アーツら［4］は，参加者とコンピューターが画面上で四角を操作する課題を用いてこの可能性を検討している。参加者がボタンを押すと，画面上を動き回る四角が停止する。しかし，それを自分が止めたのかコンピューターが止めたのかは定かではない。さて，参加者が止めようと思っていた位置で四角が止まれば，「思ったとおりの結果」が生じたことになるので，自分が止めたものと推論されるのではないか。実は四角の動きはコンピューターに完全に制御されていた。しかし，参加者がボタンを押す直前に，四角が止まる「位置」を閾下でプライミングされた試行では，プライミングされなかった試行と比較して，参加者が自分で止めたという感覚が高まっていた。このように，行為の統制感覚は意識的な意図なしでも生じる。行動が起こる直前にその結果に関連した情報が意識の外をよぎっただけで，目標を設定して行動したと感じてしまうのだ（［1］参照）。

このように，目標関連刺激の知覚は様々な経路から顕在的な目標設定に影響を及ぼす。目標関連情報の活性化が目標設定に及ぼす影響は，当事者に自覚されない非意識的過程を通じて生じているのだが，それでも自らの決定だという感覚を伴って意識にのぼる。

目標情報のプライミングは常に目標設定に影響するわけではない。たとえば，もともと動因の強い目標（男子学生における交際目標）では，プライミング群と統制群の目標設定指標の間に違いが見られないことも報告されている [3; 13]。明確で強い目標がすでに存在し，願望や目標の明確化が必要とされない場合には，プライミングの影響が弱まるのだと考えられる（[165] 参照）。明確な目標をあらかじめ持っている場合，その目標の活性化は慢性的に高いため，プライミングの有無に関わらずその目標が設定されるのだ。

[3] 経路5：知覚から目標まで（目標採用）

目標の採用とは，他者の目標や状況に応じた目標を自ら用いることを指す。人は現在置かれた状況において，望ましい状態をもたらす目標を自動的に採用する [11]。目標が活性化されると，目標への働きかけ，手段の選択，活性化の維持，競合する目標からの保護などに必要な心的資源が補充される [47; 112; 150; 182]。目標関連刺激の知覚による目標の活性化は，自動的に目標達成に有利な活動へと個体を方向づけ，また，活動力を高める。

チャートランドとバージ [62] は，非意識的な印象形成目標の活性化が，教示によって意識的な印象形成目標を与えた場合と同様の処理を導くことを示している。人物記憶に関する先行研究では，印象形成を求めると情報が呈示されるたびに評価判断が行われるため，記憶成績が促進されることが示されている [133]。これと同じ効果は，印象形成に関連する単語（印象，判断）を閾下で呈示された参加者においても見られた。印象形成目標の活性化が，必要な心的活動を自動的に実行したのだ。

同様に，バージら [36] は達成目標に関連する単語（努力，成功）に接触した参加者は，統制群の参加者に比べて，後の単語探索課題の成績が高まることを示している。バージら [36] の研究では，達成目標のプライミングは成績の向上だけでなく，終了が告げられても課題に固執する傾向や，課題が中断され

ても再開する傾向など，動機づけられた状態に典型的な特徴を高めることも示されている．このように，目標表象の活性化だけで，意識を介さずに動機づけ効果が生じることは数多くの研究で再現されている［131; 173; 218］．

近年では，目標表象は関連する単語の呈示による直接的なプライミングだけでなく，他者の目標に関する情報の知覚が及ぼす自動的な影響の検討も始められている．他者の目標を知ることは，関係相手の意図を理解するためだけでなく，自らの目標追求にも重要な意味を持つ．このような観点から，自動的な目標採用の源泉となる3つの社会的側面の検討が進められている．他者の行動から目標が推論される場合，重要他者の存在が目標を活性化させる場合，社会的ステレオタイプが目標の引き金となる場合の3つだ．

1）他者行動の知覚と目標採用　　社会的な存在である人間は，他者の行動から目標を見出す能力に長けている．かつて目標の帰属は熟慮的な内省プロセスとして扱われてきた［199］．しかし現在では，人は他者の行動を知覚するだけで，それを意識したり意図したりせずとも自動的に目標を推論することが知られている［11］．たとえば，文章読解の研究では，行動記述文の読解は自動的な目標推論を導くことが示されている．ハッシンら［132］は，自動的因果推論（Automatic Causal Inference, ACI）モデルを提案し，特定の目標の獲得を含意する行動記述文を読んだ後には，含意された目標概念が非意図的に活性化することを示している．たとえば，「学生は大学まで全速力で自転車をこいだ」という文章を読んだ後では，「学生は大学から全速力で自転車をこいだ」という類似した文章を読んだ後に比べて，語彙決定課題において，大学での受講に関する目標概念の活性化が高かった．重要な点は，参加者は行動記述文から目標を推論するように求められてはおらず，よって，ここで示された目標推論は非意図的に生じていたということだ．人は行動の記述から自動的に目標を推論するのだ．

自動的目標推論を通じて他者の行動から推論された目標は，やはり自動的に，自らの目標として採用できる．アーツら［13］は，他者の行動から推論された目標が自動的に採用されることを目標感染と呼び，特に目標が自分にとっても望ましいと知覚された場合に顕著に生じることを示している．参加者は，時間内でいくつかの独立した課題を連続して行うと説明され，最初の文章読解課題

を終えた時点で,次のマウスクリック課題を終えてまだ時間が余っていれば,賞金が当たる可能性のある抽選課題にも参加できると告げられた。文章読解課題で金銭目標を含意するシナリオを読んだ参加者は,統制シナリオを読んだ参加者と比べて,マウスクリック課題の遂行が速かった。金銭目標が採用されると,賞金の当たる可能性のある抽選課題は目標関連課題となり,その参加を志向する行動が自動的に促進されたのだ。

目標感染は文章読解に限られた現象ではない。ハイダーとジンメル [136] の古典的研究では,参加者は単純な幾何学図形のアニメーションにも意図的な因果を推論することが示されている。ディックとアーツ [94] は,この古典的知見を受けて,単純な幾何学図形の動きからでも目標感染が生じる可能性を検討した。努力は目標志向行動の動機的側面を特徴づける重要な要素であり [44; 112; 262; 284],目標の知覚的手掛かりとして用いられる。実験では,複数の球体が援助目標を含意する動きをするアニメーションが作成され,援助目標のために球体が実行した動きの数が努力量として操作された。予測されたとおり,アニメーション視聴後には,語幹完成課題と語彙決定課題において,目標関連語の活性化が認められ,また,この効果はアニメーション中の努力量が多いほどより顕著に見られた。努力量の知覚の増加は自動的な目標推論を増加させていたのだ。さらに,たくさんの援助努力を観察した参加者は,やはり自動的に,自らより多くの援助行動に従事していた。これらの結果は,目標感染現象は単純な動きの知覚からも生じ,目標遂行における努力量の知覚の増加は,より強い目標推論と目標採用を導くことを示している。

2) **重要他者の知覚と目標採用**　親,友人,配偶者など,特定の重要他者との関係において日常頻繁に遂行される関係目標は,重要他者の知覚によって自動的に採用される。たとえば,フィッツシモンズとバージ [106] は,アンケートを通じて親友について考えた参加者では,親友と関連する援助目標が活性化し,統制群と比べて後の課題への参加が促進されることを示している。

重要他者は関係相手としてだけでなく,わたしたちに特定の目標達成を期待する観察者としての役割も果たしている。シャー [239] は,課題達成を期待する重要他者の名前を閾下プライミングされた参加者は,課題達成を期待しない重要他者の名前を閾下プライミングされた参加者に比べて,後続のアナグラム

課題での成績が高まることを示している。ただし，この効果は参加者にとって親密な重要他者においてのみ見られた。この結果は，人は親密な他者から期待される目標や基準を自動的に採用しており，無自覚の内に課題努力の増進や差し控えをすることを示している。

3) 社会集団の知覚と目標採用　モスコビッチら［207］の研究に代表されるステレオタイプ抑制研究では，社会集団の知覚は自動的に目標を活性化することが示されている。女性か男性の顔写真（プライム）が呈示された直後に，女性的あるいは男性的な特性語（ターゲット）を音読させると，通常はプライムとターゲットのカテゴリーが一致していた場合には反応が速く，不一致な場合には反応が遅くなる。しかし，慢性的に平等主義目標が高い参加者は，このようなステレオタイプ効果を示さなかった。平等主義目標が高い参加者も，知識としては性別ステレオタイプの存在と内容を熟知している。しかし，たとえステレオタイプ的な知識を持っていても，平等主義的な信念の持ち主においては，社会集団の知覚は平等主義目標を活性化させるため，ステレオタイプの活性化が抑制されるのだと考えられる［209］。

一方で，社会的カテゴリーの知覚は，ステレオタイプに含意される目標の採用を導くことも示されている。アーツら［2］の研究では，看護師の閾下プライミングは援助目標を活性化させ，実験後のインタビューへの協力率を高めた。ただし，この効果は参加者自らの目標強度によって調整されていた。すなわち，もともと援助目標の望ましさを高く評価していた参加者において，プライミング効果はより顕著に見られた。同様の結果は，株式仲買人プライミングによる金銭目標の活性化でも再現されている。

4) 対象物の知覚と目標採用　フィッツシモンズら［107］は，特定の目標と強く連合した対象物を知覚するだけでも目標採用が導かれることを示している。たとえば，犬には忠実なイメージがあるため，犬をプライミングされた参加者は，猫をプライミングされた参加者に比べて，親友が過ちを犯した想定場面に対してより忠実な対応をしていた。他にも，マッキントッシュ・コンピューターをプライミングされた参加者は，ウィンドウズ・コンピューターをプライミングされた参加者に比べて，創造性課題の成績が高くなることも示されている。

5) 結論　人は他者の行動や図形のアニメーション，重要他者や社会集団，

ひいては目標と関連する対象物にまで目標を自動的に見出し，知覚された目標を自ら採用する。目標感染の引き金となる社会的刺激の範囲は実に広く，擬人化されたペットやロボットやコンピューターまでもがその対象となるが，知覚されたすべての目標が必ず採用されるわけではない。知覚者にとっても目標が望ましいと評価されていることや，知覚対象との親密性が高いことなどは，目標感染を規定する重要な要因であると考えられる。しかし，これらの条件が整えば，知覚者は適切な行動表象に自動的にアクセスし，目標の達成に必要な行為を意識外で実行する。次のセクションでは，目標関連行動の自動的な実行を可能にするメカニズムについて論じる。

[4] 経路6：目標から行動表象まで（目標の実行）

　目標の活性化が望んだ効果を持つためには，目標の獲得に適切な手段となる行動表象が活性化される必要がある。目標を充足する行動が1つしかない場合には単純だが，目標と行動が一対一対応していることはむしろ稀だ。以降では，目標プライミングが行動を導く3つの異なるプロセスについて解説していく。

1）習慣の役割　　習慣形成プロセスは，自動的目標遂行に対する最も一般的な説明のひとつだ [5; 28; 208]。目標の実行が自動化されるためには，特定の目標関連状況で目標獲得手段の選択と実行が訓練される必要がある。通常，目標は複数の手段（行動表象）と連合している [14; 194; 285]。クルグランスキーら [169] の一連の研究では，目標の活性化によって特定の手段が活性化される程度は，目標と手段のネットワーク構造に規定されることが示されている。たとえば，1つの目標に連合した手段の数が多くなると，目標が活性化しても個々の手段に拡散する活性化の量は小さくなる（ファン効果 [18]）。

　複数の手段が存在するときには，適切な手段（行動表象）を選ぶ必要があるが，目標と手段の連合は目標獲得に適した行為（バスではなく自転車で登校する）が日常頻繁に選択・実行されることで発達するので，連合強度の強いものは適切な手段であることが多い。連合が十分に発達すると，目標の活性化はその手段（行動表象）を意識的な意図なしで直接活性化するようになる [14; 28; 219]。

　先述したアーツとダイクステルハウス [6; 7] による習慣的な自転車利用者

の研究では，自転車による移動が習慣化された者においてのみ，移動目標の閾下プライミングは自転車関連語への反応を促進していた。この知見は，目標と手段が習慣的な選択プロセスを通じて連合を形成し，目標の活性化が手段の活性化を自動的に促進することを示している。同様の知見は，健康行動でも再現されている [244]。飲酒による交際が習慣化された参加者においてのみ，交際関連語の閾下プライミングは後の反応時間課題において「飲酒」への反応を促進し，また，実際にアルコール摂取量を高めていた。もちろん，参加者は目標プライミングの存在やその影響に無自覚であった。

このように，習慣化された目標の活性化は連合した手段の自動的な実行を導く。しかし，習慣化されていない目標であっても，特定の目標関連状況下では自動的に行動に移されることがある。それには2つの経路が関与している。

2) **機会の力**　習慣化されていない目標が自動的に行動に移される経路のひとつには，目標志向行為の引き金となる機会の力が深く関わっている。将来の計画に関する展望記憶の研究では，目標に関連した手掛かりを利用することの重要性が指摘されている。マクダニエルら [200] によれば，目標に関連する事象（機会）が知覚されると，反射的な記憶連合を司る側頭内側野/海馬モジュールの働きによって機会と目標志向行為に関する記憶の痕跡が結びつけられる。この結びつきが十分に強ければ，非努力的，迅速，かつ不可避的な行動アクセスが生じるため（[272] 参照），比較的新奇の状況や課題条件においても目標志向行為の効果的な実行が可能となるのだ。

自動的目標遂行の研究でも機会の役割は注目され始めている。シャーとクルグランスキー [242] は，大学生参加者に対して，大学生の言語再生能力の診断性が高い課題 A か，診断性が低い他の課題のどちらかを行うと教示した。つまり，参加者にとって課題 A は言語再生の達成目標を満たす機会となる。単語判断時間の検査と称して実施された語彙判断課題において，目標達成の機会となる冊子の名前「A」を閾下プライミングされた参加者は，統制群に比べて，後のアナグラム課題の成績が高かった。この結果は，教示を受けて計画的に思考するだけで，習慣化されていなかった状況，目標，機会の認知的な連合が形成できることを示している。こうして新たに形成された課題目標と機会の連合は，習慣化された目標と同様に，自動的な目標採用を導く [6; 12; 118; 119;

147]。

3) 規範への同調　状況的規範は，自動的目標遂行に影響を及ぼすもうひとつの経路だ [8; 9; 67]。状況的規範とは，特定の状況と規範的な行動を結ぶ社会的に共有された信念を指す。たとえば，図書館で静かにすることや，教室でポイ捨てをしないことなどは，規範として多くの人々に共有されている。規範は社会化や文化的解釈を通じて発達した慣習であるため [53; 96]，あまり訓練を必要とせずに成立する [250]。行動の実施段階（静かにするために声を下げる）には多少の訓練が必要な場合もあるが，規範的行動と規範的状況の連合はすでに共有されている。たとえ新奇の規範であっても，規範的行動と規範的状況の連合は間接的な経験を通じて容易に形成されるため [185]，直接的な体験がなくとも，適切な状況が来れば状況規範は自動的に活性化する（[68] 参照）。

　アーツとダイクステルハウス [8] は，参加者に規範的な環境（図書館）の写真を見せると，後の語彙決定課題において規範目標関連語（静かにする）への反応が促進され，また，実際に声の大きさが小さくなることを示している。ただし，この効果は写真で示された場所を訪問することが予期されていた場合にのみ見られた。つまり，現在の行動に関連する環境の特徴の知覚は，規範の活性化を通じて行動を調整するが，現在進行中の目標と関連しない規範は行動に影響しないのだ [38; 177]。たとえば，カフェテリアに向かう間に図書館の前を横切ったとしても，現在の目標に関連しない「静かにする」という規範は行動に影響しないと考えられる。アーツとダイクステルハウス [8] は，このような規範の機能的視点を掘り下げ，ある環境へ訪問する目標は，その環境での規範に従う傾向を強めるのだと論じている。すなわち，環境の規範に同調する傾向が強いほど，環境訪問目標による環境規範行動の導出は強くなると考えられる。実際に，同調傾向の活性化は規範行動へのアクセスを高めることが示されている。規範への同調は当該の目標達成とは独立した効果だが，自動的目標採用に付随する重要な非意識的行動調整経路なのだ [27]。

[5] 自動的目標遂行を支える認知過程の性質

　自動的な動機的活動（課題努力の増加，代替案の施行，新奇の課題状況での目標追求）は，効果的な目標獲得のための様々な認知過程に支えられている

[60; 70; 204; 228]。たとえば，目標志向行動には目標を持続的に心に留め，干渉する他の目標から当該目標を保護し，適切な目標獲得手段を選択し，実行に適した機会をモニタリングするプロセスなどが関与している。以降では，このような動機的活動を意識の介在なしで可能にする認知プロセスを扱った研究を紹介する。

1) 持続する活性化　近年の目標志向認知研究では，目標発動時には記憶内の目標関連情報が特殊な性質を帯びることが示されている [18; 124; 195; 197]。通常の概念的知識の活性化は短い時間（数秒）で急速に減衰するが，目標発動時の目標関連情報はより長い時間持続的に活性化する [110; 145; 201; 285]。ゴシュケとクール [124] は，後にディナーテーブルのセッティングを行うと伝えられていた参加者は，ただそれを観察すると伝えられていた参加者に比べて，5分後の測定においても目標関連情報の活性化が高まったまま維持されることを示した。目標関連情報の持続的な活性化は異なる目標や研究パラダイムでも再現されており，その効果は目標の期待や価値によって調整されることが示されている [109]。

これらの研究では，課題教示によって目標が明示的に導出されていたため，活性化の持続には目標の活性化を更新する方略的な心的リハーサルが関与していた可能性も考えられる。しかし，ゴシュケとクール [124] は，遅延時間中に心的負荷課題を行わせることで，この可能性を排除した追試でも同様の結果を再現している。目標の活性化は目標関連情報に特殊な効果（意図優位性効果）を及ぼすのだ。

近年では，非意識的に導出された目標に関する情報も持続的な活性化を示すことが報告されている。アーツら [3] は，閾下でプライミングされた（交際）目標の活性化は1分後の語彙決定課題でも持続することを示している。アーツらはさらに，ネガティブ感情語が目標関連語の直前にプライミングされると目標概念は動機的性質を失い，活性化が持続しなくなることを示している。これらの結果から，目標表象の活性化は目標が誘引価を保持している間は持続するが，誘引価を失うと急速に減退すると考えられる。機能的観点からすれば，望ましさを失った目標の活性化が無効化されることは理に適っている。

目標の活性化の持続は行動レベルでも確認されている。バージら [36] は，

行為の力動理論 [22] で考えられているように，目標志向行為の活性化は目標が獲得されるまでは減退せずに維持されることを示した。達成目標のプライミングは，その直後にもアナグラム課題遂行を促進していたが，プライミングから5分後ではさらに遂行促進量が大きかったのだ。同様の結果は，近年の目標感染研究においても再現されている [13]。

このように，非意識的に導出される目標は長時間にわたって記憶内に留まり，目標はその誘引価を失うまで目標志向行為を先導し続けると考えられる。

2) **競合する目標情報の制止**　　現実的には，目標遂行への注意を奪う誘惑的な環境要因が大きな問題となる。脇道に逸れずに現在の目標に集中し続けるためには，どのような心的過程が働いているのだろうか？　展望記憶の研究では，目標が達成されるとその表象は制止されることが知られている [109; 195]。獲得された目標の制止は干渉を減らし，新たな目標遂行への移行を円滑にする。

現在の課題の邪魔になる，活性化の高い情報は制止される [19; 76; 81; 215]。シャーら [240] は，目標の活性化はそれと競合する目標表象の活性化を制止することを示している。参加者は人生において重要な目標（勉強，交際）をリストした後，コンピューター画面上に呈示されるターゲット語が自分に当てはまるかどうかをできるだけ速く判別する課題を行った。判別課題中には先にリストした個人的な目標（勉強）が含まれており，いくつかの試行ではそれが呈示される直前にほんの短い間（50ms）リスト内の別の目標（交際）が呈示された。予測されたとおり，目標がプライミングされた試行では，別の目標は制止され，反応が遅れていた。このように，自動的な目標保護は他への資源投入を制止して当該目標の達成を促進するのだ [241]。

3) **ディスクレパンシー検出**　　目標志向行動の目的の多くは，望ましい目標状態と現実の状態とのディスクレパンシー（ずれ）を低減させることだ。しかし，人は目標が達成された後も，その状態を維持するために目標状態と現実状態を比較し続け，ディスクレパンシーの発生を見張る。ディスクレパンシーの検出と低減は望ましい状態の獲得と維持に重要な役割を果たすことは多くの目標研究で指摘されているが [60; 181; 204; 228]，これは自動的に生じるのか，それとも目標の意識的な自覚を必要とするのかは明確に論じられてこなかった [208]。

近年の自動的目標遂行の研究では，ディスクレパンシーの検出と低減は自動的に生じる可能性が検討されている。ディスクレパンシーが生じる経路は2つある。ひとつは，現実状態と不一致な目標が設定・採用され，目標獲得を動機づける緊張が生じる経路であり，もうひとつは，目標状態と一致していた現実状態が崩れることで，目標状態の回復を動機づける緊張が生じる経路である。

目標の設定や採用によるディスクレパンシー過程の自動性については，経路6のセクションですでに解説している。たとえば，アーツら[13]の研究では，金銭目標をプライミングされた参加者は，導出された目標状態と現実の状態とのディスクレパンシーを低減させるためにマウスクリック課題での遂行を速めたのだといえる。このように，目標状態の活性化は自動的にディスクレパンシーを生じさせ，その低減を動機づける。

現実状態が目標状態から外れることによるディスクレパンシーも自動的に生じる。カスターとアーツ[73]は，慢性的な身だしなみ目標を持つ者と持たない者に対して，身だしなみ目標に関連する単語を閾下でプライミングし，目標不一致状況を記述する文章（靴が汚れている）を読ませ，直後に呈示される目標獲得行為（靴磨き）が文章中に含まれていたか否かを判断させた[202]。予想どおり，目標不一致状況の知覚は自動的にディスクレパンシーを生じさせ，その低減を促進した。また，このような自動的ディスクレパンシー低減は，慢性的あるいは一時的に目標表象が活性化していた場合にのみ見られた。

7 特性プライミングと目標プライミング

これまで特性プライミング，カテゴリープライミング，目標プライミングの研究を概観してきたが，特性ルートと目標ルートはどのように区別されるのだろうか？　援助や協力のプライミングは，本当に特性だけをプライミングし，目標をプライミングしないといえるのだろうか？　実際には，これらの2つの過程を区別することは困難である。また，これらの過程は研究目的に応じて同じように扱われている場合もある。たとえば，同じプライミング効果が観念運動理論の例，あるいは自動動機モデルの例として用いられることもある。

ただし，これはあくまでプライミングの方法の問題から生じたもので，現実

場面の不明瞭さを反映したものではない。現実場面では区別は比較的単純である。先述したように，特性ルートは非動機的な行動を導出する。ゆとりを示す環境（高齢者の前）ではゆっくりと振舞うように，有能さを示す環境（大学教授の前）では有能に，その時々の環境に馴染むように自動的な行動調節が生じる。一方，目標ルートでは時間を越えて一貫した，動機づけられた行動が導出される。特性ルートの影響は，移り変わる即時的な社会環境の知覚を受けて刻一刻と行動を変化させ続けるのに対して，目標ルートの影響は，環境の変化に柔軟に対応しながら長期的に機能しているのだ。

　2つのルートの振舞いは明らかに異なる（[88]参照）。特性ルートは現在進行中の行動の調整をするだけで，新たに行動を始発させることはない。バージら[34]の研究の参加者たちは，プライミングされてエレベーターまで歩いたわけではなく，実験の終了を告げられたためエレベーターまで歩いたのであり，プライミングはその速度を調節したに過ぎない。同様にダイクステルハウスとバン・ニッペンバーグ[92]の研究の参加者たちも，プライミングされてクイズに回答したわけではなく，実験者からの指示に従ってクイズに回答したのであり，プライミングはその成績を調節したに過ぎない。このように，特性ルートは行動を調節するだけで，新たな行動を導出することはない。一方で目標ルートは，行動を調節するだけでなく，新たな行動を始発させることもできる。

　現実場面では目標と特性の明確な区別が可能だが，実験室では問題は複雑になる。意味概念のプライミングによって特性や目標を活性化させた場合，どちらが活性化するのかを事前に知ることは困難である。事後的には，バージら[36]やアーツら[13]がしたように，影響の動機的特徴を検査することで目標プライミングと特性プライミングを区別することは可能である。しかし，原理的に意味概念（援助）は特性（援助的な人だ）と目標（この人は援助をしたがっている）の両者を活性化させるため，特性と目標のプライミング操作を事前に区別する方法はない。

　ひとつの妥当な考え方は，意味概念のプライミングを行えば特性は必ず活性化すると認めてしまうことだ。実際に，援助に関連する単語を呈示されても，援助特性が活性化されないケースは考え難い。だとすれば，意味概念をプライミングした際には，何らかの理由（調整要因のセクション参照）でそれがブロ

ックされていなければ，特性ルートを通じた行動への影響は必ず生じていることになる。

それでは，目標の活性化はいつ生じるのだろうか？　目標はポジティブな価値を持つ行動や結果状態である。よって目標の活性化が生じるためには，2つの条件が満たされている必要がある [72]。第1に，これは特性プライミングにも同様のことだが，関連する行動に従事する機会が与えられていなければならない。第2に，行動そのもの（援助），あるいはその結果（感謝される）が知覚者にとってポジティブに評価されている必要がある。これらの条件に影響する要因については経路5（目標設定）のセクションですでに述べたとおりである。

しかし結論としては，特性ルートと目標ルートは同時に働くと考えるべきだろう。条件によっては，援助プライミングは特性ルートを通じた影響に加えて，目標ルートを通じた影響を導出し，共通の行動表象の活性化を加算的に高める。2つのルートに支えられたプライミングは，特性ルートのみを通じた場合よりも強力（そして持続的）な影響を及ぼすことが予測される [72]。たとえば，ポジティブ感情との連合に個人差が存在する概念（競争）のプライミングは，その概念をよりポジティブに評価している個人において，より顕著で頑健な影響を行動に及ぼすだろう。

8　人はいつ何のために行動を意識するのか？

人はなぜ意識を持つのか，この問題に未だ結論は出ていない。意識の存在意義と仕組みに関する問題は，科学者が未だ越えたことのない最大の壁のひとつなのだ。特に「難問」として知られるものには，脳内の物理的プロセス（頭脳組織上で働く化学電気的プロセス）が意識的体験を成立させる仕組みについての問題がある。

本章で扱ったモデルの範疇では，それよりは簡単で具体的な問題が問われている。本章では，社会行動の始まりから終わりまでが自覚なしで作動する3つの経路に関するモデルを紹介した。しかし，このモデルは人が自らの目標（コーヒーが飲みたい）や行動（コーヒーを飲む）を自覚しないと主張するものではない。自らの行動や目標に自覚が生じる理由を明らかにするひとつの方法は，

その法則性を探ることだ。意識がランダムに生じるわけではないのなら，模倣ルート，特性ルート，目標ルートのどの時点で自覚は意識は生じているのだろうか？ モデル中のどのボックスで意識は生じるのだろうか？

意識のありかを探るのであれば，経路よりもボックスを見るべきだろう。経路は（概念ではなく）プロセスであり，プロセスは意識されないということはかなり前に合意されている［275］。たとえば，「英国の首都は？」と問われたとき，質問はすぐに，答えも数秒後には意識されるが，記憶検索がどのようにロンドンを導いたのか，そのプロセスを内省することはできない。同様に，黒人を知覚すると自動的に関連するカテゴリーやステレオタイプ的特性が活性化される場合にも［29; 82］，カテゴリーや特性（ボックスの内容）は意識されることなく判断や行動に影響を及ぼす。ただし，その判断や行動が意識されることはある。プロセスを自覚することは不可能だが，ボックスを自覚することは不可能ではないのだ。

しかし，意識されるのは知覚全体のごく一部に過ぎず，感覚に届く情報の大部分は依然として意識されない［88; 216; 281］。また，意識される部分が特に行動に重要な影響を及ぼすというわけでもない。たとえば，社会的カテゴリーや表情などは判断や行動に重要な影響を及ぼすが，これが意識されることはほとんどない。むしろ，意識は行動に影響しない部分に向くようにすら思える。多くの研究者が想定する，「知覚は行動のためにある」という原則は知覚全般（意識と無意識を含む）には当てはまりがよいが，意識的知覚だけを見ると当てはまりが悪い。ビルの屋上からの景色を楽しんでいる場合，知覚と行動は明確に分かれている。また，行動に影響する刺激に意識が向かうことがあったとしても，それは行為を行った後であることが多い。手を引っ込めてから痛みを自覚することはあっても，その逆はほとんどない。このように，無意識的知覚は行動のためにあるが，意識的知覚は必ずしもそうではないようだ。

模倣ルートと特性ルートに目を向けると，行動表象や特性表象は意識できないこともないが（「なんて賢い質問をする人だろう！」），やはり通常は意識しない。また，運動システムの活動も自覚されることはごく稀だ。本章の最初に述べたように，近年では意識と行動運動システムは脳内で分離していることを示す知見が多く報告されている［32; 122］。運動統制の一側面を意識的に自覚し

ておくことが何かしら運動統制の役に立つ可能性はあるが [45]，近年では運動システムの効果的な作動に意識的な自覚は必ずしも必要ないとされている。グッデール [121] は，運動システムは意識的自覚なしでも変化に対応できることを示している。対象の方向に目を向けるための眼球運動（サッケード）は急速に生じるため意識的自覚は追いつかないが，それでも移動するターゲットにポインタを合わせるように教示されると，参加者は自動的にそれをやってしまうのだ。

近年の研究知見と日常経験が最も食い違うのは目標についてである。これまでの知見からすれば，人は全く自覚せずとも目標を達成できるわけだが，なぜか人は目標を頻繁に意識する。人が何のために目標を意識するのかを知るためには，設定から達成までのどの段階で目標が意識されるのかを考えることが役に立つだろう。

人が目標を意識するのは，おそらく環境の変化や競合する目標などによって，その進捗に問題が生じた時なのではないか？　人は未達成の目標については繰り返し考える。また，目標が道を外れた瞬間はそれを自覚する。不採用通知を受け取ると，次はがんばろうという目標が顕著に意識される。コーヒーカップが空だと知ると，コーヒーを飲みたがっていた自分に気づく。このように，目標達成の進捗は常にモニタリングされており，進行上の妨害を検出するモニタリングプロセスが意識の経験と関連している可能性は高い。

この仮説に整合して近年では，意識は複数の異なる無意識モジュールへの全体的アクセスを可能にし [23]，モジュール間の優先順位を決定する審判として働く [206] という主張が注目されている。このような意識的アクセス仮説によれば，意識は「通常は別々に働く独立した脳内機構の統合と協働を促進する」[23, p.47]。そのような機構は目標達成が難航した際に重要な働きをすると考えられる。あるモジュールは目標の進捗を監視し，問題が生じた場合には別のモジュールに助けを求める。この際の仲介役として，意識的自覚が必要となるのではないか。

この説はまだ類推の域を出ない。目標が難航すると意識的自覚が生じ，目標の意識的自覚が目標達成に影響を及ぼすことが実証的に示されれば，その時には，意識が行動を生じさせるといえるだろうか？　これは意識が独特の役割

を果たす証拠だといえるだろうか？　残念ながら，そうとはいえない（［238;
276］参照）。それが意識の働きなのか，それとも別に無意識のプロセスが働い
ており，意識はその副産物に過ぎないのかを区別することができないからであ
る。

第 3 章

親密な関係に見られる自動性

SERENA CHEN, GRÀINNE M. FITZSIMONS, & SUSAN M. ANDERSEN
セレナ・チェン, グライン・M・フィッツシモンズ, & スーザン・M・アンダーセン

　親密な関係をテーマとした映画や小説は数知れない。芸術作品に限らず人は親密な関係に高い関心を持ち，多大な時間と労力をつぎ込んでいる。親密な関係とはそれほどに日常生活の重要な要素なのである。人は親密な関係について真剣に考え，相手に対する言動を慎重に選ぶ。しかし近年の研究知見は対人関係に関する処理過程の多くが自動的に生じることを示している。

　過去 20 年間で自動性に関する研究は急増し，自動的過程を測定する新しい手法も開発されてきた [66; 104]。それに伴い，親密な関係研究においても自動性に関する知見が数多く積み上げられてきた。親密な関係における自動性研究は社会的認知と親密な関係という 2 つの研究領域のかけ橋として進展し，関係認知という新しい研究領域を生み出した。これは対人関係を構成する社会認知的な構造と過程に注目するものである [95]。

　本章では，親密な関係における様々な自動性とその実証的証拠を示していく。まず親密な関係と自動性の定義についてまとめる。次に親密な関係に関する様々な社会認知的アプローチを解説し，親密な関係における自動性を示す代表的な研究知見を紹介する。最後に多くの研究に共通して見られるテーマとして，過去経験が現在の関係に及ぼす持続的な影響について論じる。

1 定　義

[1] 親密な関係とは

　親密な関係の形成と維持は，所属とつながりを求める人間の基本的欲求の表れである（[30; 7] も参照）。本章では親密な関係を「重要他者と自己の関係についての知識構造（関係構造）」と定義し，人は重要他者の数だけ異なる関係構造を記憶内に保持していると仮定する。関係構造は，自己と関わっているときの重要他者に関する知識と，重要他者と関わっているときの自己に関する知識から構成されており，重要他者と自己の典型的な相互作用パターンとともに記憶内に保持される。個々の関係構造は独立したものだが（たとえば [72]），人はある関係に特有の関係構造だけでなく対人関係一般についての関係構造も持っている（たとえば [74; 91; 93]）。また，重要他者表象と自己表象は独立しているが，これらの表象は記憶内で密接にリンクしていると仮定される。研究によって表象に関するモデルの違いはあるものの，これらの仮定は多くの研究で実証されている（たとえば [3; 10; 13]）。

　親密な関係が知識構造であるならば，その活性化は認知，感情，動機や行動に影響を及ぼす。たとえばある関係構造の活性化は，活性化した関係の相手から扱われるのと同じように他者から扱われるだろうという予期を生じさせる。また，人は重要他者との関係に多大な感情的，動機的投資をする [3; 33; 73; 103]。このように関係構造の活性化は感情的，動機的，自己制御的過程に影響を及ぼし，結果として過去と同じ関係パターンを繰り返すかもしれない。

　関係構造の活性化はアクセス可能性の原理に従う [70; 71]。社会的認知研究では，知識構造へのアクセス可能性が高いほどその知識構造の活性化も高いとされる。知識構造へのアクセス可能性は，関連する刺激の知覚によって一時的に高まることも，過去に頻繁に活性化されたために慢性的に高くなっていることもある [6; 19; 27]。いずれにせよ，関係構造はしばしば自動的に活性化し，現在の関係に影響を及ぼす。

[2] 自動性とは

　初期の自動性研究は，全か無かの厳しい基準でその処理過程の自動性を判断

していた。しかし近年では，4つの基準のうち1つでも満たしていればその過程は自動的と見なす。4つの基準とは知覚者の自覚の欠如（無自覚性），知覚者の意図の欠如（無意図性），最小限の認知資源しか使わないこと（過程の効率性），そして知覚者の統制感の欠如（統制不能性）である［23; 25］。そのため同じく自動的といってもどの基準を満たしているのかによってその意味や程度は様々である。

　バージ［23; 25］によれば，すべての自動的過程は何らかの生起条件を持ち，この条件によって前意識的自動的過程，後意識的自動的過程，目標依存的自動的過程の3つに大別できるという。前意識的自動的過程は，引き金となる刺激が存在するだけで意識的自覚を必要とせずに生じる。閾下プライミングや慢性的な活性化の効果は前意識的自動的過程の典型例であり，自動性の4つの基準（無自覚，無意図，効率的，統制不能）をすべて満たしている場合が多い。後意識的自動的過程は，何らかの意識的処理を必要とするが意図は必要とせずに生じる。たとえば乱文構成課題を通じて特定の意味概念を活性化させる閾上プライミング効果がその典型例である。目標依存的自動的過程は，意識的な目標や意図により始動するが，始動してしまえば目標や意図を必要とせずに進行する。

　親密な関係を扱う研究においても，上記の様々な種類の自動的過程に該当する現象が確認されている。これらの研究における自動性の定義や測定は必ずしも厳密ではないが，多くの知見が積み上げられてきている。以下ではこのような親密な関係における自動的過程に関する理論や現象を紹介する。

2　親密な関係に対する社会認知的アプローチ

　本節では，親密な関係における自動性に関する研究知見を紹介する前に，それらの研究の多くで用いられている社会認知的アプローチの前提や手法を解説する。自動性の知見は様々な研究で示されているが，ここでは社会認知的な理論的基盤が特によく体系化されている6つのアプローチに焦点を当てる。

［1］転移と関係的自己

　転移とは過去の関係の特徴が現在の関係に表れる現象のことである［60;

103]。社会認知的モデル[5]では，転移とは重要他者の心的表象の活性化によって生じる現象だとされる。重要他者表象の中には「冷たい」認知的なものから「温かい」感情的，動機的なものまで様々な情報が含まれている。重要他者表象が活性化していると，初対面の相手に対しても重要他者に対する典型的な予期や振舞いをしてしまう[4; 37]。

近年の社会認知的モデルでは，転移は重要他者と関わっているときの自己，すなわち関係的自己の理論の中に体系化されている[3]。個々の重要他者表象には過去の関係パターンを反映した個別の関係的自己表象がリンクしている。重要他者表象の活性化はリンクしている関係的自己へと拡散し，その重要他者といるときの自己（たとえば自己価値感）を導き出す[72]。

転移の引き金となる重要他者表象の活性化はしばしば自動的に生じる。たとえば重要他者表象の慢性的なアクセス可能性が高い学生において，重要他者表象の活性化が重要他者に関連する刺激の知覚によって前意識的に生じることが示されている[6; 37]。

重要他者表象の前意識的自動的活性化と転移に関する証拠は，重要他者に関する記述を閾下呈示した研究でも見られる[62]。事前調査で得られた重要他者に関する記述の一部をコンピュータ・ゲーム中に参加者に閾下呈示し，後で架空の対戦相手の印象を評定させると，呈示されていた特徴はもちろん呈示されていなかった特徴まで，重要他者表象に沿って評定していた。

転移の社会認知的モデルでは重要他者表象の自動的活性化の多くが前意識的だと仮定されているが，転移研究ではむしろ目標依存的自動的活性化に焦点が当てられてきた。典型的な転移のパラダイムでは，参加者は事前調査で得られた重要他者についての記述を未知の人物についての記述として呈示され，それを記憶するよう教示される（たとえば[4]）。これだけでも転移（重要他者表象を反映した，与えられた情報を越えた予期）は生じるが，この未知の人物の印象を形成するという目標を与えられることも多い（たとえば[9]）。転移の影響は，たとえばどれくらいその人物が好きか，その人物に受容または拒絶されると思うかなどの意識的な報告に現れる。しかしこのような目標依存的な場合にも，重要他者表象を活性化させる過程の存在やその影響が参加者に自覚されることはない。

[2] 関係スキーマ

　関係スキーマアプローチでは，親密な関係を自己スキーマ，重要他者スキーマ，対人スクリプトの3つの要素から捉える［13; 14］。対人スクリプトとは自己と他者の一般的な相互作用パターンを表すもので，重要他者からの反応の予期を if-then 形式にした手続き的知識である（たとえば「私が助けを必要とすれば，相手はそれを与えてくれるだろう」）。こうした対人予期を繰り返すことは，自己推論ルールを生みだす。たとえば「私がミスをしたら，他者は私を非難して拒絶するだろう」という if-then 形式の経験の繰り返しは，「ミスをしたら，私は無価値な人間になる［14］」という自己推論ルールを生みだすかもしれない。このように慢性的あるいは一時的な関係スキーマの活性化は，他者からの反応と自己推論の両方に影響する。

　関係スキーマの3つの要素は記憶の中で連合しているため，どれかが一時的または慢性的に活性化すれば関係スキーマ全体が活性化すると考えられる［13］。一時的に関係スキーマを活性化させる手法のひとつは，重要他者と相互作用する様子を視覚的にイメージさせる視覚化手続きである（たとえば［18］）。視覚化手続きが後の課題での反応に及ぼす影響は後意識的自動的過程と見なすことができる。重要他者を視覚化すること自体は意識的処理を必要とするが，関係スキーマの活性化とその影響は参加者の心的努力なしで無自覚的，無意図的に生じ，統制不能である。

　語彙決定課題を用いた研究からも関係スキーマの自動的活性化の証拠が示されている。語彙決定課題とは先に呈示されるプライム語を無視して，次に呈示されるターゲット文字列が実在する単語かどうかを判断するものである。たとえば条件つき受容を示す（成功すれば受容されるが失敗すれば拒絶される）重要他者との関係スキーマに対応する語句がプライム（たとえば「成功」「失敗」）とターゲット（たとえば「受容」「拒絶」）に含まれている［21; 15］も参照）。語彙決定課題の前に条件つき受容を示す重要他者を視覚化した参加者は無条件の受容を示す重要他者を視覚化した参加者に比べて，条件つき受容に沿ったプライム–ターゲット対（成功–受容，失敗–拒絶）を呈示された試行の反応が速かった。

　同様の結果は，関係スキーマの慢性的なアクセス可能性による前意識的な自

動的活性化でも確認されている。低自尊心者は高自尊心者に比べて，条件つき受容を予期させるような関係スキーマの慢性的なアクセス可能性が高いと考えられる。上記の実験と同様のパラダイムで反応時間を比べた結果，低自尊心者は条件つき受容を予期させる重要他者を視覚化させた場合と同様の反応時間パターンを示した［21］。

[3] 他者の自己への内包

　他者の自己への内包（IOS, Inclusion-of-Other-in-the-Self）モデルでは，親密な他者のパーソナリティ特性や視点などが自己概念に取り込まれると考える［10］。IOSモデルでは親密な関係を自己と重要他者のつながりというよりも2つの表象の重なりあいとして捉える。

　ロード［75］は視覚的なイメージが自分よりも他者についての記憶の補助として有効に働くとし，何らかの対象物を自分が扱っている様子をイメージさせた場合は，他者が扱っている様子をイメージさせた場合に比べてその対象物の記憶成績が低いことを示している。もしも重要他者が自己に内包されているならば，自己と関連づけた場合に見られるような対象物の記憶の悪さが，重要他者と関連づけた場合にも同じように見られると考えられる［10］。結果は予測どおり，自分自身または重要他者である母親と関連づけた対象物の記憶は重要でない他者と関連づけた対象物の記憶よりも悪かった。もちろん参加者はこのような結果に対して意識的な自覚や意図を持っていない。他者表象の自己概念への取り込みやその結果として生じる記憶への影響は，意識的な管理をされていない自動的過程である。

　自動的な他者の自己への内包の証拠の多くは反応時間を測定する課題で見られる。アロンら［10］は参加者に性格特性語のリストを呈示し，各特性が自分自身および親密な他者に当てはまるかどうかをそれぞれ評定させた。その後，先ほど用いたものと同じ特性が自分に当てはまるかどうかを今度はコンピュータ上で判断させ，そのときの反応時間を測定した。もしも親密な他者の属性が自己に内包されているのであれば，自己には当てはまるが他者には当てはまらない特性，あるいは自己には当てはまらないが他者には当てはまる特性では，自己と他者の両方に当てはまる特性，あるいはどちらにも当てはまらない特性

に比べて自己への当てはまり判断の際に混同が生じ，判断に長い時間がかかるはずである。結果はまさにこの予測のとおりであった。参加者は自分の反応時間が測定されていることを知らず，また自己と他者で共有されている特性と共有されていない特性で自分の反応傾向が異なっていることも自覚していなかった。

　他者の自己への内包は，現象としては「一体感（we-ness）」として経験される [10]。一体感という概念は相互依存性理論の研究でも用いられている（[1]，レビューとして [98] も参照）。アグニューら [1] は，親密な関係は関係的自己概念に他者表象が取り込まれた認知的相互依存状態を伴うことを示した。認知的相互依存は複数形代名詞（we, us）の使用などによって測定される。関係が親密であるほど認知的相互依存性が強くなると考えられる。実際，関係へのコミットメントが高いと回答した参加者ほど高い頻度で複数形代名詞を使用していた。

[4] 関係的・相互依存的自己解釈

　IOSモデルと同様，関係的・相互依存的自己解釈の枠組みでは自己が重要な関係性に統合されていると考える [43]。関係的・相互依存的自己解釈傾向の高い人は，親密な関係を維持するような情報処理を行う傾向を慢性的に持つと考えられる。

　このような自己解釈の個人差は，RISC 尺度（Relational-Interdependent Self-Construal scale，関係的・相互依存的自己解釈尺度）を用いた意識的な自己報告尺度で測定されるが [43]，その影響は自動的であることが示されている。たとえば RISC 尺度得点の高い者は得点の低い者に比べて，関係関連情報の偶発再生課題の成績が高かった [45]。参加者は自分の記憶方略が測定されていることを知らず，さらに自分の注意やその後の記憶が選択的になされていることにも気づいていなかった。

[5] アタッチメントの作業モデル

　アタッチメント理論は親密な関係研究において影響力の強い理論的モデルである [33]。1980年代後半から（[67] の古典的研究），アタッチメントに関

する研究は成人の恋愛関係に表れるアタッチメント過程に焦点を当てるようになってきた。自己と他者の内的作業モデルはこれらの研究の中心的概念である[42; 64; 94]。アタッチメント理論によると，発達初期のアタッチメント対象（養育者）との相互作用を通じて他者との関係に関する作業モデルが発達する。応答的な養育者との相互作用経験は，自己を有能で愛される価値がある者と見なし，他者を必要なときには応じてくれる者と見なす，安定型のモデルを形成する。一方応答的でない養育者との関係は，自己を力がなく愛される価値がない者と見なし，他者を必要なときに応じてくれない者と見なす，不安定型のモデルを形成する。

　アタッチメント理論では，発達初期の作業モデルが記憶され，それが後の対人関係のひな形として働くと考える。初期のアタッチメント研究では現代の社会的認知の用語こそ使われていないものの，作業モデルはアタッチメント関連状況で活性化し，人生の長期にわたって影響を及ぼすと仮定されていた（たとえば[33]）。さらに自己と他者の作業モデルは補完的なものであり，一緒に活性化すると考えられていた。

　現代の研究では，作業モデルが慢性的にも一時的にも活性化しうることと，そうした活性化が自動的に生じることが示されている。多くの研究で作業モデルは個人差として扱われ，自己報告によって測定されている（たとえば[29; 67]）。アタッチメントの個人差は長期的で慢性的にアクセス可能な作業モデルであり，様々な認知的，感情的，動機的，行動的反応と関連することが示されている[76]。

　しかし，人が複数の作業モデルを記憶に保持していることを示す証拠が得られるにつれ（たとえば[19; 92]），研究の焦点は一時的な活性化の検討に当てられるようになってきている。アタッチメント関連刺激を閾下呈示した研究では（たとえば[81]），参加者の意識的自覚なしに刺激が検出され，前意識的に作業モデルの活性化とその影響が生じることが示されている。また視覚化手続きを用いた研究では（たとえば[79]），作業モデルの後意識的活性化や目標依存的活性化が示されている。

[6] 拒絶感受性

　発達初期の関係経験が長期的な影響を及ぼすというアタッチメント理論の想定を受けた拒絶感受性研究では，発達初期の拒絶経験が拒絶感受性（拒絶を予期し，知覚し，過剰に反応する認知 - 感情的処理傾向）を高めると考えられている [49]。拒絶感受性を決める認知 - 感情的処理傾向は記憶に保持されており，拒絶の可能性がある状況で活性化されると考えられる。

　拒絶感受性は個人差変数とされ，拒絶感受性尺度（RSQ, Rejection Sensitivity Questionnaire, [49]）を用いた自己報告尺度で測定される。これは回答者の拒絶の予期や拒絶に対する不安を測ろうとするものである。拒絶感受性の高い者は，過去の拒絶経験の意識的な想起を介さず慢性的に実際以上の拒絶を現実のものとして知覚する傾向を持っている。よって，拒絶感受性の測定は意識的過程を含んでいるが，拒絶感受性の高い者の処理傾向は前意識的自動的過程であると考えられる。

　この主張を支持するものとして，拒絶感受性に関する研究の多くは，拒絶感受性を測定した数週間から数ヶ月後に処理傾向を調べている。ダウニーとフェルドマン [49] は，拒絶感受性の高い参加者が拒絶感受性を測定した数ヶ月後の実験において恋人による配慮の足りない行動から自分を傷つける意図を知覚する程度が高いことを示した。参加者は意識的な RSQ への反応と数ヶ月後の反応の関連を自覚していなかった。拒絶感受性の高い者と低い者では拒絶の可能性のある出来事に対する解釈が異なるが，このような傾向は慢性的なアクセス可能性に基づく前意識的自動的過程を通じて生じる。

[7] その他のアプローチ

　ここまでに述べたもののほかにも親密な関係を研究するための効果的なアプローチがある。いくつかのアプローチは親密な関係を含む様々な関係のパターンを特定し分類しようとしている。たとえば共同関係と交換関係に関する研究では，親密な関係とは成員どうしが見返りを期待せずお互いに利益を与えあう共同関係に近いとされる [40; 41]。社会的関係が 4 つの基本的な関係モデルの組み合わせによって表せるとする関係モデル理論では，親密な関係とは成員どうしを同等と見なし成員間の差異よりも共通点を強調する共同的共有カテゴリ

にあたる [53; 54]。これらのアプローチも親密な関係の重要性を前提としており，親密な関係についての深い知識を与えてくれる。ただし，これらのアプローチは自動性の役割を研究の焦点とはしていないため，本章では必要に応じて参照するだけにとどめる。

3 過程と現象

本節では，前節で解説したアプローチによる研究を中心に，様々な関係過程や現象に見られる自動性に関する知見を紹介する。特に，関係関連情報処理，感情反応と評価，受容と拒絶の予期，自己定義と自己評価，自己制御，対人行動の自動的性質についてまとめていく。

[1] 自動的情報処理

符号化とは外部の刺激を記憶に登録する過程である。一時的または慢性的にアクセス可能な知識構造は，刺激の符号化のされ方に影響を及ぼす。知覚者は活性化された知識構造に沿って刺激に注意を向け，解釈する。このような効果はたいてい自動的に生じ，自覚はされず，心的努力や意図，統制もあまりなされない。つまり，知覚者にとって刺激は現実を反映するものとして符号化されているが，実際には知覚者の知識構造というフィルターを通して符号化されている。

自動的符号化に関する証拠の多くは，前節で紹介した社会認知的アプローチによる研究に見られる。転移，関係スキーマ，アタッチメント理論の研究は親密な関係を知識構造として捉え，関係構造が一時的または慢性的にアクセス可能になっている状態で呈示された刺激はこの関係構造に沿って符号化されると考えている。関係構造の活性化は多くの場合自動的に起こるため，その際の符号化も自動的である。

自動的符号化は自動的情報処理傾向のひとつであり，関係的・相互依存的自己解釈傾向や拒絶感受性などの個人差と関連すると考えられる。たとえば関係的・相互依存的自己解釈傾向の高い者は関係性を示唆する刺激により注意を向け，解釈する [45]。また，拒絶感受性の高い者は環境内の拒絶関連刺激に注意

を向け，拒絶を表すものとして刺激を符号化してしまいやすい［49］。

　いったん符号化された知識構造は，新しい刺激についての推測を行うときに活性化すればその推測に影響を及ぼす。知識構造そのものの活性化が自動的であれば，その後の推測も自動的である。たとえばステレオタイプが活性化されるとその後に出会う人物について自動的にステレオタイプに基づいた推測が行われる。この効果は偏見がなく平等主義的信念を持つ人においても見られる（たとえば［47］）。親密な関係研究においても，前意識的または目標依存的に重要他者表象が活性化された状態で初対面の人に会うと，知覚者は初対面の人に対して重要他者と同じ属性を推測することが示されている（［4］，レビューとして［8; 36］も参照）。

　慢性的なアタッチメントの作業モデルも人の情報処理に影響を与えて他者についての推測を形成する。アタッチメントスタイルと認知傾向の関連を検討したミクリンサー［77］は，慢性的な安定型モデルを持つ者は不安定型モデルを持つ者に比べて新奇な情報を探索し，認知的閉鎖欲求が低く，社会的判断の際に新しい情報を使う傾向が高いことを示した。またミクリンサーとアラド［79］は，一時的または慢性的に安定型モデルが活性化していると，親密な相手についての予期に一致しない情報を受け入れやすくなり，さらにそうした情報をよく記憶していることを示した。

　クロスら［45］は関係的・相互依存的自己解釈傾向と認知傾向の関連を検討し，関係的・相互依存的自己解釈傾向の高い者は低い者に比べて他者の関係関連情報に選択的に注意を向け，そうした情報をよりよく記憶していることを示した。また関係的・相互依存的自己解釈傾向の高い者は，関係関連情報をよく記憶するだけでなく，他者についての記憶を体制化する際の手掛かりとして関係性を使う自動的傾向も持っている［45］。関係的・相互依存的自己解釈傾向の高い参加者は，複数の個人に関する情報を再生する際，夫婦でない人どうしの情報に比べて夫婦の情報をまとめて思い出しやすかった。

　関係的・相互依存的自己解釈研究は関係性を共同関係か交換関係かという観点で捉える研究の流れをくんでいるが［40］，共同 - 交換関係についての研究は自動性には焦点を当てていない。唯一の例外としてチェンら［38］は，関係志向の異なる個人が異なる目標を自動的に活性化させることを示した。参加者に

対して潜在的に権力概念をプライミングすると，共同志向の強い参加者は他者焦点目標を，交換志向の強い参加者は自己焦点目標を，それぞれ自動的に活性化させた。

フィスケ [55] は参加者に対して最近 1 ヶ月の間に相互作用を行った人の名前をリストアップさせ，参加者が同じ関係モデルを持つ人の名前をまとめて思い出していることを見出した。つまり様々な関係の記憶を関係モデルを使って体制化していたと考えられる。このようなモデルの使用はおそらく自動的，効率的に，自覚や意図なしでなされていると考えられる [56; 65]。

[2] 自動的感情と評価

多くの研究は全体的にポジティブおよびネガティブな感情と評価に焦点を当てているが，ここでは不連続な感情の自動的な生起に関する証拠についてもいくつか述べる。

転移研究では，重要他者表象は多分に感情を含んでおり，人が重要他者に対して持っている感情や評価を反映していると仮定する [5]。よって，重要他者表象の活性化は自動的にこれらの感情や評価も引き出すはずである。たとえばある実験では参加者に対して，後の相互作用相手についての記述と称して重要他者についてのポジティブまたはネガティブな記述を呈示した。それによってポジティブな重要他者表象を活性化させられた参加者はネガティブな重要他者表象を活性化させられた参加者に比べて，相互作用相手をより好ましいと予期していた（たとえば [2; 9; 32]）。こうした結果は，相互作用相手についての記述とされていたものが別の参加者にとっての重要他者についての記述であった参加者，すなわち重要他者表象を活性化させられなかった参加者においては見られなかった。相互作用相手に対する評価は自己報告であったが，この評価の根底にある過程，すなわち重要他者表象の活性化と使用は自動的なものである。

転移研究以外でも，重要他者表象の活性化による自動的感情への影響を示す証拠が示されている。ベインズ [22] は参加者に閾下で重要他者や自分自身の名前や顔を呈示し，その後で参加者にとってポジティブな意味もネガティブな意味も持たない中性図形を評価させた。その結果，重要他者をプライミングされた参加者の方が自分の名前や顔をプライミングされた参加者に比べ，中性

図形をポジティブに評価していた。重要他者は理想化される傾向がある一方 [86]，自己表象にはネガティブな情報も含まれているため，重要他者表象を活性化させた場合の方が自動的にポジティブな評価が引き出されやすくなっていたということである。

重要他者表象の活性化による自動的感情への影響を直接的に捉えるため，アンダーセンら [9] は後の相互作用相手についての記述と称して重要他者についての記述を呈示し，それを読んでいる間の参加者の表情を調べた。すると，ポジティブな重要他者表象を活性化させた参加者の方がネガティブな重要他者表象を活性化させた参加者よりも，ポジティブな感情を表出していた。表象に一致した感情のパターンは，別の参加者にとっての重要他者についての記述を呈示された条件では見られなかった（関連する証拠として [31]）。

感情反応に焦点を当てた転移研究としてレズニクとアンダーセン [97] は，参加者の親から見た理想自己または義務自己と参加者の自己概念のずれ [69] に対する感情反応が転移することを示した。後の相互作用相手についての記述が参加者の親に似ていると親の表象が活性化し，親から見た理想自己または義務自己とのずれも活性化した。その結果，理想自己または義務自己とのずれのある参加者はセルフディスクレパンシー理論から予測されるとおりの感情を示した。つまり，親から見た理想自己とのずれが活性化した参加者は抑うつ気分が高まったと報告し，親から見た義務自己とのずれが活性化した参加者は敵意が増加し落ち着きが低下した。これらの感情状態は，目標依存的自動的に重要他者表象の活性化が生じた条件，すなわち転移の生じた条件においてのみ見られた。

関係スキーマ研究も自動的感情反応に関する証拠を示している。たとえばボルドウィンら [16] はカトリック教徒の参加者に対して教義に背く内容の記述を読ませ，その直後にローマ法皇のしかめ面の画像を閾下呈示して，重要他者からの不承認を表す関係スキーマを活性化させた。その結果この参加者は見知らぬ他者のしかめ面を呈示された統制群の参加者に比べ，不安や緊張などの強いネガティブ感情を報告した。ネガティブ感情は参加者に自覚されているが，それを生み出した関係スキーマの活性化そのものは前意識的自動的に生じていたと考えられる。

ボルドウィンとメイン［20］は女性参加者に対して条件づけを行い，特定の音程のビープ音と受容または拒絶関連の思考を結びつけて呈示した［20］。その後男性実験者とストレスのかかる会話を行わせ，その間条件刺激として受容関連または拒絶関連の思考のいずれかと結びつけたビープ音を一定の間隔で流し続けた。その結果，公的自己意識の高い参加者はビープ音によって活性化された関係スキーマによる影響を受けやすかった。つまり相互作用中に拒絶条件のビープ音を提示された参加者の方が受容条件のビープ音を提示された参加者よりも高い不安を報告した。この研究でも参加者は自分の感情を意識的に報告しているが，関係スキーマの活性化がそうした感情を引き起こしていることはおそらく自覚しておらず，意識的意図もしていないであろう。

　長い間，アタッチメント理論研究の注目の的は感情や情動であったが［33］，アタッチメントに関連する自動性の研究も近年その数を増やしている。ミクリンサーら［81］は，安全基地（子どもが恐怖や不安を感じたときに近づいていって頼りにするという，養育者の機能）に関するスキーマ（自己と重要他者についてのポジティブな信念からなる関係スキーマと捉えられる）がストレスを感じたときの他者のポジティブな応答などを示す対人スクリプトを経てポジティブ感情を引き出すと考えた［81］。つまり安全基地スキーマが活性化すると，その後自動的にポジティブ感情が生じる。これを検討するため彼らは参加者に安全を暗示するような写真（赤ん坊を抱いている母親の写真など）を閾下呈示して安全基地スキーマを活性化させ，その後様々な中性刺激を評価するよう求めた。その結果，安全基地スキーマを閾下でプライミングされた参加者は中立的なプライミングをされた参加者やプライミングを受けなかった参加者に比べて，中性刺激に対してポジティブな感情反応を示した。

　アタッチメント関連評価の研究として，ザヤスとショウダ［109］は潜在連合テスト（IAT［63］）を用い，重要他者についての思考から引き出される自動的評価としてのアタッチメントの個人差を測定した。その結果，安定型のアタッチメントは親密な相手に対する自動的なポジティブ評価と関連していることが示された。

［3］ 受容と拒絶の自動的評価

　重要他者についての信念と知覚の基本的な関係は，重要他者から受容されるか拒絶されるかという予期に見られる。社会認知的アプローチからはこうした予期が多くの場合自動的に引き起こされることが示されている。

　転移研究では，重要他者の受容や拒絶についての予期が重要他者表象と関連する関係的自己をつなげるリンクとして記憶に保持されていると仮定される［3］。初対面の人物に会うと重要他者表象が目標依存的自動的に活性化する。そして活性化はリンクをたどって拡散し，記憶に保持された受容や拒絶に関する予期を引き起こす［9］。その結果知覚者は初対面の人物が自分を受容するか拒絶するかについて，重要他者と同じように予期する（［31］も参照）。

　先にも述べたように，他者の反応の予期は関係スキーマを定義する対人スクリプトの核心である［13］。これはif-then形式で自己に対する受容または拒絶を予期させるものである（たとえば「私が成功すれば，大切な人は私を受け入れてくれる」）。関係スキーマ研究は，関係スキーマの活性化が自動的に他者に関するスキーマと一致した予期を引き起こすと仮定する。たとえばボルドウィンとシンクレアによる研究［21］では，無条件の受容を示す重要他者に関する関係スキーマを活性化させた参加者の方が条件つき受容を示す重要他者に関する関係スキーマを活性化させた参加者に比べ，その後の語彙決定課題において無条件の受容を表すプライム－ターゲット対が呈示された試行での反応が速かった。これは無条件の受容という予期が自動的に活性化していることを示している。

　他者に関するアタッチメントの作業モデルも，大部分は重要他者の応答性に関する予期についての理論といえる［33; 67］。つまりアタッチメントの認知的メカニズムは関係スキーマと考えられる［17］。安定型の個人はif-then形式で重要他者からのポジティブな反応を表す関係スキーマを持っているのに対し，不安定型の個人はネガティブな対人的予期を持っている。ボルドウィンら［17］は語彙決定課題を用いた研究を行った。慢性的に安定型の作業モデルを持っている参加者は，対人状況プライム（たとえば「私が相手に頼ったら，相手は……」）に対してポジティブな結果を示すターゲット語（たとえば「支える」）を呈示した場合の方が，ネガティブな結果を示すターゲット語（たとえば

「去る」）を呈示した場合よりも反応が速かった。逆に不安定型のモデルを持っている参加者は，ネガティブなターゲット語に対する反応の方がポジティブなターゲット語に対する反応よりも速かった。

　拒絶感受性の個人差は，親密な相手の不満足感や関係に対するコミットメントの欠如を過度に知覚する傾向と関連する。ダウニーとフェルドマン［49］は参加者にサクラと1回目の相互作用をさせた後，2回目の相互作用の前に相手が実験の継続を断ってきたと告げ，断った理由は説明しなかった。参加者にとってこれは相手に拒絶されているのかどうかが曖昧な状況である。このとき拒絶感受性の高い参加者はそうでない参加者よりも，この状況を拒絶と解釈する傾向が強かった。このような拒絶感受性による状況の解釈の違いは，相手が相互作用を断った理由が参加者とは無関係なことだと明確に説明された場合には見られなかった。

[4] 自己定義および自己評価の自動的基盤

　親密な関係が自己に及ぼす影響に関する知見は古くから見られるが［73］，その自動的基盤に言及した研究は新しい。本章の前半で示したほとんどすべての社会認知的アプローチがこれに関する証拠を示している。

　転移研究によれば，重要他者表象と関係的自己のリンクによって重要他者表象が活性化すると，対応する関係的自己も活性化する。その結果，自己定義や自己評価はこの関係的自己を部分的に反映したものになる［3］。いったん重要他者表象が活性化すると，関係的自己への活性化の拡散も自動的に生じる。この主張を検討した研究で，ヒンクレーとアンダーセン［72］は参加者に対して，後の相互作用相手についての記述と称して重要他者もしくは別の参加者の重要他者についてのポジティブまたはネガティブな記述を見せた（［96］も参照）。その後参加者自身について記述させた。その結果，転移条件の参加者は関係的自己を反映する記述および自己評価をしていた。つまり作動自己概念が重要他者といるときの自分を反映するものに変化し，自己価値感もそれに沿って変化していたのである。自己定義および自己評価に対するこうした効果は，転移のない条件では見られなかった。

　関係スキーマ研究では，他者からの反応を予期する if-then 形式に何度も触

れることによって自己推論ルールが形成されると考える［13; 14］。よって，活性化した関係スキーマは自己評価に影響を及ぼす。この影響を明確に示す証拠として，ボルドウィンら［16］は大学院生の参加者に指導教員の不承認を表すしかめ面を閾下呈示した。すると参加者は自分の研究案をよりネガティブに評価した。おそらく指導教員の不承認とネガティブな自己評価をつなぐif-then形式の対人スクリプトが前意識的に活性化したのであろう。

　ボルドウィンとホルムズ［18］は参加者に視覚化手続きを行わせ，条件つき受容を示す重要他者か無条件の受容を示す重要他者との関係スキーマを一時的に活性化させた。その後の課題で参加者に失敗を経験させ，参加者の自己評価を見た。その結果，活性化した関係スキーマに沿った自己評価がなされていた。つまり条件つき受容を示す重要他者との関係スキーマを活性化した条件の参加者は無条件の受容を示す重要他者との関係スキーマを活性化した条件の参加者よりも，自分自身をネガティブに評価していた。

　アタッチメント研究の多くはアタッチメントスタイルと自己観の関連について報告している［64; 67］。これらのうち潜在測度を用いて自己観を測定している研究は，自己評価の自動性を明確に示している。たとえばミクリンサー［76］は提示された特性語の読み方を無視して文字の色を答えるストループ課題を用いて，安定型，不安－アンビバレント型，回避型のアタッチメントスタイルを持つ参加者の自己観を測定した。特性語は事前に参加者に評定させたものに基づいて，参加者に関連するポジティブなものとネガティブなもの，参加者に関連しないポジティブなものとネガティブなものの4種類に分類しておいた。自己記述的な特性語へのアクセス可能性は高いため，文字色を答える過程が阻害され，文字色への反応は遅れる。実験の結果，安定型の参加者はポジティブかネガティブかに関わらず自己記述的な特性語の色名への反応が遅かった。不安－アンビバレント型の参加者はネガティブな自己記述的特性語を呈示された場合に最も反応が遅かった。そして回避型の参加者はポジティブな自己記述的特性語を呈示された場合に最も反応が遅かった。

　自己のアタッチメントの作業モデルにおける自動性に関する証拠は，安心感に基づく自己表象（security-based self-representations）の研究にも見られる。安心感に基づく自己表象とは安心感を高める養育者との相互作用状況で発達し

た自己表象のことである［83］。作業モデルが活性化すると間接的にこの表象も活性化するはずである。脅威によって作業モデルを活性化させたところ，アタッチメント不安得点の低かった参加者（つまり慢性的に安定型の作業モデルを持っている者）は，彼らが安心感に基づいた自己表象で用いているのと同じ属性を使って自分自身を記述した。つまり脅威によるアタッチメントの誘発は参加者が自己表象と結びつけている属性へのアクセス可能性を高め，参加者はそれに従ってしだいに自己定義を変えていったといえる。

自己に関連する知覚の自動性に関する証拠は関係的・相互依存的自己解釈研究からも得られている。たとえばクロスら［45］は参加者に対して，一連の特性語が自分自身，親密な友人，大学生に当てはまるかどうかを評定させた。関係的・相互依存的自己解釈傾向の強い（つまり RISC 得点の高い）者は，自分と親密な他者の自己定義の間に類似性を知覚しようと動機づけられると予測される。ここでの類似性は関係の親密さや調和を示唆する。3種類の人物に対する評定を比較した結果，RISC 得点は自己評定と友人評定の相関の高さと関連していたが，自己評定と学生評定の相関の高さとは関連がなかった。

IOS 研究も親密な他者表象の自動的性質について述べている［10］。アロンら［10］は，人はしばしば親密な関係による自己概念への影響を自覚しておらず，意識的な意図もしていないことを示唆している。他者を自己に内包する実際の過程が自動的に生じることを示唆する研究として，アロンら［11］は恋愛中かそうでないかの違いが自己記述の変化と多様性を予測することを示した。さらにライトら［107］は，人種の異なる友人がいるかどうかが自己記述の変化および多様性と関連することを示した。新しい関係をつくることにより自己概念が影響を受ける過程は，参加者の意識的自覚や意図をほとんど伴わずに生じている。

［5］ 自動的自己制御

対人関係においては目標や欲求などの動機的要素も重要な役割を果たしている。近年の研究ではこうした自己制御過程も自動的に生じることが示されている。本項では自動的自己制御過程についての知見を紹介し，重要他者に関連する目標の活性化と追求についてまとめる。特に，人々が脅威にさらされたとき

に自分自身や関係を守ろうとする努力の活性化やその方略と，その他の動機と自己制御方略について見ていく。

1) 自動的な目標の活性化と追求　目標が心的に表象されるという知見は過去10年間で数多く積み上げられてきた。また，目標が状況手掛かりによって自動的に活性化するという証拠も示されてきた。さらに，人は活性化した目標追求のための自覚や意図，努力および統制をほとんどしておらず，自分の行動を自動的に制御していることも見出されてきた（たとえば [24; 28]）。

転移研究によれば，重要他者との関係の中で典型的に追求される目標は自己と他者の関係のダイナミクスの一部となり，記憶に貯蔵される [3]。よって，未知の人物と対面するときに重要他者表象を活性化させると，知覚者は未知の人物との間でも重要他者と共に追求している典型的目標を追求しようとする。

重要他者との関係で特に重要な基本的欲求のひとつは所属とつながりの欲求である。アンダーセンら [9] によれば，ポジティブな重要他者表象を活性化させた参加者の方がネガティブな重要他者表象を活性化させた参加者よりも，その後で相互作用を行う予定の相手に近づきたいと報告していた。つまり他者との関係を築こうとする行動が生じたといえる。さらに，目標追求は評価とは区別される。たとえば親からの虐待を受けた場合のように，重要他者から傷つけられ，それでもその他者を愛する人は，これに関連する転移が生じた状況では，自己開示をためらうであろう [31]。

近年では転移や関係スキーマ以外の研究からも重要他者表象の自動的活性化による目標追求への影響が示されている。たとえばフィッツシモンズとバージ [57] は，単に重要他者について考えさせる（または閾下でその重要他者の名前を呈示する）だけで自動的にその重要他者との関係の中で追求されている目標が活性化することを示した。学業での成功を望んでいる母親にとっての自慢の子になるという目標を持っている参加者に母親をプライミングすると，別の人物をプライミングした参加者に比べ，その後の言語性課題で高成績を示した。

重要他者表象の活性化は，重要他者が自己に求める目標を活性化させることによって自己制御を導く [85; 99]。重要他者から見た理想自己および義務自己とのずれは重要他者が自分に対して持つ目標や基準を顕現化させ，行動に影響を及ぼす [85]。レズニクとアンダーセン [97] は，理想自己とのずれがある参

加者は促進志向の自己制御方略を用い，義務自己とのずれがある参加者は防衛志向方略を用いることを示した．

シャー［99］は，重要他者の名前を閾下呈示された参加者が重要他者の持つ目標によりコミットしていると報告し，重要他者の目標に沿うように行動することを示した．さらに目標表象と重要他者表象の自動的リンクの証拠も示した．たとえば父親が学業達成について心配していると知覚している参加者は，父親関連のプライム語と達成関連のターゲット語の組み合わせの試行で最も反応が速かった．関連研究では，参加者による目標達成の難しさの評価が，重要他者が難しさをどう評価しているかに関する参加者の予測によって影響されていた［100］．

アタッチメントに関する最近の研究では，アタッチメント関連目標の自動的活性化が示されている．ジラスらによる研究［61］では，アタッチメント対象の名前を参加者に閾下呈示したところ，他者に近づくという目標の追求が強まった．つまり未知の他者に対してより早くより多くの自己開示をした．別の研究では，重要他者の名前を閾下呈示すると，参加者のアタッチメントスタイルによって関連する目標語へのアクセス可能性が影響を受けた．たとえば回避得点が高く不安得点の低い参加者に安定関係をプライミングした場合，語彙決定課題においては安定目標関連語への反応が遅かった．プライミングされた安定関係と参加者個人の不安定型アタッチメントスタイルが葛藤感情や反発を引き起こしたのであろう．

2) 自動的な自己および関係の保護　ここまで見てきたように，人は活性化した重要他者表象と関連する目標に沿って，意識しなくても自分の対人行動を制御することができる．対人関係において非常に重要な2つの動機づけは，自己が脅威にさらされた場合の自己の保護と対人関係が脅威にさらされた場合の対人関係の保護である．ここでは動機と自己制御機能が自動的に機能する証拠を見ていく．

転移研究は，自己および関係の保護に関する自動的動機の明確な証拠を示している．たとえば参加者にネガティブな重要他者表象を活性化させて関係的自己をネガティブに評価させると，彼らの作動自己概念の中でネガティブな他者が活性化し，参加者は関係的でない自己の表象をポジティブに評価した［72;

96］。これは関係的自己のネガティブな評価という脅威から自己を守ろうとする試みと考えられる。この研究では自己報告を用いているが，この影響そのものは自動的だといえるであろう［8］。

　関係保護動機を示す研究として，アンダーセンら［9］は全体的にポジティブな重要他者に関するポジティブな特徴とネガティブな特徴の両方についての記述を，後の相互作用相手についての記述と称して参加者に呈示した。全体的にはポジティブな重要他者に似た記述であるため，ポジティブな重要他者表象が活性化しているはずである。この記述を読んでいるときの参加者の表情を録画して観察した結果，参加者はネガティブな特徴についての記述を読んでいるときの方がポジティブな特徴についての記述を読んでいるときよりもポジティブ感情を表出していた。表情はほぼ即時的に生じていると考えられることから，参加者は重要他者のネガティブ情報を自動的にポジティブ情報に捉え直していたと考えられる。このような反応は重要他者との関係を脅威状況やネガティブ情報から守ろうとする動機を反映していると考えられる（関連する研究として［31］も参照）。

　自己を対人的脅威から守ろうとする動機は拒絶感受性の中核をなすものでもあり，自動的に個人の行動に影響するものと考えられている。拒絶感受性の高い者は自己保護メカニズムに関連するネガティブな影響を受けやすい。たとえば，他者からの拒絶に対する不安は彼らをより攻撃的に振舞わせ［50］，関係に対する満足感を低める［49］。これらの効果が無自覚に生じていることを直接的に検討した研究はないが，拒絶感受性の高い者がこうした防衛や自己保護の動機を自覚しているとは考えにくい。

　面白いことに，全般的に自己制御がうまければ拒絶感受性が対人的結果に及ぼす悪影響は緩和される［12］。拒絶感受性が高くても即時的な満足が得られないことへの注目を統制できる者は，拒絶による影響を受けない。拒絶感受性の高い人がそのような自己統制をどのくらい自動化しているのかについてはまだ決定的な知見が得られていない。十分な練習と経験を積めば，拒絶感受性の高い者も自動的なネガティブ思考や拒絶に対する習慣的な反応をやめる方法を身につけられると考えられる。しかしこのような自己統制過程には，自動的な自己防衛反応に打ち勝つ意識的な注意と統制も必要であろう（［108］も参照）。

対人的脅威に対する自動的自己保護動機に関する直接的な証拠として，依存性制御モデル（dependency regulation model）がある。このモデルによると，人は安心を知覚すると関係保護的反応を示し，親密な相手をよりポジティブに見なして親密さを高めようとする［87; 88］。しかし拒絶を知覚した場合には自己保護的方略をとり，親密な相手に対するアタッチメントを減らして自己の独立性を高めるという。近年このモデルが検討された（［89］参照）。デハートら［46］はネームレター効果［90］を用いて自己および関係保護メカニズムが意識外で生じることを示した。ネームレター効果とは自分の名前に入っている文字を好む傾向のことであり，人々の潜在的な自己評価を反映すると考えられている。デハートらはこの効果を他者評価にも拡張して，人が恋人の名前に含まれる文字を好む傾向を恋人に対する潜在的な評価と見なすことができると考えた。低自尊心者において，恋人に対する潜在的な評価（つまり恋人の名前に含まれる文字に対する好み）は現在その関係がうまくいっているかどうかと一致していた。一方高自尊心者においては，現在その関係があまりうまくいっていない場合でも恋人に対する潜在的なポジティブ評価が見られた。これらの知見は，人は自動的に自己保護および関係保護欲求を満たすような自己制御ができることを示している。

　対人的脅威に対する自動的反応は親子関係にも見られる。子供に対する相対的な権力が弱いと知覚している親は，支配や権力に関連する概念に対して慢性的にアクセス可能であることが示されている［35］。このような親は親子関係における権力喪失に対する脅威を感じており，権力や統制に関する思考に過剰にアクセス可能になっている。十分な認知容量があれば脅威を感じている親でも思考や感情を制御してきちんと振舞うことができる。しかし認知負荷のかかった状況では，権力喪失という脅威が支配の観念化とそれに対応した認知および行動を即時的に引き起こしてしまう。このように自動的脅威と防衛反応の入り混じったものからネガティブな養育スタイルや親子関係の問題が生じてしまうかもしれない。

　脅威はアタッチメントの違いによって異なる感情的，動機的，行動的反応を引き起こすかもしれない［80］。ミクリンサー［78］は，慢性的にアタッチメントの不安傾向と回避傾向が高い人に特徴的な自己制御方略について説明して

第3章　親密な関係に見られる自動性

いる。不安傾向の高い人はアタッチメントの動機システムを過剰に活性化させる方略をとり，安定と親密さを追求する。一方慢性的に回避傾向の高い人はアタッチメント動機システムを不活性化させる方略を用い，自己の独立性を高めたり感情的距離の調整をするなどの自己保護方略を追求する。たとえば慢性的に回避傾向の高い人は，自分の身に起こるアタッチメント経験に関する情報をあまり符号化せず［58］，対人的脅威となる可能性のある思考を抑制する［59］。どちらの自己制御方略も，慢性的に回避傾向の高い人にとってはアタッチメントに関連する悩みを避け，アタッチメント対象に快適な反応を求める動機を抑えるために有効な手助けであり，自動的に行っていると考えられる。

自己制御方略が成人のアタッチメント関係に果たす役割も多くの研究で示されている。たとえば慢性的にアタッチメントの不安傾向が高い人は，自分とアタッチメント対象との類似性を過大評価し［82］，自分たちをネガティブに捉える［78］。一方慢性的に回避傾向の高い人は，アタッチメント対象との類似性を過小評価し，自分たちを非常にポジティブに見なす。このような傾向はネガティブ感情や悩みを持っている状態で悪化し，他者からの承認を得たいという欲求（慢性的に不安傾向の高い人）や自己依存の感覚を妥当化したいという欲求（慢性的に回避傾向の高い人）と関連する。その結果このような自己知覚の違いの動機的性質が強調されているのである。これらの効果は慢性的にアクセス可能な概念に由来するため前意識的自動的な過程であり，意識的な引き金を必要としていないと考えられる。

ボウルビィ［33］によるアタッチメント理論および近年の成人のアタッチメント理論（たとえば［67］）の中核的要素は，アタッチメント動機システムが主に意識的自覚や統制なしで機能しているという点である。つまり子供時代に固まったパターンは習慣的なものとして自動化され，内的作業モデルが行動を形成すると考えられている。作業モデルそのものは過去の相互作用の表象として記憶に保持され，それが行動に及ぼす影響は前意識レベルで引き出されると考えられている［34］。よって，ネガティブ思考を抑制したりアタッチメント対象との類似性を過小評価したりする自己制御方略は自動的に機能しているといえる。

ミクリンサーら［80］は人が脅威に対する反応としてアタッチメント対象の

心的表象を自動的に活性化させることを示した。これはほぼ無自覚，無意図的に行われている。自動的に思い浮かぶアタッチメント対象についての思考は快感情をもたらし，不快感情を低減する。アタッチメントの不安傾向はこうした方略を過剰に活性化させ，アタッチメント対象の表象を引き出しやすくする。一方，回避傾向はアタッチメント対象の表象へのアクセス可能性を低める。よって自動的自己制御方略は過去の対人関係やダイナミクスに依存するといえる。つまり人は現在の対人関係にとって適切かどうかに関わらず，自分が安定を得るために過去に用いてきた目標や方略を追求する。

[6] 対人行動への自動的影響

自動的社会行動は自動性研究において過去10年で最も刺激的な発展を果たした領域である [26; 48]。本項では親密な関係における自動的な対人行動についての証拠を紹介する。

転移研究は，重要他者表象が活性化するとその表象に含まれる信念や予期も活性化し自動的に行動確証を生じさせることを示している。たとえばパークとアンダーセン [32] は，参加者にターゲットについての記述と称して参加者あるいは別の参加者にとっての重要他者に関するポジティブまたはネガティブな記述を見せ，その後でターゲットと会話をさせた。その結果，ポジティブな重要他者の記述を見せられた参加者はネガティブな重要他者の記述を見せられた参加者よりも，ターゲットとの会話の際に快感情を示していた。転移のない条件ではこのような効果は見られなかった。転移条件では参加者のポジティブおよびネガティブな重要他者表象の一部として保持されている感情が活性化し，参加者の行動に影響を与え，参加者に対するターゲットの反応にも影響を及ぼしたと考えられる。通常，転移条件における重要他者表象の活性化は後意識的自動的であるため，転移条件の参加者は行動への効果を自覚しておらず，意識的意図もしていなかったといえる。

行動の確証はミケランジェロ現象の核心でもある [52]。ちょうどミケランジェロが石のかたまりから理想的な形の彫刻を彫り出すように，親密な相手はお互いの理想の人であることを確証するように振舞う。ドリゴタスら [52] は，ミケランジェロ効果が恋人においても夫婦においても見られることを示してい

る。さらにこの現象がカップルの親密さを促進する効果を持っていることも示している。この研究は意識的な自己報告を用いているが，ドリゴタスらは，実際の対人行動においては熟慮した意識的過程にも自動的過程にもミケランジェロ現象の根底にあるような過程が含まれているであろうと述べている。たしかにお互いに相手を理想のものとして知覚することは時間を経るにつれて前意識的になると考えられるし，その知覚が現実を反映すると考えるようにもなるだろう。

　拒絶感受性に関する研究も恋人どうしの行動確証を示している。ダウニーら［51］は，拒絶感受性の高い者による拒絶の予期がどのように行動に表れ最終的に相手から拒絶の予期を確証する反応を引き出すのかについて検討している。ダウニーらは恋人たちを実験室に呼んで2人の間で未解決の問題について話し合わせ，その様子をビデオで録画した。そして話し合い中のネガティブな行動（相手のコメントをこき下ろすなど）を研究の目的を知らない評定者に評定させた。その結果，拒絶感受性の高い女性はそうでない女性よりもネガティブな振舞いをし，その相手の男性は話し合いの後に話し合いの前よりも強い怒りを報告した。

　拒絶感受性は実際よりも多くの拒絶を予期する自動的傾向を含むため，拒絶感受性の高い者において自己成就予言を生じさせる行動サイクルを生み出す原因となると考えられる。先ほど述べた研究は，拒絶感受性による不安な拒絶の予期が自動的に予期を確証する行動を引き出すことの証拠と捉えることができる。事実，自己成就予言効果は意識的な信念や予期を持っている必要がない（たとえば［39］）。先に述べたダウニーら［51］のビデオの評定結果から，恋人たちが葛藤を含む話題で話し合いをしている最中の自発的な行動に関するデータが得られている。恋人たちは自分たちがビデオで録画されていることは自覚していたが，評定されていることは気づいていない。この行動データの結果は拒絶感受性が行動に及ぼす影響の自動的性質を示していた。

　恋人間の自発的な行動は，自動的なアタッチメント関連行動に関する証拠としても捉えられる。たとえばシンプソンら［101］は恋人どうしの2人のうち女性だけをストレスのかかる状況にさらし，彼女らの自発的なサポート探しと恋人の男性のサポート提供行動を目立たないように記録した。その結果，慢性的

に安定型の作業モデルを持つ女性は不安を感じるほどサポート探しをしていたが，回避型の作業モデルを持つ女性は不安を感じるほどサポート探しをしなかった。安定型の男性は恋人が不安を示すほどサポート提供をしたが，回避型の男性は女性が不安を示すほどサポート提供をしなかった。参加者は自動的に自分の作業モデルを通して状況を解釈し，それによって異なる行動をしたと考えられる。

閾下プライミング手法を用いてアタッチメントの安定性と思いやりや利他性の関連を調べた研究からも，内的作業モデルが自動的に行動に及ぼす影響についての証拠が示されている。ミクリンサーら[84]は，安定型アタッチメントの表象を閾下で活性化された参加者が不安定型のアタッチメント表象を活性化された参加者よりも高い思いやりを報告し，さらに嫌な課題を他の参加者の代わりに行うという利他行動を実際にとることを示した。

4　まとめと応用：過去が現在に及ぼす影響

ここまでに幅広い関係過程や現象における様々な形の自動性について見てきた。本節では，多くの研究で見られたテーマとして重要他者との関係で学習された想定や傾向の持続性と再現性についてまとめていく。本章で紹介してきた社会認知的アプローチは，過去の対人関係の性質が何らかの形で表象され，この表象が活性化すると現在の対人関係に対して自動的に影響を及ぼすという重要な仮定を共有している。

研究領域によって詳細な仮定や検討の方法は異なるが，すべての自動的過程に共通する特徴は，個人の自覚，意図，統制なしに，そして認知的資源をほとんど必要とせずに生じるため，その影響がなかなか消えないということである。これらは繰り返しによって強められ現在の対人関係に見出されやすくなると考えられる。つまり自動性は以前経験した関係過程やそれに関わる現象の持続および再現の核心といえるかも知れない。

過去の関係構造が持続するという知見は本章で見てきたほとんどすべての社会認知的アプローチにおいて中心的なものとなっている。たとえば転移は過去の対人関係の特徴が新しい対人関係において再度表れるまさにその現象のこと

であり，転移が重要他者表象と連合する関係的自己の活性化によって生じることが示されている。自己および他者のアタッチメントの作業モデルは，発達初期の養育者との相互作用経験が人生を通じてその個人の傾向を形成すると仮定している。関係スキーマモデルは未知の他者からの反応についての予期が主に関係スキーマの中に保持された過去の if-then 形式の命題によって決まることを示している。拒絶感受性の高い個人が拒絶の手掛かりを予期し知覚して過剰に反応するという自動的傾向は，以前の拒絶経験を再現することに他ならない。

　IOS 研究でも関係構造の持続性や再現に関する知見が得られている。重要他者が外集団成員に対して好意的で，その外集団成員が重要他者の自己概念に内包されているとすると，重要他者を自己に内包している知覚者は重要他者による外集団への好意的な評価も内包していることになる［106］。つまり外集団成員表象は知覚者の自己にも内包されているということである。これによって知覚者自身も外集団成員に対して好意的になる可能性があり，外集団成員との関係において重要他者との関係が持続あるいは再現すると捉えることができる。

　関係的・相互依存的自己解釈研究においては，関係的・相互依存的自己解釈をする個人の自動的情報処理傾向によってその個人が自己解釈の基盤とする関係そのものが維持されることが示唆されている。たとえばクロスとゴア［44］は，関係的・相互依存的自己解釈傾向が比較的新しい関係においてその関係がポジティブなものとなるように他者を知覚する傾向と関連することを示している。またクロスら［43］は，関係的・相互依存的自己解釈傾向の高い者はそうした傾向の低い者に比べて，簡単な相互作用を行った他者からより応答的でよく自己開示（親密さを高める行動のひとつ）をすると評定されやすいことを示した。さらにこの関係的・相互依存的自己解釈傾向の高い者との関係はポジティブに評定されていた。よって，関係的・相互依存的自己解釈傾向の高い者は，彼らを定義する関係そのものを持続させるような解釈および行動をするといえる。

　ここまでくると，親密な関係において起こる現象がことごとく自動的だという印象を受けるかもしれない。重要他者と自己の関係についてどう感じているのか，相手から受容されると予期するのか拒絶されると予期するのか，どのように自己を制御して重要他者に関連する目標を達成したり自己や重要他者との

関係を保護したりするのか，そして他者に対してどのように振舞うのかという現象の根底には自動性が見られる。

　しかしわたしたちは決して関係過程や現象が常に自動的だといいたいわけではない。愛する人や嫌いな人のことを考えたり，他者に対して望みを抱いたり，呪ったり，心配したりすることは，意識的に熟慮された上で生じている場合もある。実際，もしもここまでに述べてきた多くの自動的過程が自覚され，十分な時間と認知資源が与えられ，その認知資源を投じる十分な動機があるならば，理論的には自動的過程の影響を消して十分な意識的統制をすることができるであろう。これは人が自分の反応のバイアスや混同に関心を持っていることからも予想される［105］。

　人の感情的，動機的結果は親密な関係の重要な性質であるため，人は可能であればこれらの結果をもたらす過程を自覚し，関係性を変えたり終わらせたりするために必要な認知資源を意識的に投入すると考えられる。しかしながら現実には，重要他者との対人関係において経験される相互依存性が認知資源を使い果たすため，自動的過程はそのままにされやすい。さらに日々生じる新しい（親密な相手になる可能性を持つ）他者との出会いの中で，今誰と相互作用しておりどう反応すべきかを毎回熟慮することは，必要とする認知資源の量から考えて実践的ではない。つまり十分な量の時間と資源と動機が日常生活で揃う可能性はほぼないのである。

　別の観点から見ると，不適応的な関係や問題のある関係を抱えている場合，自然に考えればその関係から抜け出すよう動機づけられるであろうが，場合によっては「知り合いの悪魔」に立ち向かう方が「見知らぬ悪魔」に立ち向かうより楽かもしれない。人は予測可能性や自分が熟知したやり方で動けることを重視するため，たとえある関係が不適切であったり有害であったりしても変えることができない可能性がある。このように過去の関係における解釈，感情反応，予期，動機，自己制御努力などについての熟知性が，過去の関係構造の持続や再現を可能にしているのかもしれない。

　親密な関係における自動性と統制性の相互作用に関しては，今後検討すべき課題が数多くある。たとえば様々な社会的認知研究で，活性化した特性概念が判断に及ぼす潜在的な影響を知覚者に自覚させると対比効果が生じることが示

されてきた（たとえば [68]）。これと似たようなことは，特性のように対となる概念を持たない重要他者表象，関係スキーマや，作業モデルなどの関係構造を活性化させた場合にも生じるのであろうか？　もちろん人が過去の関係構造による現在の関係への潜在的な自動的影響を自覚できるとしても，より好ましく適切な反応が常に過去の関係構造による影響と対極的な性質のものになるとは限らない。あるとすれば完全に異なる関係構造がとって代わるという結果であろう。実際，人は過去の経験の影響がどのくらいあるのかを正確には知らない（たとえば [102]）。

　自覚して適切な修正をするだけでなく過去の関係による自動的な影響を根本的に変えようとするのであれば，そうできるだけの動機や認知資源を持たなければならない。しかしそうした方略がどのくらいの確率で成功するであろうか？　もし人が過去の関係による現在の対人関係への自動的影響を根本的に書き替えることができるのだとしたら，その根底にはどのような過程が働いているのであろうか？　現在の関係が過去の関係に影響されているとき，妨害されているのは現在の関係構造そのものの活性化なのか，それとも現在の関係構造を使用する過程なのであろうか？　新しい関係での経験は現在の関係構造の内容を置き換えるのであろうか？　明らかに，これまで答えてきたよりもはるかに多くの問題がまだ山積みになっている。大事な点は，親密な関係における自動性の証拠を用いて，どのような場合に，どのようにすれば，様々な関係性の過程や現象における自動的過程を統制することができるのかという問いに答えることが求められているということである。

　親密な関係研究が今でも活発に行われ続けていることからもわかるように，関係過程に含まれる心的表象の詳細な性質について理解することは非常に価値がある。同様に，自動性に関する疑問を注意深く体系的に問うていくことも非常に重要であろう。これらの検討を続けることによって，自動性がどのようなときに働きやすくどのようなときにそうではないのかということや，対人関係における理性の働いた熟慮的処理がどのような条件で促進されるかということなどについての知識を築くことができるであろう。関係過程を自覚して，意識的に対人関係を形成しようとする試みがどのように実を結ぶのかについてはあまり知られていない。これはきちんと問うにはあまりに単純過ぎ，解決するに

はあまりに大きな疑問かもしれない。しかしこの疑問に答えられる新たな知見も，科学の発展からすればもうすぐ先の方に見えているといえるかもしれない。

第4章

評価の自動性

MELISSA J. FERGUSON
メリッサ・J・ファーガソン

　ある刺激に対して人がどのように評価を行うかという問題は，過去100年，心理学の中心的なトピックであった（e.g., [4; 33; 36; 70; 159; 160; 181; 194; 226; 241]）。過去の評価研究は直接的な自己報告法を用いて行われてきた。自己報告法とは，参加者がある対象に対してどのような態度や評価を持っているか直接的に尋ねる方法で，たいてい尺度上の数字を用いて回答させる（たとえば，1：不快～11：快の間）。前世紀の評価研究では，このような意図的に生成され意識的にアクセス可能な処理が研究対象とされていた。

　しかし，より洗練された，間接的かつ鋭敏な評価処理の測定法が開発され，過去20年から現在までの態度研究はそれまでの流れと大きく異なった様相を見せている。意識的に注意深く，そして熟慮的に行われる評価に加え，人は刺激を見た瞬間に，非意識的かつ無意図的に，そして即座にその刺激が良いものか悪いものかを評価することができる [20; 78; 83; 111; 112; 240]。たとえば，顔写真が2ミリ秒という閾下（顔が呈示されたことすら自覚できない）で呈示されても，人はその表情がポジティブかネガティブかを処理することができる [167]。評価処理は知覚者の意図，自覚，統制がなくとも行われるという事実が発見され，評価処理は自動的（automatic）であるといわれるようになった [17; 118]。

　自動評価（automatic evaluation）に対する関心は過去10年急激な高まりを見せ，多くの実験的証拠が報告されている。*Journal of Personality and Social Psychology* や *Cognition and Emotion* といった雑誌では評価の潜在的測定法

についての特集が組まれており，注目の高さがうかがえる（レビューとして，[22; 42; 109; 115; 206]）。

本章では，これまでの（特に過去10年）自動評価研究をレビューする。まずこうした研究で使われる専門用語について解説する。そして自動的な態度・評価の測定法についての知見，またそれらが状況と独立しているか，さらに自動的な評価と熟慮的な評価が対応するかどうか，自動評価が後の思考，感覚，行為などにどう影響するか，といった点から議論する。最後に評価処理を生み出す認知構造について，最新の知見を手掛かりに考察する。

1 用語解説

態度（attitude）と評価（evaluation）はよく混同して使われるが，前者は記憶内に表象されているもの，後者は刺激を知覚して生成されるもの，という意味で異なったものである。態度は社会心理学の中では歴史の古い概念であり（e.g., [4; 63; 181]），イーグリーとチェイケン[70]による最近の定義では，「ある程度の肯定性または否定性を持った特定の実体を評価したことにより表出される心理的傾向」とされている。この定義にも見られるように，好ましいかそうでないか（liking or disliking）という特徴は多くの定義に共通している。

しかし，ここ20年で態度という構成概念は，ある対象とその評価が記憶内で連合したもの，と捉えられるようになってきた[74; 80]。こうした考えをとる研究によれば，対象と評価の連合の強さにより，その対象に対する行動や判断への影響が決定される（e.g., [75; 76; 84; 183]）。これらの研究では，記憶内に保持されている，対象の表象に連合したポジティブさまたはネガティブさの総合的な指標のことを態度と呼んでいる（[70; 74; 80; 94]，別のレビューとして，[25; 68; 85; 87; 162; 202; 225]）。

評価も刺激のもつポジティブさまたはネガティブさの程度を示すものだが，態度と異なり，統一的な定義はなされてこなかった[226]。態度は対象の表象と既存の評価情報が連合したものと仮定されるのに対し，評価とはポジティブさやネガティブさを査定した結果を意味するもので，その評価情報の源泉を理論的に制限するような意味合いは持たない（e.g., [25; 68; 85; 87; 101; 162; 202;

225])。つまり,ある対象の評価とは,その対象の表象に連合した評価情報も含め,複数の情報から構成されたものとされる (e.g., [25])。したがって,評価と態度は刺激に対するポジティブさやネガティブさといった意味では相互に交換可能な言葉だが,評価は態度に比べて理論的な含みは少ない。ただし,本章では双方の言葉を用いるが,態度についてもその特定の認知的な構造を反映したものとは扱わないので注意してほしい。この問題については本章後半で議論する。

　自動評価および態度についての研究では,評価される対象(ターゲット)は態度対象(attitude object)と呼ばれている (e.g., [4; 20; 78; 83; 198; 215; 228])。対象(object)とは,そもそも「意味を持って知覚され得る物質」として定義されていたが,態度研究では「思考,感覚,行為を方向づける心理的または身体的なもの」とされる (Merriam-Webster 辞典, 2005 より)。つまり,具体的な無生物(e.g., 果物,瓶)や生物(e.g., 人,動物),また抽象的な概念や価値観(e.g., 自由)なども含まれる。またサーストン [228] は,態度とは「ある心理的対象に対する感情」と述べている (p. 261)。

　また混乱を招きやすいものとして,潜在的な形での態度測定法についての問題がある(後に詳しく論議する)。潜在的に測定された態度と顕在的に測定された態度が対応しないことに関して(e.g. [27; 66; 82]),両者が2つの異なった態度を反映しているのか(つまり,潜在態度と顕在態度があるとする説;[60; 237]),態度とは1つで単に測定法が異なるだけなのか([34; 81; 82]),といった問題については議論が続けられている。この2つの測定法が同じものを測っているのか (e.g., [82]),関連する2つの構成概念を測っているのか (e.g., [122; 174]),独立した構成概念を測っているのか (e.g., [237]) についても解答を出すのは難しい。潜在的に測定された態度と顕在的に測定された態度が別のものであるかのような印象を与えるとして,潜在的に測定された態度を「自動的態度」もしくは「潜在態度」と呼ぶことに疑義を唱える理論家もいる [56; 82]。本章では,「自動的態度」や「潜在態度」という言葉は,これらが顕在的に測定された態度と質的に異なる,という意味では用いない。潜在的・顕在的に測定された態度が質的に異なるのか,また単に方法上の違いなのかという問題は後の節で触れることにする。

自動評価を測定する手法は「潜在的」（implicit）な測定と呼ばれる [11; 109]。これらが間接的，すなわち回答者に明示的に自らの態度を報告するよう求めないものだからだ。だが，認知心理学では，潜在的という言葉は，意図や努力に関わらず想起することができない過去経験の影響という意味で用いられる [56; 82; 193; 218; 229]。しかし，この定義で社会心理学で測定されているような態度を表現することはできないだろう。一般に，「潜在的」な測定課題を遂行中の参加者が，そのとき自ら下している評価にアクセスできていない，という証拠を得ることは難しい。したがって，潜在的という言葉は，社会心理学と認知心理学ではある程度異なった意味で用いられていることに注意しておいてほしい。

2　自動評価の証拠[1]

　かつてより，態度の測定とは，特定の集団，対象，問題，概念に対して，どのように感じるかを直接的に尋ねるものであった（たとえば，「黒人は白人ほど頭がよくない」という文にどの程度賛成するか？ [3; 157]）。20世紀後半，機会均等措置と平等主義的行動の社会的要請が高まり（e.g., [157; 169]），ある集団に対する否定的な考えはあからさまに表現されないようになってきた [67; 125; 130]。こうした状況に至って，より鋭敏な態度測定法の探求が行われ，この試みが潜在態度測定法の発展へとつながった。本節では，今や態度研究で一般的となっている潜在態度測定法について解説する（他の潜在態度測定法については以下を参照されたい。[55; 58; 66; 135; 175; 182; 230]）。

[1] 評価プライミング・パラダイム

　1986年，ファジオらは刺激に対する評価や態度がその刺激の単純な知覚で自動的に活性化することを報告した。ファジオら [83] が用いた手法は，意味プ

---

[1] 第2節では，自動評価測定法として潜在連合テスト（IAT；Implicit Association Test）についても記されているが，紙面都合上，翻訳に際して割愛した。潜在連合テストについて詳しくは第5章を参照されたい。

ライミング・パラダイムに修正を加えたものだった。意味プライミング・パラダイムは，そもそも意味記憶内の自動的な処理と統制的な処理を検証する手法であった［149; 161; 170; 171; 189; 205］。たとえば，ニーリィ［171］はある刺激の知覚が，その刺激と意味的に関連した知識を自動的に活性化させるかを検証しようとした。そこでニーリィは，プライム刺激とターゲット刺激のペアを，意味的に関連しているものと関連していないもので構成した。すると，プライム刺激として鳥（BIRD）を先に知覚した場合，これと意味的に関連したコマドリ（ROBIN）というターゲットへの反応は，プライムが無意味なもの（XXX）である場合よりも早かった。鳥が先行して処理されたときのコマドリに対する反応の早さは，鳥に意味的に関連した知識が自動的に活性化され，関連するターゲット刺激の素早い処理を可能にしたことを示すだろう。また，ニーリィの研究では，プライムとターゲットの時間間隔が500ミリ秒以下であれば，知覚者の意図や方略的処理に関わらずプライムと意味的に関連した知識が活性化することも示された。

　ファジオら［83］は，刺激の知覚が評価的な情報をも自動的に活性化するかに関心を持った。そこでファジオらはプライムとターゲットのペアについて，ポジティブかネガティブか（ヴェイレンス）以外は意味的に関連しないもので構成した（例：sunshine-wonderful, death-excellent）。ニーリィの研究をもとに，プライムとターゲットの時間間隔は300ミリ秒とされ，ターゲットへの反応が非方略的かつ非意図的な処理（つまり自動的な処理）を反映するように設定された。3つの実験を通して，ターゲットへの反応はターゲットとプライムが同じヴェイレンスであるときに早かった。このことからファジオらは，プライムの評価情報が自動的に活性化され，類似した評価的ターゲットに対する素早い符号化・反応が可能になる評価プライミング効果（evaluative priming effect）を提案した。評価プライミング・パラダイムは，刺激に対する評価的な情報（つまり態度や評価）は，評価的な刺激を知覚することにより自動的に活性化することを示した最初の証拠であった。評価プライミング効果は語彙プライム（e.g., ［20; 83］），図［103］，匂い［117］などの刺激や，発音［21; 68; 104; 119］，運動［44; 68; 233］などの反応課題により追認されている。

　評価プライミング・パラダイムは潜在態度測定法として使われてきた（e.g.,

[81; 87; 238; 239])。ある特定のプライム後に呈示されるポジティブな形容詞への反応が，統制プライム後の反応よりも早い場合，そのプライム刺激に対してポジティブな評価を持つと仮定され，逆にネガティブな形容詞への反応が早い場合ネガティブな評価を持つと仮定される（e.g., [81; 871; 239])。たとえば，ある人が黒人の顔に対して自動的にどのような評価を持つかは，黒人の顔刺激プライムによって後続のポジティブまたはネガティブな形容詞への反応が促進されるかどうかを調べることで測定できる。

[2] 脳画像法

　脳画像法は潜在評価研究の新しい方向性といえる。脳画像法は潜在評価測定とともに用いられ，自動的な評価および方略的な評価に特定的に活動する脳領域を調べる試みが行われている（e.g., [5; 47; 123; 184])。たとえば，イトウとカシオッポ [123] は参加者に社会的刺激（例：抱きあっているカップル，墓地に参列している会葬者）と非社会的刺激（例：チョコレートバー，ゴミが散らかる浜辺）を呈示し，非評価的な形でのカテゴリー化を求めた（「この中に人間がいるかいないか」）。この課題と同時に事象関連電位を測定した。参加者がカテゴリー化課題を行うにあたって評価的な情報（刺激がポジティブかネガティブか）は不要であるにもかかわらず，刺激が評価的に不一致であるとき（ポジティブな刺激の中にネガティブな刺激が混ざっている，あるいはこの逆）脳波の活動が増大しており，評価的な特徴には非意図的な感受性があることが示された。

　カニングハムら [47] は最近になって潜在評価処理に関連する脳領域を報告した。参加者は有名な（よく知られている）名前を呈示され，評価的な判断（良いか悪いか）または非評価的な判断（今有名な名前か，かつて有名だった名前か）を求められた。またこの課題中，機能的核磁気共鳴断層撮影（fMRI）が行われた。その結果，判断が評価的か非評価的かに関わらず，ネガティブな名前に対してはポジティブな名前よりも大きな扁桃体の活動が認められた。このデータは，参加者が非評価的な特徴に着目していても，非意図的に刺激に対して評価的な査定を行っていたことを示したものである。これ以外の研究でも，非意識的な処理を行っているときに（e.g., [48; 165])，扁桃体がネガティブな刺

激に反応して活動することが報告されている（e.g., [144; 185; 242]）。

評価処理における脳画像研究は，評価課題中の評価処理と関連する様々な脳領域を明らかにしてきた。扁桃体や右下前頭前野は，知覚者が意図的に刺激を評価しようとしているかどうかに関わらずネガティブな刺激を処理する際活動しやすく（e.g., [47]），前頭前野内側部および腹側部は顕在的に評価的な判断が行われるとき，特に評価することが難しい刺激に対して大きく活動する。評価が難しい情報はより活発な熟慮的評価処理が必要になるためだろう [47, 50]。脳画像研究からのデータは自動評価が広範かつ持続的で自発的な活動であるという行動的証拠と一致し，また意図的および非意図的な評価処理が異なった神経基盤を持つことを示している。

3 自動評価における状況の影響

[1] 状況独立性

自動評価は時間や状況を超えて安定したものなのだろうか。初期の研究では，顕在的な態度は状況に影響され，潜在的な態度や評価は状況から独立し安定した指標だと考えられていた（e.g., [11; 18; 20; 21; 60; 81; 112; 236; 237]）。潜在的測定法は参加者の自覚を伴わずその評価を測定することができるため，参加者は方略的に自らの反応を修正することはできないはずである。故に偏見などの社会的に微妙なトピックを扱う研究において，望ましくない考えや感覚の測定に潜在的手法が使われ始めた（e.g., [18; 60; 81; 224]）。

独立性を仮定するにあたって重要な点は，スティグマ化された集団に対する顕在的測定法での反応がほとんど否定的なものにならず，一方で自動的な反応はかなり否定的になる，という知見である（e.g., [60; 81; 112]）。たとえば，ファジオらの研究 [81] では，参加者の黒人に対する自動的な評価は否定的であっても，Modern Racism Scale（MRS；[157]）で測定された顕在的な評価はかなり肯定的であった。なお，実験者が黒人であるとき，参加者は MRS において偏見を低く報告することが別の研究で確認されていた（[81], 研究3）。こうした結果から，偏見の表出を避けたいとき顕在的測定法では真の感情を隠されてしまうのに対し，潜在的測定法ではこのような修正は不可能で真の感情を測

定できると解釈された（[10; 13] も参照）。

　状況からの独立性と安定性の仮定は評価プライミング・パラダイムの初期の知見からも支持されてきた。顕在的な評価と潜在的な評価の対応に着目し，バージら [20] は評価プライミング・パラダイムで使われたプライム刺激の基準データを収集し，これらの刺激に対する顕在的な評価が自動的な評価と高く対応することを見出した。つまり，顕在的にポジティブと分類された対象（例：子犬，陽光）は，ネガティブと分類されたもの（例：死，ゴキブリ）と比べてポジティブな形容詞に対する反応を早めるようである。したがって，評価プライミング効果は本質的に潜在的評価と顕在的評価の対応にある程度依存するといえる。

[2] 状況依存性

　多くの研究から，潜在的に測定された態度と顕在的に測定された態度は弱い相関関係であるかあるいは全く相関しないことが明らかとなった（e.g., [81; 109; 128]，また，[49; 158; 238] も参照）。測定法の性質が違うとはいえ，両測定に全く対応がないことで，研究者は潜在的に測定された態度や評価の構成概念妥当性に疑問を持つようになった（より詳細な議論として，[11]）。潜在的な測定が「真の」態度や嗜好を測定しているのなら，少なくとも何らかの状況下において関連する測定法と対応してしかるべきであろう。こうした疑問から潜在的に測定された態度の安定性と状況独立性，および顕在的に測定された態度との関係が精力的に研究されるようになった（レビューとして，[29; 32; 64; 82]）。

　これらの研究により，初期の見解とは逆に潜在的に測定された評価や態度は状況に影響されることが明らかとなった。特に，自動評価は直前に活性化したもの，繰り返し学習したもの，対象に関連した情報などに依存して変動することが報告されている（e.g., [14; 54; 128; 148; 150; 162; 239]）。一般に偏見の対象となる集団（老人，黒人）に対しても，たとえば老人とよい意味の単語の組み合わせを学習した後や [128]，人気のある黒人と不人気な白人が刺激であるとき（[54]，実験1），また家族でピクニックを楽しんでいる黒人の家族（[239]，実験3）などが呈示された後などは，否定的な自動評価は小さくなる。

また，自動評価は知覚者がそのとき追求している目標や（e.g., [87; 150; 164]），普段から持っている動機 [151] にも影響される。たとえば，ロウリーら [150] は黒人実験者が見ている前で潜在連合テスト（implicit association test：IAT）を行うと黒人に対する否定的な態度が有意に減少することを報告した。また，ミッチェルら [162] は黒人ターゲット刺激に人気のあるスポーツ選手を，白人ターゲット刺激には不人気な政治家を用いた。そして，参加者に職業カテゴリーを用いた IAT で黒人と白人のターゲットを分類させると，人種カテゴリーで分類させたときよりも黒人ターゲットはポジティブな刺激と連合されやすかった。こうした知見により，目標や分類教示など，様々な状況的要因によって活性化される対象の情報の種類が影響されるということが示された。

自動評価は知覚者が自らの目標を達成したどうかによっても影響される [87; 203]。ファーガソンとバージ [87] は，ある目標を追求している参加者に対し，その目標との関連性を操作した対象への自動評価を評価プライミング・パラダイムを用いて検討した。その結果，参加者が目標追求中である場合は目標を達成した後に比べて，目標に関連した対象はより自動的にポジティブな評価が行われていた。たとえば，喉が渇いている参加者は渇きに関連した対象（例：水，ジュース）をよりポジティブに評価した。この知見は，自動評価がときに対象に対する期待を反映すること，また自動評価が直前の対象の経験のみに影響されるわけではないことを提案した。同時にこの結果は，態度は知覚者のそのときの動機的な優先順位に従う，という古典的な考えに従うものであった（e.g., [38; 44; 129; 145; 191; 194; 234]）。

慢性的な目標も自動評価に効果を持つ。マダックスら [151] は，偏見的であることを避けたい，という参加者の動機づけにより，黒人への自動評価に対する状況の影響が変動することを見出した。動機づけが低い参加者は，脅威的な状況（例：牢屋の中）にある黒人ターゲットにネガティブな自動評価を示した。これは先行研究 [238] と一貫した結果である。しかし，偏見表出を避けたいという動機づけが高い参加者では，脅威状況の黒人に対するネガティブな自動評価は非脅威状況の場合と比べて低かった。すなわち，評価される刺激の特徴に関連する状況的手掛かりの影響は，慢性的な動機づけによって決定され得ることが示された（[166] も参照）。

[3] 独立性と依存性　知見の一致点

ここ5年で自動評価の状況依存性の証拠が多く発表されてきたが,それでは状況独立性と安定性を提案してきた初期の研究はどう解釈できるだろう。まず,初期の自動評価研究で対象に関連したものを操作したものはなかった (e.g., [20; 21; 83])。つまり,たとえば標準的な状況(先行した対象に関連する情報を操作していない状況)で歯科医という単語を見ればたいていの人が自動的にも顕在的にもネガティブな評価をするだろう。しかし,たとえばポジティブな歯科医関連情報(例：名誉ある専門職)のアクセス可能性が高められていれば,ポジティブな自動評価が導かれる場合があっただろう[86]。さらに,初期の研究で使用された対象の刺激はかなりポジティブまたはネガティブの度合いが強く(例：贈り物,毒),曖昧な評価になる対象の刺激(例：黒人の顔；[81])は最近まで使用されなかった。評価的に曖昧な対象への自動評価であれば,状況と時間によって変動されやすいだろう。

また,初期の潜在態度研究は個々の対象を従属変数として検討することがほとんどなかった。研究関心のある態度対象やターゲット語を1つの刺激グループとしてまとめ,多くの場合その対象・単語のグループ全体への反応を従属変数としてきた (e.g., [20; 83])。そのため,個々の対象が持つ評価の強さや方向性はある程度変動性があるにもかかわらず,グループとしてはそのポジティブ性,ネガティブ性を保つに至ったのかもしれない。こうしたグルーピング法が個別の対象の評価のばらつきや揺らぎを隠してしまった可能性がある。

過去5年の研究により,潜在態度,顕在態度ともに状況に依存的であることが明らかとなったが,これら2つの測定法が同じ要因に同じように影響されないことも報告されている。ガウロンスキーらによれば,顕在態度は認知的不協和を示すが,潜在態度はそうではない (e.g., [100; 101])。ガウロンスキーとストラック[100]の研究では,状況的圧力が弱い中で自分の態度と反対の立場のエッセイを書いた人は,圧力が強い中で書いた人よりも,自分が書いたエッセイの立場に支持的になった。これは(強制されない方が態度は変容しやすいという)フェスティンガーら (e.g., [89; 90])の古典的な知見に一致するものである。しかし,潜在的な態度は状況的圧力に影響されていなかった。すなわち,不協和を解消するような認知的再構成(無意識的であるといわれている：

[147]）を示さなかった [137]．自動評価に影響する状況的要因，および状況依存性に関する顕在的測定法との比較は依然研究が続けられている．

4 自動的な評価と熟慮的な評価の一致性

　自動評価が熟慮的な評価と対応するかという問題は潜在態度測定法の出現以来の問題である．前述したように，初期の知見では両測定法による態度は対応していなかった（特に偏見では：e.g., [12; 28; 30; 60; 66; 81; 112; 122]）．そもそもこうした対応性の欠如は，参加者が顕在的に表したくないネガティブな感情を潜在的測定法が捉えているため，と解釈されていた（e.g., [81]）．

　そして，顕在態度と潜在態度が対応するかどうか（whether）という問題は，いつ（when）この対応が起こるか，という点にシフトした [61; 82]．現在の研究関心は顕在態度と潜在態度の関係がどのような要因によって変わるか（調整変数）を調べることになってきている（e.g., [66; 81; 122; 174]）．対象の社会的スティグマ化は重要な調整変数のひとつとして挙げられる．回答者が自らの態度の社会的望ましさを考慮すれば顕在的な態度報告を修正するかもしれず，結果として自動的な態度とは対応しなくなるだろう（e.g., [81; 112]）．

　態度の強さも調整変数といわれている（e.g., [74; 77; 136]）．対象とその評価との連合が強ければ，その態度は瞬時の知覚で自動的に活性化されやすい．これはその態度が自然に活性化しやすいことを意味し，顕在的な判断や行動にも影響しやすく，結果的に潜在態度と顕在態度はより対応するだろう（[78] も参照）．

　これらに加え，ノゼック [174] は 2 つの調整変数を提案した．ひとつは態度対象の次元性であり，いいかえればその対象が両極的に捉えられるか，単極的に捉えられるかということである（e.g., [190]）．両極的とは一方は受容，一方は拒絶を示すもので，たとえば死刑への態度がこれにあたる．死刑への態度では，賛成は必然的に死刑反対を受け入れないことを意味する．また，単極的とは，ある対象に対してある程度ポジティブで，またそれとは関係ない次元でネガティブでもあるようなものである [37; 142]．ノゼックは，両極的な態度は時間的に安定し単純な構造であるので [126]，顕在と潜在の態度は一致しやす

いと予測し，データでこの予測を裏づけている。

またノゼックは，態度対象の示差性を調整変数として提案している。示差性とは，ここではその人の持つ態度が規範とどの程度異なっているか，ということを指す。高く示差的な態度を持っていれば（たとえば，誰でも好きなチョコレートが嫌い），その態度に自覚を持ちやすく，したがって安定して表出されるだろう。高い示差性を持つ態度は顕在・潜在測定間で一致しやすくなる。

また議論となっているのが，潜在的に測定された態度は顕在的な態度と本質的に異なるのかどうか，という点である。顕在態度と潜在態度に差異がある場合，それは両者が全く異なった構成概念であることを示すのか（e.g., [66; 109; 237]），関係するが異なるものなのか [49; 101; 110; 174]，あるいはそれぞれ別の方法で測定されているだけで同一のものなのか [82]。最初の2つの観点は潜在態度と顕在態度が基盤とする評価情報が全く重複しない，あるいは部分的に重複するというものであり，3つ目は1つの構成概念の表出の形態が測定法によって異なる，というものである。この問題については，それぞれの理論家が評価処理の基盤としてどのような認知構造を仮定しているかに依存する。後の節でより詳しく議論する。

5　自動評価の発達

今まで見たことがなく分類が難しいものを自動的に評価することはできるのだろうか？　自動評価および関連する情報処理理論では，反応は繰り返し実行され自動的に作動するようになると仮定されている [15; 16; 74; 204; 213]。態度が記憶内に表象・構成されているという現在有力な考え方では，基本的に自動評価にいくらかの経験が必要であると考えられている [74; 76; 78]。ファジオらは，連合ネットワークの中で対象の表象と連合した評価情報により態度が構成されていると提案した [70; 74; 76; 78]。この考えによれば，態度の強さは評価情報と対象の表象の連合強度に従い，強い態度は強い連合関係を持つ。そして，ファジオらは強い連合を持つ対象ほど自動的に評価されやすいと主張した。すなわち，過去に強く（繰り返し）評価された対象のみが自動的に評価され得るということを意味している（e.g., [84; 194; 212]）。いい換えれば，自動

評価には先行経験が必要であり，人は新奇でなじみのない対象を自動的に評価することはできないということになるだろう。初めて見る対象であれば，まだ対象の表象と評価情報の連合が発達していないはずである。

　自動評価はゆっくりと発達・形成され，変容しづらいといわれる（e.g., [236; 237]）。二重態度モデルの中で，ウィルソンら [237] は，顕在態度の生成や表出は測定時の状況（たとえば，直前に想起した記憶，知覚者の目標や興味など）により変動するが，潜在態度は変わりづらく耐久性があると主張した。自動的な態度を大量の訓練によって変容させようという試みがなされているが，この主張はそうした試みと一致するものである（e.g., [128; 132; 196]）。

　自動評価がなじみのある対象に限られるという見解は，新しく評価情報を獲得するには意識的な努力を必要とするという議論にも一致する（e.g., [15; 16; 124; 200; 204; 205; 213]，あるいは，[62; 105; 106] も参照）。なじみのない対象への自動評価は，その対象と評価情報を新たに統合しなくては成立しないと仮定すると，人は意識的な自覚や熟慮なくしてそうした対象を評価できないということになる（e.g., [236]，また，[18; 68] も参照）。

　しかし，ここ5年で自動評価の発達に関して興味深い研究がいくつか発表された。たとえば，ダックワースら [68] はなじみのない抽象画や新奇なトルコ文字に対しても自動評価が成立することを明らかにした。参加者は他の参加者グループによって顕在的にポジティブと評価された刺激を自動的にポジティブと評価した（ネガティブも同様）。重要なのは，この評価が未だ記憶内に表象として存在しない対象に対して行われ，かつそれが対象を知覚してから瞬間的に行われたという点である。

　オルソンとファジオ [178] は新奇の対象とヴェイレンスのある刺激の共変性の検出から潜在態度の発達を検討した。参加者はスクリーン上にランダムに現れる画像や刺激を見て，特定の対象が呈示されたらキーを押すことが求められた。この一連の刺激の中には，新奇の対象（ポケモンキャラクター）とポジティブあるいはネガティブな刺激（アイスクリーム，ゴキブリなど）とがペアになっている刺激が含まれていた。この結果，参加者は共変性には無自覚であったが，条件づけ手続きどおりの顕在的な態度を報告した。また，その後の実験では条件づけ手続きどおりの潜在的な態度（IATで測定）を示した。この

研究により，顕在的な態度と自動的態度がともに無意図的かつ非意識的に形成されることが示された（また，[57; 59; 154; 231] も参照）[2]。

カステッリら [41] は，先にある特徴に基づいて評価された刺激は，後にその特徴を顕在的に想起できなくなっていても，潜在的には評価されることを明らかにした。この研究で，参加者は児童虐待者と説明してあるターゲット人物を呈示された。その後参加者はそのターゲット人物がどのような人か再生することができなくてもその人物を潜在的にネガティブに評価した。カステッリらはこうした結果について，潜在評価は記憶内の対象の表象に連合した抽象的な指標を反映するという考えに反するものであると解釈した。彼らは，潜在評価は状況的な情報を統合的かつオンラインな形で組み込んでいく，コネクショニスト・システムのようなメカニズムによって生成されると提案した（また，[25; 86; 162] も参照）。

動物が脅威刺激に一度接触しただけでも恐怖反応を学習できることは多くの研究で示されている（レビューとして，[144]）。こうした動物研究の結果は人が容易にかつ熟慮なく，またほとんど情報がなくても新奇な対象に対して評価を行えるという研究と一致するものだろう。カステッリらの知見は，人がネガティブあるいは危険な他者の潜在記憶を保持できるという研究と整合する (e.g., [217; 218])。たとえば，スクワイアとカンデル [218] の研究では，順行性健忘患者の古典的な例が記されている。この患者は，以前に握手したとき危害を加えられた人に再び会ったとき，その人のことを顕在的に想起できなくても，握手することを拒んだという ([102] も参照)。この種の潜在記憶研究は (e.g., [217])，人が顕在的な記憶や非常に限られた先行経験しかなくとも刺激を潜在的に評価し得ることを示している。これは自動評価の発達に反復が必要であることや [15; 16; 74; 204; 205; 213]，評価は記憶内の対象の表象が活性化して生成されるという考え ([74; 77; 78] も参照) とは相反するものといえる。

---

[2] 新奇刺激への態度を後に測定すると，ポジティブな刺激とペアで呈示された新奇刺激は顕在的測定でも潜在的測定でもポジティブな評価がなされた。

6 自動評価の影響

　自動的な評価はその後の思考や感覚，行為にどう影響するのだろうか。また評価された刺激それ自体やあるいは全く無関係な刺激にはどのような影響をもたらすのだろうか。この領域において，こうした疑問は非常に重要である。まず，自動評価がどのように後続刺激の処理に影響するかによって，その基礎となる構造の理解に重要な示唆をもたらしてくれる。また研究者にとって，潜在的に測定された態度や評価が，現実的な行動に影響する構成概念であるという証拠が必要であった。かつて，ウィッカー [235] はその有名な論文で，顕在的に測定された態度が現実の行動とほとんど対応しないことを厳しく批判した（[141; 201; 227] も参照）。これ以降，顕在態度の研究は厳しい批判と検証を経験することになる。結果として，自動評価についてもこの疑問は慎重に検討されてきており，近年このトピックを扱った研究が増えている [82]。

　自動評価の影響に関する研究には2つの大きな流れがある。1つ目は，評価ターゲットと関連する刺激や，あるいは関連しない刺激の後続の処理にどう影響するかということを扱った研究。そして2つ目は，自動評価の予測力，すなわちポジティブな自動評価が接近行動を予測するかといった基準関連妥当性および予測妥当性を扱った研究である。

[1] 直後の影響

1) 評価された刺激自体に対する影響　　自動評価は，知覚者が刺激に対してどのように行動するかといった価値ある情報を素早く提供してくれる機能的なものだといわれてきた（e.g., [44; 68; 75; 85; 87; 140; 143; 177; 191; 195]）。つまり，対象の評価とその対象に対する行動には強い結合関係が仮定されており，仮定を支持する研究もある。たとえば，自動評価は評価された対象に関する腕の伸曲運動に影響する。チェンとバージ [44] は，参加者に単語を呈示し，レバーを押す（腕を伸ばす）か引く（腕を曲げる）かで反応するように求めた。すると，単語がネガティブなものであるときは押す（伸ばす）行為が早く，ポジティブなものであると引く（曲げる）行為が早かった。自動評価研究の流れに沿って解釈すれば，ポジティブなものに対しては接近的な腕運動が，ネガティ

ブに対しては回避的な腕運動が行われやすかったということであろう。

　自動評価研究とは別の流れでも，刺激に対する素早く無意図的な評価はその刺激の判断や意思決定に関わることが示されている。これらの研究では潜在的測定は用いていないが，刺激に対する自発的な感情的査定は知覚者の様々な活動に影響することが報告されている。たとえば，刺激の再認には知覚者の自発的な評価が影響する。モニン［163］は，刺激に対するポジティブな評価が既知感として誤帰属されることを示し，これを温情（Warm Glow）ヒューリスティックと呼んだ。この研究では，参加者は新奇刺激の再認において，その刺激が魅力的あるいはポジティブな刺激であると誤って学習したものであると誤再認しやすかった。モニン［163］は，評価が自動的であるかは検討しなかったが，評価自体は自発的なものであり，関連しない再認判断に自発的評価が影響し得ることを部分的に示したといえる。

　また，自動評価は評価された刺激自体に対する，道徳判断などの「現実世界の」判断や意思決定に影響を及ぼす（e.g., ［52; 53; 72］）。ダマシオらによれば，刺激に対する感情的かつ即時的な反応は反応者がその刺激に対してどのように行動すればよいかの重要な信号として機能する［52］。ダマシオの枠組みに従えば，人はある刺激に対して感情的な経験をすると（例：砂糖を食べて気分良く感じる），その感情的経験を再体験しなくとも刺激のもつ感情的影響を予測できるようになる。砂糖を食べることが心地よいと学習すれば，その感情を伴う他の刺激（たとえばキャンディ）に対しても自発的かつ素早くポジティブだと評価できるようになる。こうした評価反応により，知覚者は刺激に対してポジティブ感情の体験がなくとも反応すること（砂糖とキャンディの例では接近反応）が可能となる。このように先行して評価を行うことで，人は刺激に対して獲得や回避などの準備をする時間が生まれ，刺激の入手や拒絶はより成功しやすくなるだろう。感情は古くから論理的判断や意思決定を歪ませ干渉するものだといわれてきたが，ダマシオの観点からすれば，即時的な感情反応は刺激に対する適応的な意思決定や行為に不可欠な情報を即時に提供してくれるものである［51; 52; 53; 79; 98; 99; 240］。

　これと関連して，ハイトら［107; 113; 114］はある出来事に対して即時的に感情的な処理が生じると，それがその出来事の道徳性について推論する基礎と

なると主張した。道徳的判断においても、感情とは偶発的で妨害的、あるいは周辺的なものだとされてきたが、ハイトによれば、人はある行動に対して最初に感情的反応が生じることは避けられない。そして事後的に様々な理由をつけてその感情的判断を道徳として正当化しようとする。このモデルに従えば、出来事・行為・人に対する即時の感情的反応は後続判断形成の基礎となり、しかもそれは意図や自覚を伴わない。たとえば、兄弟・姉妹がセックスするという架空のシナリオを読むと、そのシナリオの道徳的判断の下地はそれに対する感情反応（一般的にネガティブ）であり、その道徳判断を説明するために様々な熟慮的理由が生成される（[113; 173] も参照）。つまりこのモデルによれば、道徳的判断の理由は事後的なもので、それは即時の感情的反応に起因する。

上記の研究から、人がある対象に対して自動的に評価を行うと、その対象に対して後で判断したり行動したりするときに様々な影響があることがわかる。ある人を自発的にネガティブに評価すれば、その人を避けるように行動し、その人が良いことをしてもネガティブに見るようになる。自動評価が1秒に満たない時間で意図や自覚なく生起しても、それは人が周囲の世界をどう見て、どう理解するかの流れをつくり上げるということだろう。

2) 関連しない対象に対する影響　評価は後続の、しかし評価ターゲットと関連しない刺激処理に影響するだろうか。評価プライミング研究によれば、自動評価はヴェイレンスを持った刺激であれば、関連性のない後続刺激に対しても早い反応を可能にすることがわかっている（レビューとして、[168]）。しかし、全く無関連の対象に対する解釈や理解に自動評価はどう関係するだろう。

ヴェイレンスの明らかな刺激に対する自動評価は、様々な刺激の評価判断に影響するようだ（e.g., [167; 172; 222]）。マーフィーとザイアンス [167] は、笑顔や怒った顔の漫画をプライムとして閾下呈示すると、その後の漢字（見たことのない刺激）の評価判断に影響することを示した。またスターペルら [221] はこの研究を発展させ、プライム漫画顔刺激の閾下呈示がターゲット刺激である漫画の感情判断に影響すること、またその影響がプライム刺激の呈示時間に依存することを発見した。プライム刺激が極めて短い（30ミリ秒）であるとその刺激は後続刺激に影響するが、相対的に長い（100ミリ秒）とその影響は制限される。これらの研究では、笑顔のように明らかなヴェイレンスを持った刺

激は後続の評価判断や感情知覚に影響することを示している。しかし，無関連な対象に対する自動評価は好悪判断のみに見られるのだろうか？

初期の印象形成研究では無関連な刺激に対して好悪以外で判断するような場合では，評価プライミング効果は起こらないとされていた。ヒギンズら [121] は，特性プライミングが対人判断に与える影響は，そのプライムが適用可能なとき，すなわちプライムと判断される行動とが関連するときのみに起こることを報告した。たとえば，勇敢（ポジティブ）とも向こう見ず（ネガティブ）ともとれる行動を記述された人物に対して判断する場合，先に「しっかりした (neat)」というポジティブな意味の特性プライムが与えられても，その行動が「勇敢」とポジティブに解釈されたりはしない。この結果から，ヒギンズらは適用不能な特性は好悪ではない判断（つまり特性と関連しない判断）に影響しないと結論し，その後多くの研究がこれを追認した (e.g., [19; 60; 73; 120; 221])。

だが，近年の研究では適用不能な特性のプライムが対人判断に影響する状況を提案している。クロアーゼとフィスク [46] は参加者が，自らを対人判断の専門家であると感じるように誘導する群を設けた。誘導されなかった参加者はヒギンズらの知見を追認したが，誘導された参加者は適用不能な特性プライムの効果が現れた。クロアーゼとフィスクは，専門家という感覚により，活性化された特性を適用させる基準が低下したのではないかと考察している [120]。

また，スターペルとクーメン [221] もこの問題を検討し，極端に強いヴェイレンスを持ちかつ広い意味の特性（例：悪い）のプライムは無関連な行動に対する判断に影響し，中程度のヴェイレンスや狭い意味の特性（例：質素な）は影響しないことを見出した。つまり，良い (good) という特性プライムは曖昧な冒険的行動を（向こう見ずではなく）勇敢であると解釈させるが，質素 (frugal) プライムは何の効果も持たない。

スターペルとクーメン [221] やクロアーゼとフィスク [46] は，参加者が特定の目標を持っていたり，特性語が広範な意味を持つものであると特性プライムが後続の無関連対人判断に効果を持つことを示したが，近年の知見ではポジティブ，ネガティブな日常的名詞（例：映画，ゲーム）の自動評価が無関連な刺激の判断にある程度影響することが示されている [88]。ファーガソンら [88] は一連の実験で，閾下で呈示された名詞の自動評価は参加者の単語の解

釈，人や対象のカテゴリー化，対人パーソナリティ判断に影響することを示した。そのうちの1つの実験では，人（例：ビル・クリントン，マイク・タイソン）や物（例：チョコレート，ウォッカ）などの対象，およびこれと組み合わせて単語が2つ参加者に呈示された。参加者の課題は2つの単語のどちらがその対象を表現しているかを判断することであった（「二日酔い」と「パーティ」はどちらがウォッカを表すか，「政治家」と「不倫」はどちらがビル・クリントンを表すか）。このとき用いられた2つの単語はヴェイレンスが異なり，ポジティブな単語とネガティブな単語があった。その結果，閾下で提示された別のプライム刺激のヴェイレンスは，（プライムと無関連なものでも）参加者の単語選択に影響することが示された（ポジティブなプライムを呈示されると後続の対象にポジティブな単語を連合させやすい）。

　これらの知見は自動評価が広範な影響力を持つことを示唆している。後続刺激が意味的に関連しないものであっても，その顕在的な解釈や判断に効果を持つことが示されたからだ。つまり，素早い評価は，評価された刺激および完全に関連しない（時間的には近接する）刺激の見方，解釈，これに対する行動に影響し得る。対象の評価後に見る曖昧刺激は，その両者が関連しなくとも，評価された対象のヴェイレンスにより，少なくとも潜在的には評価的に曖昧なものではなくなってしまう。

3) 処理過程全般への影響　いくつかの研究によると，顕在的な気分操作と同じように，自動評価は気分にも，そしてその後のステレオタイプ判断にも影響するようだ。チャートランドら [43] の研究では，ポジティブな単語を閾下プライムされた参加者はよりポジティブな感情を報告していた。さらに，ポジティブな気分を報告した人はより潜在的にステレオタイプが強くなっていた。この知見は自動評価が同じヴェイレンスの気分を引き起こし，またこれによる感情状態も後続の処理に影響することを示している（e.g., [96; 97; 153; 180]）。そして，自動評価は自覚や意図を伴わないが故に，この実験の知覚者は自らの気分の理由を知らずにいたことだろう。

[2] 対応 (Correspondence)

　自動評価の影響でよく取り上げられる問題はその予測妥当性についてである。

前述のように，自動評価が評価された刺激自体や関連する刺激への行動を予測できるかという問題は自動評価研究において中心的な研究関心である（e.g., [10; 11; 13; 65; 82; 131; 139]）。

ファジオら [81] の研究は自動評価の予測妥当性を示した最初の研究のひとつである。これによると，黒人の顔に対する自動評価と黒人実験者に対する行動は対応関係があった。特に，黒人に対するネガティブな自動評価は，研究全体で一貫して参加者の非言語行動を予測した。加えて，参加者の自動評価は（当時有名であった）ロドニー・キング裁判についての意見を一部予測した[3]。また，別の研究でも IAT で測定された黒人への自動評価と黒人に対する非言語行動が対応することが示されている [158]。また，ノゼックら [175] の研究でも，対象への自動評価とその対象に関連する行動との対応が報告されている。数学に対する潜在態度（IAT による測定）は数学の得点やその適性を予測した。こうした結果は対象とポジティブまたはネガティブな単語の連合がその対象に対する行動を様々な場面で表すことを示唆している。つまり，少なくとも一部の領域では潜在態度の妥当性が示されてきた。

この領域の研究者は，顕在的な態度は熟慮的，意識的行動を予測し，潜在的な態度は自動的処理による行動を予測すると考えてきた（e.g., [27; 65; 66; 131; 139]）。彼らは潜在的な態度は非言語的行動（つまり統制するのが難しい）をどのくらい予測するのかを調べ，そしてしばしば顕在的に測定された態度よりも高い予測力を示すことがわかってきた。

自動評価の予測力およびその境界条件についての検討は今も続けられている（e.g., [139]）。たとえば顕在的な測定への反応を修正したい場合など（e.g., [69; 186]），自動評価の予測妥当性はある状況下では顕在的な動機に依存する可能性も指摘されている [82; 174]。偏見を避けたいという動機が低い人の自動評価は，高い人に比べてその人の熟慮的行動を予測するかもしれない。この観点からすると，自動評価の予測妥当性は知覚者の動機や熟慮的行動の見えやすさ

---

[3] ロドニー・キング裁判とは，1991 年，スピード違反をした黒人男性に対し，複数の白人警官が暴行を加えた事件についての裁判で，白人警官には無罪判決が下された。また，この実験での非言語行動の指標は，黒人実験者とのやりとりを評定したもの。

7 自動評価の生成と表象

これまでのレビューから，評価情報の表象と生成にはいくつかの制約をおかなくてはならないようだ。自動評価は状況に依存し，ある状況下では顕在態度と対応し，なじみのない刺激に対しても生成され，後続の思考，感覚，行為に関わるようである。本節では態度がどのように生成され表象されるかについて現在有力な観点を述べ，ついでまた別の観点について紹介する。その上で，近年の知見はどちらの観点を支持するかについて考察する。

[1] 単一タグ観点

自動評価はどのようにしてでき上がるのか？ 潜在態度測定法は記憶内の何を捉えているのか？ 過去20年で有力であった考えはファジオらが提案したものである（[74; 75; 77; 78; 94] も参照）。ファジオらは，評価プライミング・パラダイムで測定される態度とは，対象の表象に連合した評価の要約的情報であると主張した（e.g., [20; 70; 78; 81; 83; 94; 237]）。要約的な評価情報は対象を繰り返し経験することによって生成され [204]，態度の強度は評価情報と対象の表象の連合強度に比例する。連合ネットワーク理論に従えば [45; 192]，対象が知覚されると対応する表象が活性化され，その活性化は連合に従って意味的に関連する情報へと拡散していく。この中に評価情報が含まれる。評価の自動的活性化に関する研究の多くは，ポジティブあるいはネガティブな要約的な指標，いい換えれば「タグ」のようなものが記憶内の対象に連合している，という考えを基にしている（e.g., [20; 21; 83; 94]）。

単一タグとして見れば，潜在的測定法とは，対象と評価の連合を（測定誤差つきで）測定するものである。いい換えれば，記憶内の態度と測定される反応が一対一対応しており，潜在的測定法はこれを測定していることになる。つまり，ある完全な測定法（測定誤差のない測定法）があるとしたら，それは対象と連合した評価情報を直接的に測定していることになるだろう。

この考えは，古典的な記憶の象徴モデルに極めて近い。個別的な構成概念，

事例，あるいは対象の特徴に対応する個々のノードがあり，これにより連合ネットワークが構成されるとするものだ（e.g., [7; 8; 45]）。ノードはノード間の（意味的）関係によって相互につながりあい，対象の知覚に際して活性化がそのリンクに従って自動的に拡散する（e.g., [161; 170; 171; 189; 205]）。この種のモデルは記憶の「file drawer」モデル[4]と呼ばれ，過去数十年の社会心理学の研究と理論をリードしてきた（e.g., [40; 74; 116; 208; 209; 219; 220]）。

単一タグ観点は，どのようにして評価情報が自動的に活性化するかを社会的認知の視点から分析するには不可欠なものであった。さらに，この観点は対象と態度の連合強度の重要性を強調し，これにならって態度と行動についての研究を態度アクセス可能性の検討に向かうよう導いた（e.g., [24; 83; 84; 195; 212]）。

[2] 構成的観点（Constructive Perspective）

近年になって，単一タグ観点に代わる多くの考えが提案されてきた（e.g., [25; 68; 86; 101; 108; 148; 162; 209; 210]）。これらのアプローチはすべて構成的観点といえる。構成的観点では，潜在的測定法で現れた評価を単一・既存の要約指標ではなく，評価情報の合成物であるとする。記憶内に保持された評価情報は合成のための必要要素だとしながらも，対象の評価はそのときの状況に付随する複数の情報源から動的に構成されると考える。そもそも顕在的な評価は動的に構成されていると多くの研究者が論じており（e.g., [194; 197; 202; 225; 243]），潜在的な評価にもそれが適用され始めたと見ることができよう[25; 27; 68; 86; 148; 162]。

構成的観点は，多くの態度対象が様々な情報と複雑に絡みあいながら相互に連合している，という考えに一致する（e.g., [1; 2; 23; 31; 39; 92; 94; 199; 207; 214]）。加えて，一部の対象の記憶とこれに対応する評価は変動すると仮定され，したがって顕在的および潜在的に測定された評価は測定時の慢性的，一時的要因によって変容する。実際，自動評価の状況依存性に関する近年の研究は，潜

---

[4] ファイル・キャビネットには時期やテーマなどで整理してファイルをしまっておくように，記憶もまた意味的な関連性でまとめられ保持されていると考えるモデル。

在的に測定された評価がそのとき最もアクセス可能な態度対象の評価的な側面に依存して変動することを示唆している（e.g., [54; 239]）。

この観点に従えば，いかに完全な測定法であっても，評価情報と観察された反応を一対一で捉えることはできない。対象は複数の情報源から評価情報を統合して評価されるとするのであれば，潜在的な態度測定法は対象に連合した既存の評価タグを反映するのではなく [148]，測定された評価は，評価システムによる計算が実行された結果を反映するものとなる。その計算過程には対象に関連する複数のカテゴリーや事例など膨大な表象が含まれるだろう [25; 41; 68; 86; 91; 202; 208; 209]。

さて，このような構成的処理はどのような構造に基づくのだろうか。原理的にいえば，構成的処理は古典的な記憶の「file drawer」モデルに同じであり，概念はノードとして保持されノード間は意味的関連性に基づいて互いに連合している（e.g., [208]）。この種のモデルでは，表象は活性化されないときに安定していて符号化，保持，検索などの処理によって操作される [7]。理論的には，構成的処理が膨大な量の単一タグ表象から起きるといい換えることもできるが，構成のための計算処理がどのようなものかは不明であり，単一タグ観点にさらに仮定を置く必要があるだろう。

対照的に，複数の評価情報が統合される処理とは，コネクショニストモデル（並列分散処理モデル）の予測にそのまま当てはまる（e.g., [6; 25; 26; 40; 155; 156; 208; 209; 211]）。コネクショニストモデルでは，すべての反応は（潜在的であれ顕在的であれ），すべての表象が潜在的に関連・寄与しあった結果であると考える（e.g., [208; 216]）。つまり，態度もまたコネクショニスト・システムの活性化状態を反映したものであり（e.g., [101; 208]），故にそのときの心的・身体的状況と関連する情報に影響されるであろう。たとえば，ウィルソンら [237] は顕在態度が状況に敏感であると主張するにあたって，「多くの並列分散処理モデルは心的表象がそのときの状況に高度に敏感であることを仮定している。なぜなら状況の側面は心的表象の活性化パターンにつねに影響するからだ」（pp. 3；[9] も参照）と述べている。評価情報が複数の情報源から構成されるという考えは，コネクショニスト・システムの仮定に極めて整合するといえる [71; 91; 162]。

[3] 単一タグと構成的処理のどちらが支持されるのか？

1) 状況依存性から
状況依存性を示した研究では，単一タグ観点と構成的観点のどちらを支持しているのだろうか。単一タグとして見てみると，自動評価の状況間の変動性は対象が状況間で様々な方法でカテゴリー化されるためと解釈される。ここでの仮定は，すべてのカテゴリーに1つずつ評価タグがついており，対象の評価はどのようなカテゴリーに入れられるかによる，というものだ。そして，潜在的測定法で捉えているものとはその（カテゴリーの）要約的指標ということになる。

単一タグ観点の問題は，自動評価処理における抑制処理を説明していない点である。自動評価研究の多くは評価の促進処理だけを検討してきたが，近年の状況依存性に関する研究は抑制と促進双方の処理が関連する可能性を提案している [87; 151]。たとえば，マダックスら [151] は，偏見を避けようという動機が高い参加者は脅威状況にある黒人を見た場合ネガティブな情報を抑制することを示した。さらに，ファーガソンとバージ [87] はそのときの目標状態によっては，自動評価においてネガティブなものが抑制されポジティブなものは促進されることを報告した[5]。こうした知見は単一タグのようなモデルには整合しない。対象に付随するポジティブ，ネガティブな評価情報が同時に促進かつ抑制されるということは，対象に2つ以上のタグが連合している可能性を示している [37; 142]。

単一タグ観点とは対照的に，構成的観点は状況依存性の知見にそのまま適用できる。構成的なモデルでは，そもそも状況の影響を仮定しており，いかなる対象の評価もその対象の記憶に加え，関連する記憶やそのとき活性化したものなど，様々な評価的側面に依存する。すなわち，対象の評価は，その対象に関する複数の評価情報や状況に応じて時間と状況間で変動することになる。

また，抑制処理についても構成的観点により説明可能だろう。構成的観点では，評価に複数の情報源を仮定し，そしてその中にはアクセス可能なものもあればアクセスしづらい（つまり抑制される）ものもある，とされている。こう

---

[5] 喉が渇いている参加者は，評価プライミング課題において渇きに関連するポジティブな語への反応が早く，ネガティブな語への反応が遅くなっていた（[87]，実験2）。

した様々な情報源の効果が合算され，最終的にポジティブまたはネガティブな反応として決定される．

こうした点から，構成的観点に従えば潜在態度は安定しないものとなる（[237] を参照）．潜在態度を対象と状況が関連する評価情報の断片が集合したものと仮定するため，安定する場合はその対象がより単一的な記憶と連合しているときや単一の状況的記憶と連合しているときとなる．たとえば，子犬に関する記憶はたいていポジティブだろうし，子犬に関する状況的記憶もそうだろう．このような場合，「子犬」という単語に対する自動的反応は時間的に安定し，測定誤差も少ないだろう（e.g., [20; 21; 83]）．この観点では，対象が評価情報や状況的記憶と連合している度合いによって，安定性が向上するとも仮定できる．

ただし，状況依存性の証拠が構成的観点を支持するように見えても，それらが構成的観点で仮定される構造を示しているわけではない．コネクショニストモデルは連合ネットワークよりも具体的な現象を説明するためにつくられたもので [209] そもそも抑制処理を予測するが，連合ネットワークを近年の知見に合わせて拡張すれば同一のものとなるのかもしれない．

2) 顕在的測定法と潜在的測定法の一致性から　顕在態度と潜在態度の一致性に関する研究は，必ずしも単一タグ観点と構成的観点のどちらかに整合するわけではない．たとえば，顕在態度と潜在態度の食い違いは，それぞれの測定においてどのようなカテゴリーが使用されるかに依存する，という単一タグ観点からの主張で説明できる．ある人物がいったんは人種というカテゴリーについて分類され自動評価が行われても，より時間をかければ仕事やパーソナリティといったカテゴリーで分類され，評価される場合もある [35; 93; 138]．これらのカテゴリーにそれぞれ異なったタグがついているため，態度測定法間の非対応が生じると解釈される [237]．

また顕在と潜在の非対応は構成的観点からも説明可能である．顕在的測定は時間的余裕をもって回答できるため，潜在的測定よりも多くのカテゴリーを使うことができ，この時間での熟慮によって評価情報の構成が変動するのかもしれない．たとえば，顕在的測定中の熟慮や洞察は新たな評価情報を活性化させ，またコネクショニストネットワークの活性化パターンも変容させるだろう．

顕在と潜在の関係についての研究は明確に単一タグ観点と構成的観点を分けてはいないが，これらの研究から顕在的測定と潜在的測定は異なる処理を反映していると主張されてきている［100; 101; 223］。社会的情報処理の 2 過程モデル (e.g., ［42; 127; 146; 206; 211］) の中で，ガウロンスキーらは，潜在態度は連合的評価に，顕在態度は命題的評価に基づくと論じた。連合的評価は刺激を知覚して自動的に活性化され，コネクショニストネットワークから生成される。一方で顕在的評価は熟慮的なルールベースの処理を反映する。ルールベース処理では，最初は活性化した連合的評価がもとになっていても，さらにその評価情報に「真の価値」があるかどうかが査定される。結果として，知覚者によって選ばれたもののみが命題的な評価として表現されることになる。この観点に従った研究では，知覚者により承認されるか否かによって顕在態度と潜在態度の違いが左右されるか，精力的に検討が行われている (e.g., ［179］)。

3) **新奇対象の評価から**　単一タグ観点は根本的に新奇刺激への自動評価を予測していないが［75; 78; 237］，理論的にいえば，単一タグ観点はこれらの知見と矛盾するわけではない。たとえば，新奇対象は既存のカテゴリーのうち最も適切なものに分類されると仮定することもできる（例：見たことのない抽象画は「カラフルで抽象的な美術」というカテゴリーに分類されるかもしれない）。このモデルは即座に分類できない対象に対しては成り立たないが，分類の誤りなどを含めれば，即座に分類できない対象は存在しないと主張することもできよう［138］。

新奇対象の評価の知見は構成的観点には一致する (e.g., ［68; 86］)。新奇あるいはなじみのない刺激に対する自動評価の証拠は，多くの側面や特徴から，統合的な評価情報を生成する能力の存在を示唆している。このため，見たことのない動物（たとえば，オーストラリア西部のロットネスト島にいるクォッカ）に出会っても，その中で複数の既知の評価的情報を統合し（大きいねずみのようで，うさぎのようにおとなしく，うなる・歯をむく・にらむといった即時の攻撃を示してしていない），即座にかつ無意図的にその見たことのない動物をポジティブと評価することが可能だろう。

新奇対象の自動評価はなじみのある複数の特徴が統合された評価情報であると多くの研究者が述べている (e.g., ［68］)。しかし新奇対象が既知のグループ

にカテゴリー化され，評価タグを新たに付与されると解釈することもでき，近年の研究から両者を分けることは難しい。両観点ともこの点については妥当な説明といえる。

4) 自動評価の影響の研究から　自動評価の影響についての研究はもともと評価情報が記憶内にどのように構成されているかという問いに答えようとしてきたものだった（レビューとして，[168]）。自動評価は，ポジティブ・ネガティブといった概念のアクセス可能性を増加させる [78]，あるいは類似したすべてのヴェイレンスのある記憶のアクセス可能性を増加させる（「活性化拡散」説；[21; 88]）という主張や，アクセス可能性の効果は起こらない（「反応競合」説：e.g., [133; 134; 232]）という主張もある。これらの観点は，評価的な記憶に異なった構造を仮定している。「活性化拡散」説は評価情報がヴェイレンスに基づき内部で連合しているとし，反応競合説はそのような主張をもたない。

　議論は今も続けられており，両説を支持する証拠もそれぞれ報告されている（活性化拡散；[88]，反応競合；e.g., [133; 134; 232]）。こうした事実は，両方の説明が複数の状況間でも高い説明力を持っているためかもしれないし，特定のパラダイムによりデータが収集されているためかもしれない [78]。自動評価の結果が後の判断，感情，行動に作用するという研究は評価情報の表象と構成にさらなる示唆を与えていくだろう。

5) 両観点の融和について　これまで見てきた知見からでも，自動評価に関する最も主要な問題を解決するのは未だ不可能である。その1つは評価がどのようにして生成されるのか，すなわち保持された評価タグの活性化か，それとも評価情報源の構成処理か，という問題である。状況依存性，新奇対象の評価については構成的観点が支持されようにみえるが，結論づけることは時期尚早である。

　2つ目は，記憶の構成が象徴的なものか，コネクショニストなのか，それとも両者が組み合わさったものなのか，というより幅広い疑問である（e.g., [152]）。認知科学の領域でも膨大な量の研究が今も続けられているが，どの枠組みが最もデータと理論から支持されるのか，最終決定は下されていない [95; 152; 186; 188]。少なくとも，過去30年の社会心理学で理論と研究を支配してきた

連合ネットワークは衰退の兆しを見せており [40; 208; 209; 210]，一部の研究者は社会心理学的現象をコネクショニスト・システムから説明する利点を主張し始めている（e.g., [25; 71; 86; 87; 162]）。

8 結　論

　過去30年，特にここ5年から10年，社会心理学の研究は自動評価の理解に著しい貢献を行ってきた。人は新奇なものもなじみのないものも，意図や自覚なく評価できる。自動的な評価は高度に状況に敏感で，熟慮的，意識的な評価と異なったものとされる。ある対象で活性化されたポジティブ性，ネガティブ性が一瞬のものであっても，それは判断，感情，行動に様々な影響を与え得る。これらの特徴は自動評価の理解を大いに広げてくれたが，未解決の疑問はまだ多い。評価情報がどのように記憶内に表象され，生成されるかについてはそのうち最も重要な疑問だろう。境界条件や調整変数の探求に加え，潜在–顕在の関係，新奇対象の評価，予測妥当性，これらについてのさらなる研究がそうした疑問への答えを形作っていくだろう。

第5章

潜在連合テスト：その概念と方法

BRIAN A. NOSEK, ANTHONY G. GREENWALD, & MAHZARIN R. BANAJI
ブライアン・A・ノゼック，アンソニー・G・グリーンワルド，
&マンザリン・R・バナジ

　地球上の生物の中で，人間は唯一自らの心の内側へ目を向け，またその内省結果を他者と分かちあう能力を持っている。自らの心を内省する能力は，何かを知っているという感覚，確信しているという感覚，また，自ら思考をコントロールしているという感覚を生じさせる。自らの思考，感情，行動の原因は，意識的，理性的に捉えられているように感じる。しかし20世紀の心理学における最も重要な発見のひとつは，この理性という前提に疑問を投げかけたことである。心理学者たちは人間の心の弱点を示し続けてきた。それはハルバート・サイモン [94] の革新的な理論や，カーネマンら [53] が提出した多くの問題から始まり，コントロール幻想の証明 [102] や内省の不十分さ [68]，また，日常思考の自動性 [9] などに代表される。

　心の限界に対して心理学者が真剣に取り組むに従って，意識的なアクセスが困難な思考や感情を測定することへの関心が高まってきた。このような新たな測定方法の登場によって，態度，好み，ステレオタイプや信念といった伝統的に心理学が関心を寄せてきた概念に対して，再検討が行われてきている。

　これらの新しい測定法は回答者の内省を必要としない。一般的に，これは優れた特徴だと考えられているが，内省を避けることに疑問を呈する者もいる。たとえば，数学の能力を測定する場合「あなたはどれくらい数学が得意ですか？」と尋ねる方法と，数学テストの成績から能力を推測する方法が考えられる。前者は数学の能力を自分で評価するための内省が必要であるが，後者では内省は必要としない。通常は，後者の方法が数学の能力測定として認められて

いるが，自己評価を必要とするやり方も未だ好まれている。

　測定の対象が好みやステレオタイプ，アイデンティティといったものに関連する場合，正しい回答が存在する能力テスト（例：記憶テスト）と異なり，解釈は難しい。そういった測定において内省を扱わないことは難しいが，態度やステレオタイプ，アイデンティティの報告は測定したいと考えていることが見え見えの"質問"によって歪められてしまうこともある。

　近年，潜在連合テスト（Implicit Association Test；IAT）のメカニズムや適用範囲，解釈などが，盛んに議論されている。本章では，議論されている主な問題や潜在連合テストに対する現状の評価について概観する。

[1] 潜在的認知

　記憶研究における潜在 - 顕在の区分 [84; 90] に基づき，グリーンワルドとバナジは，潜在的認知に関する一般的な定義を提唱している。彼らは，潜在的構成概念について「内省的には特定できない（あるいは正確に同定することのできない），構成概念によって生じる反応をもたらす過去経験の痕跡」と定義している [39, p.5]。グリーンワルドとバナジは，この定義を態度やステレオタイプ，アイデンティティへと適用した。彼らは，自分自身では報告することのできない，あるいは報告したくない連合に関する情報が，潜在的認知によって明らかにされると指摘している。自らの価値観や信念に反する，あるいはネガティブな社会的影響がもたらされるなどの理由から，人々が拒絶するかもしれない過去経験の痕跡が明らかにされる可能性がある。さらに，たとえ自分が検索したり表出したりしたいと思っていても内省的にアクセスすることのできない情報についても，明らかにできるかもしれない（[104] を参照）。

　記憶や態度，ステレオタイプや自己概念，自尊心やパーソナリティ，知識などといった概念にとって，潜在 - 顕在といった分類は単に既存の理論や知見を統合するのに役立つだけではなく，内省による制限を超えた広がりを研究にもたらす。たとえば，態度に関するいくつかの定義は内省的なアクセスを必要条件としており，1980年代までは，態度というものは意識的なものであるという前提で研究が進められていた [39]。

[2] 潜在的測定

　潜在-顕在を区別することには大きな価値がある。ただし，測定における潜在と顕在の区分は今のところそれほど厳密なものではない。"潜在的"（implicit）という用語は内省的なアクセスの必要がなく，心的なコントロールや意識的な意図の役割が少ないような測定方法において用いられる。今後の研究によって，単純な潜在-顕在の区分ではなく，より洗練された分類が生み出されると考えられるが，本章では特にそういった問題については扱わない。代わりに，ここでは1つの手法にスポットを当て，その信頼性や妥当性，解釈や適切な使用法についてまとめる。

[3] 潜在連合テスト

　本章では，潜在連合テスト（IAT；[41]）に焦点を当てる。最初に公刊された論文から7年が経過したが，IATは社会・認知心理学 [30; 42]，臨床心理学 [51; 98]，発達心理学 [10; 27]，神経科学 [19; 79; 82]，市場調査 [59]，健康心理学 [100] などといった様々な分野で用いられてきた。

　IATは概念間の連合を間接的に測定する手法である。その課題は2つの反応選択肢のみを用いて4つの概念に刺激を分類（カテゴリー化）することが求められる。IATはこの分類課題において，ある2つの概念が強く連合していれば同じ選択肢で判断する際に反応が容易であるという理屈から成り立っている。

　表5.1は，"男性"と"女性"というカテゴリーと，"良い"と"悪い"という属性との間の連合を測定する際に一般的に用いられるIATのデザインを示したものである。IATは7つのブロックからなるが，このうちのいくつかは練習課題であり，回答者に刺激材料や分類のルールについて慣れてもらうためのものである。IATにおいて重要なブロックは4つの概念（"男性""女性""良い""悪い"）を2つの反応選択肢において同時に分類を行わせる場合である。最初の重要なブロック（例におけるB3とB4）では，"男性"や"良い"を表す項目（例：男性の顔や「素晴らしい」「栄光」といった単語）は同じキーで反応され，"女性"や"悪い"を表す項目（例：女性の顔や「ひどい」「恐ろしい」といった単語）はもう一方の同じキーで反応される。次の重要なブロック（例におけるB6とB7）では，"女性"と"良い"を表す項目は同じキーで反応され，"男

表 5.1　性別に対する評価を測定する潜在連合テスト（IAT）の課題順序

ブロック	試行数	左の反応キーに割り当てられる刺激項目	右の反応キーに割り当てられる刺激項目
B1	20	男性の顔写真	女性の顔写真
B2	20	良い意味の単語	悪い意味の単語
B3	20	男性の顔写真＋良い意味の単語	女性の顔写真＋悪い意味の単語
B4	40	男性の顔写真＋良い意味の単語	女性の顔写真＋悪い意味の単語
B5	20	女性の顔写真	男性の顔写真
B6	20	女性の顔写真＋良い意味の単語	男性の顔写真＋悪い意味の単語
B7	40	女性の顔写真＋良い意味の単語	男性の顔写真＋悪い意味の単語

性"と"悪い"を表す項目はもう一方の同じキーで反応される。男性よりも女性とポジティブな評価について強い連合を持っている回答者にとって，2つ目の分類課題は1つ目の課題よりも容易に判断ができる。同様に，女性よりも男性とポジティブな評価について強い連合を持っている回答者は2つ目の課題よりも1つ目の課題が容易に判断できる。分類の容易さは反応の速さ（速い反応ほど強い連合を示す）とエラーの頻度（エラーが少ないほど連合が強いことを示す）の2つから示される。

　本章では，IATの手続きを詳細に述べるとともに，連合強度の測定法としての妥当性について論じる。また，測定の妥当性を脅かす様々な問題に触れ，その解決法について述べる。最後に，IAT効果の解釈にまつわるいくつかの重要な問題や，IATの応用における適切な使用法について考える。

1　内的妥当性

　このセクションでは，IATの内的妥当性に関する問題を扱う。具体的には，カテゴリーラベルや事例のような刺激材料の選択やデザイン，反応ブロックの長さや順序といった手続きの特徴，IATの知られている外的影響やそれらへの対策，IATの分析手法，内的一貫性や再検査信頼性に関するデータ，回答者がIATの結果を意図的につくり出すことができるかなどについて述べる。

［1］材　　料

　IATにおける重要な材料はカテゴリーラベルによって定義される4つのカテゴリー（例：‟男性"‟女性"‟良い"‟悪い"）とそれらのカテゴリーの事例である刺激項目（例：男性や女性の顔，良いあるいは悪い意味に関連する単語）である。多くのIATデザインにおいて，4つのカテゴリーは正反対の意味を持つ2つずつのペアであり，しばしばターゲット概念（例：‟男性"-‟女性"）と属性概念（例：‟良い"-‟悪い"）からなることが多い。IAT効果とは，2つの概念ペア（‟男性"と‟良い"，‟女性"と‟悪い"）が組み合わされたときの連合強度と，逆の組み合わせ（‟男性"と‟悪い"，‟女性"と‟良い"）のときの連合強度とを比較した相対的な指標である。

　IATの実施を計画するにあたっては，まず関心のある概念に関連したカテゴリーラベルとそれらの概念を表す刺激項目を選ぶ必要がある。その材料の選択にあたっては，いくつか考慮しなければならない点がある。

［2］刺激のカテゴリーの明確さと，カテゴリー化における使用の保証

　IAT課題では，回答者は刺激項目がどのカテゴリーに含まれるかをできる限り素早く判断することが求められる。それぞれの刺激項目は，4つのカテゴリーのうちいずれか1つに分類されなければならない。刺激項目がどのカテゴリーに含まれるのか判断しにくいと，回答者は正確な分類を行うことができなくなる。

　上記の問題は，以下のような手続きを用いることである程度は避けることができる。たとえば，「養育」や「攻撃的」といった刺激項目を用いることは，性別あるいは評価に基づいて項目をカテゴリー化する際に混乱をもたらすため，避けるべきである。この場合，異なる刺激モダリティを用いる（たとえば性別には顔写真を用い，評価には単語を用いる，あるいは性別には緑色の文字を使い，評価には白い文字を使う）ことで，両者の次元の区別がしやすくなる。

　刺激項目が必ずあらかじめ意図した名義的特徴に基づいてカテゴリー化されることも重要な点である。つまりいい換えると，ある意図した名義的特徴（例：性別）以外の特徴による判断が成り立たないことが必要となる。たとえば，‟男性"や‟女性"というカテゴリーにおいて黒人男性や白人女性を用いた場合，

人種と性別という2つの基準で分類できてしまう。同様に，"良い"カテゴリーにおける単語のすべてが10文字以上で，"悪い"カテゴリーの単語のすべてが5文字以下であれば，単語の評価的意味合いと単語の長さという2つの基準での分類が可能となってしまう。

[3] 他の刺激の特徴

　刺激項目は単語，写真や音などといった異なるモダリティの組み合わせでも呈示できる。刺激として用いる項目を作成するにあたっては，その項目が意図したカテゴリーに含まれることが必要であり，そのカテゴリーにとって代表的でないようなものは避けた方がよい。ノゼックら [73] は，1つのカテゴリーにおける刺激項目の数は IAT 効果の大きさや信頼性に大きく影響を及ぼさないが，各カテゴリーにつき1つずつしか刺激項目を用いない場合は IAT 効果が弱くなることを確認している。また，刺激項目のセットが持つ全体の印象と，意図したカテゴリーは合致しなければならない。

　IAT におけるカテゴリーは正反対の意味を持つペア（"男性"-"女性"，"良い"-"悪い"）から構成される。結果としてもたらされる IAT 得点は，カテゴリー間の連合の相対的な測度である [41]。IAT によって測定されるものは4つのカテゴリーに関する相対的な連合（"男性"-"良い"，"女性"-"悪い"もしくは"男性"-"悪い"，"女性"-"良い"）の強度であるが，研究の興味が男性の評価に関する連合のみにあるという場合も考えられる。しかしながら，IAT はあくまで相対的な測定法であるため，単一のカテゴリーに対する連合を測ることはできない [73]。そのような連合を扱う研究を行いたい場合は，Go/No-Go Association Task [71] や，Extrinsic Affective Simon Task [48] のような異なる他の測定法を利用するとよいだろう。

[4] 手続きに関するデザイン

　標準的な IAT 手続きでは（表5.1 を参照），7つの反応ブロックにおいて，2つの概念カテゴリー（"男性"や"女性"）と2つの属性カテゴリー（"良い"や"悪い"）に含まれる刺激項目を指示されたカテゴリーへとできる限り素早く弁別することが求められる [43]。ブロック1（B1）は20試行からなり，2

つのターゲット概念を2つのキーで分類する（例："男性"については"e"キー，"女性"については"i"キー）。ブロック2（B2）は20試行からなり，2つの反応キーを用いて単語が良い意味か悪い意味かを判断する（例："良い"は"e"，"悪い"は"i"で反応）。ブロック3（B3）は20試行からなり，4つのカテゴリーについて2つの反応キーで回答する（"男性"と"良い"は"e"，"女性"と"悪い"は"i"）。ブロック4（B4）は40試行からなり，ブロック3と同様に回答する。ブロック5（B5）は20試行からなり，ブロック1とは反対のキーを用いて回答する（つまり"男性"は"i"，"女性"は"e"）。ブロック6（B6）は20試行からなり，ブロック3や4と反対のキーの組み合わせによって回答する（つまり"女性"と"良い"は"e"，"男性"と"悪い"は"i"）。ブロック7（B7）は40試行からなり，ブロック6と同様に回答する。結果の分析にはブロック3と4，ブロック6と7が用いられる。

　多くのIAT研究において，半数の回答者が上記の順番で課題を行い，残りの回答者はブロック1，3，4とブロック5，6，7の順序を入れ替えて行う。ノゼックら[74]は，ブロック5の試行数を40にすることによって，課題の順序による影響（次のセクションで詳しく述べる）を低減できると提唱している。最初の組み合わせによる分類（B3とB4）と次の組み合わせによる分類（B6とB7）との間の平均反応時間の差は，概念と属性との間の相対的な連合強度を示す。たとえば，回答者が"男性"と"良い"（かつ"女性"と"悪い"）の組み合わせのときに，"男性"と"悪い"（かつ"女性"と"良い"）の組み合わせのときよりも判断が容易であれば，潜在的に女性よりも男性に良い印象を持っていると解釈できる。

　それぞれのブロックでは，反応の仕方を指示するためにモニターの左上と右上にカテゴリーラベルが呈示される。また，刺激項目が誤ったカテゴリーに分類された場合，エラーを示す記号が呈示され（たとえば刺激項目の下に赤い「X」），回答者は改めて正しい反応キーを押さない限り次の試行には進めない。1つの試行における反応と次の試行における刺激項目の呈示との間の間隔（試行間間隔－ITI）は一般的にあまり長くはとらない。グリーンワルドら[41]は，長いITI（750ミリ秒以上）にしても大きな影響は及ぼさないとしているが，比較的短いITI（250ミリ秒が最も頻繁に用いられる）を用いれば測定の時間を

短縮できる。

ここで紹介した手続きは広く用いられており，十分な信頼性や5分程度で終了するといった利点を有している。しかし，手続きを変更した方が望ましい場合も考えられる。たとえば，回答者がコンピュータに不慣れであったり，素早く回答することが不得意であったりするような場合（例：老人や子どもなど）においては，練習ブロックや試行を追加した方がよいだろう。

[5] 外的な影響

いくつかの要因はIAT効果にほとんど影響しないことが示されている。たとえば，反応キーの割り当ての違い [41]，試行間間隔（ITI）の長さ [41]，態度カテゴリーを構成する刺激の親密度の違い [24; 25; 77; 88]，回答者の利き手の違い [42] などはIAT効果に影響しない。

一方，IATにおける連合強度の測定に対して妨害となり得るいくつかの外的な影響も存在する。手続きや分析における手法の改善によってこれらの望ましくない効果のいくつかは低減できる。次のセクションでは，これまでに知られているIAT効果に影響する外的要因について述べ，実証的に確かめられている改善手法を紹介する。

[6] 組み合わせ課題の順序

課題の順序の影響は，最も共通して見られる外的要因の1つである [42]。最初のペアの組み合わせ（B3, B4；表5.1参照）におけるパフォーマンスは，次の組み合わせ（B6, B7）のパフォーマンスに干渉する。その結果，わずかながら最初に実施した組み合わせ課題の方が，次の組み合わせ課題よりも強い連合が示されやすいというバイアスがもたらされる。この問題に関して，ノゼックら [73] は，ブロック5の試行数を20から40に変更することによって，この効果を有意に低減できることを示している。さらに，課題順序をカウンターバランスさせることによって，このバイアスを統計的に除くことが可能になる。

[7] 認知的流暢性

別の外的要因としては，平均反応時間の個人差，あるいは認知的流暢性の

個人差が挙げられる。全体的にゆっくり課題を行う回答者は，素早く回答する人よりも IAT 効果が大きくなる傾向がある [43; 61]。これは，反応時間データを用いる際の厄介な問題である。これに関して，グリーンワルドら [43] は，IAT 得点の算出法（D）がこの効果を減少させることを示している（[16] についても参照）。この得点算出法については次のセクションで紹介する。また，測定内容とは無関連の反応時間課題を用意し，共分散による統計的な調整をするという対策も考えられる。

またこの D 得点算出法は，認知的流暢性の一種である課題切り替え能力（task-switching ability）や IAT における判断課題間（例：性別あるいは評価）の切り替えの影響も低減させる [7; 63]。

さらに，認知的流暢性の違いに関連して，年配の回答者は若い回答者に比べて IAT 効果が大きくなりやすい [42; 49]。これは従来の得点算出法 [41] を用いた際によく見られるが，同様に D 得点算出法によって，この問題は低減できる。

[8] IAT の経験

IAT 効果は，繰り返し課題を実施することによって小さくなってしまう [42; 43]。D 得点算出法はこの要因による影響も減らすことができるが，この問題は 1 回の実験で複数の IAT 課題を行う場合や，長期間にわたって繰り返し IAT 課題を実施する研究のいずれにおいても無視できないものである。さらなる改善法としては，操作や介入によって変化しないと期待できる比較のためのコントロール IAT 課題を加えることである（例：[99]）。

[9] 測定の順序

自己報告尺度と IAT 課題を連続して実施する場合，実施の順序によって，どちらの測定にも影響を及ぼす可能性がある。たとえば，最初に自己報告尺度を行なうことによって，いくつかの認知へのアクセス可能性が高まり，その結果，次の IAT 課題に影響を及ぼすかもしれない。同様に，予期せぬ連合を明らかにする IAT は，後続の自己報告に影響を及ぼすことも考えられる。課題順序の効果はまだ十分には明らかにされていないものの，これまでの多くの知見に

よると，一般的な状況における課題順序の効果はあまり大きくないと考えられる。たとえば，ホフマンら［46］のメタ分析によれば，課題の順序効果は認められないことが示されている。また，Web 上での大規模なサンプルを用いた研究［73］でも，実験的に課題順序を操作したところその影響はほとんど見られないことが報告されている。しかし適切な手続き的ガイドラインとしては，特に単一の順序を用いることに理由がなければ IAT 課題と自己報告尺度の順序をカウンターバランスさせるべきであろう。

［10］分　　析

グリーンワルドら［43］は，いくつかの得点算出法について，様々な心理測定的基準（自己報告尺度との相関，内的一貫性，手続き的影響への耐性など）において大規模なインターネットサンプルを用いた検討を行ってきた。最も結果の良かった D 得点算出法は，従来の得点算出法よりも心理測定的なメリットをもたらすことが示されている［7；16；63］。

グリーンワルドら［43］によって推奨された算出法は，以下のような手順で行われる。(1)：ブロック 3，4，6，7（表 5.1 を参照）のデータを使用する。(2)：10,000 ミリ秒以上のデータを除外する。(3)：試行数の 1 割以上において 300 ミリ秒の反応を出している回答者を除外する。(4)：ブロック 3 と 6 のすべての試行をまとめて 1 つの標準偏差を算出し，同様にブロック 4 と 7 についても標準偏差を算出する。(5)：4 つのブロック（ブロック 3，4，6，7）それぞれについて平均値を算出する。(6)：2 つの差得点を算出する（ブロック 3 と 6 の差，ブロック 4 と 7 の差）。このとき一致課題のブロック（研究対象の連合からなるブロック）を，不一致課題のブロック（それとは逆の組み合わせのブロック）から引く。(7)：それぞれの差得点を (4) で算出した標準偏差で割る。(8)：(7) の割り算によって得られた値の平均をとる。

［11］信　頼　性

十分な内的一貫性と再検査信頼性を確保することは，潜在的測定における終わることのない挑戦といえる。いくつかの評価プライミング測定は低い内的一貫性を示している（例：折半法 $r = .06$，［76］；［13］についても参照）。Go/No-go Association Task（GNAT）の初期のバージョンは，信頼性は比較的低かった（折半法 $r=.20$；[71]）。しかし，直接的な比較において，IAT は Extrinsic Affective Simon Task よりも高い信頼性を示している（EAST $\alpha=.19, .24, .19$；IAT $\alpha >.75$；[101]）。潜在的測定として IAT が広く受け入れられている理由のひとつには，他の反応時間を用いた潜在的測定と比べて信頼性が高いことが挙げられる。

[12] 内的一貫性

IAT は十分な内的一貫性を示しており，これは反応時間ベースの指標としては珍しい。たとえば，ボッソンら [13] では自尊心 IAT の折半法による内的一貫性は $r=.69$ を示していたが，他の反応時間を用いた潜在的自尊心測定では $-.05$ から $.28$ であった。IAT における内的一貫性の数値（折半法あるいは α）は .7 から .9 の値を示す傾向が見られている [42; 91]。

[13] 再検査信頼性

もうひとつの一貫性に関する指標は再検査信頼性，つまり時間をおいた測定の一貫性である。高い再検査信頼性は IAT が回答者の状態を測定するものではなく，何らかの特性を測定するものであることを意味する。もし IAT が状態によって変わるのであれば，再検査信頼性はたとえ IAT の内的一貫性が高かったとしても低くなると考えられる。この点に関して，エゴロフらは，IAT における再検査信頼性と内的一貫性を検討している [29; 91; 92]。シュムクルとエゴロフの研究 [91] をもとに，いくつかのデータ [8; 13; 20; 23; 28; 29; 40; 91; 96] から IAT に関する再検査信頼性の値について検討したところ，IAT はその再検査までの間隔に関わらず安定した再検査信頼性を示していた（中央値 $r=.56$）。ただし，この結論には制限がある．まず，1ヶ月以上の間隔を空けた研究は1つしかない（[29] の1年間）こと，そしてこれらの値は様々な測定（不安，人種に対する態度，外向性）を混ぜ合わせたものであったことである。このような検査内容による再検査信頼性の変動についてはまだ明らかではない [92]。

[14] 結果の偽り

　すべての心理学的測定は心の内側にある何らかの側面を測定しようとするものである。そのため測定においては，それを受けたいと思う回答者の意思や，正確に答えようとする努力，あるいは教示に従おうとする努力を必要とする。

　IATの結果を意図的に偽ることができるかどうかを様々な測定内容（シャイネス，外向性，道徳性，花・虫に対する態度，人種に対する態度）で検討した研究が存在する［3; 4; 8; 28; 56; 78; 95］。それらにおいて，IATは自己報告尺度よりも偽ることが難しく，少なくとも抽象的な指示（例：「あなたがシャイであるとわからないように回答してください」）では偽れないことが示されている。ただし，IATをあらかじめ経験させ，かつ明確にIAT得点をコントロールするように伝えることによって，初めて偽れる見込みが増したとしている。また，IATはしばしば回答者が認めない，あるいは明らかにされることを好まない連合を調べることができる。たとえば，多くの白人回答者は顕在的には望んでいないにもかかわらず，潜在的には黒人よりも白人への好みを一貫して示す。一方，黒人回答者は顕在的には望んでいるにもかかわらず，白人よりも黒人に対する潜在的なひいきはみられない（例：[72]）。

　IATはしばしば自己報告の態度とは弱い相関しか示さない。この事実は，IATによる測定を欺くことは難しいことを示唆するものである。しかし，IAT課題遂行における偽りの報告の可能性を完全に否定することはできない。偽りの報告があり得るかどうか，どのようなときに生じるのか，また，正直に課題を行ったときと区別できるかなどについては今後の検討が必要である。

　IATの反応の変化は，意図的に自らの心の内を変化させようとする試みによっても生じるかもしれない。たとえば，アカリスとバナジ［1］は，「良いことを考えるように」あるいは「思いやりをもって考えるように」といった教示によって，太り過ぎの人などに対するバイアスが低減することを示している。

　コンレイらは，多項式モデル（multinomial model）を用いて，IAT効果に寄与する認知的プロセスを統制的過程と自動的過程に分類する試みを行っている［18］。こういったアプローチは，IAT課題が純粋な単一の認知的プロセスによるものではないという事実を明らかにし，たとえばバイアスを克服しようとするプロセスなどを，洗練された実験的あるいは統計的手法を用いて弁別できる

可能性を示している。

2 構成概念妥当性

このセクションでは，IAT の構成概念妥当性について述べる。IAT と他の潜在的指標との関連，IAT と自己報告尺度との関連，IAT の予測妥当性，IAT に影響を及ぼす独立変数，子どもにおける IAT 効果の発達などについて紹介する。

[1] IAT と他の潜在的指標との関連

IAT はいわゆる"潜在的"と呼ばれる多様な測定法のうちの1つである。複数の測定法を比較した研究において，ボッソンら [13] は，自尊心を測定する7つの潜在的指標間の相関が弱いことを示している（たとえば IAT と他の測定では $r = -.14$ から .23 の間であった）。また，IAT と様々な評価プライミングとの関連を調べた数多くの研究においても，両者の関連は一貫して弱いことが示されている [13; 60; 76; 93]。

潜在的測定間の相関が弱い原因としては，2つの理由が考えられる。まず1つには，潜在的測定は他の心理学で用いられる測定と比べて信頼性が低いことが挙げられる。測定の信頼性は，他の測定との相関係数の上限を規定する。たとえば，信頼性が .10 である測定と完全な信頼性（1.0）を持つ測定との間の有意な相関の最大値は .32 である。2つの測定における相関係数の上限は，信頼性係数の平方根の積を計算することで見積もることができる [75, p.241]。先の例における後者の測定の信頼性が完全ではなく .50 であれば，取り得る最大の相関係数は .22 となる。反応時間ベースの測定においては，信頼性が .50 を下回ることは珍しいことではない。たとえば，ボッソンら [13] は，IAT，閾上プライミング，閾下プライミング，ストループの信頼性係数（α）はそれぞれ順に .88，$-.16$，.49，$-.38$ であったと報告している。つまり，潜在的測定間の関連（または潜在的指標と他の変数との関連）は，その信頼性の低さ故に過小に見積もられてしまうのである。

信頼性の低さをあらかじめモデルに組み込んでおくと，より強い関連が示さ

れる。カニングハムら[20]が，構造方程式モデリングを用いて潜在測定間における希薄化を修正した相関（disattenuated correlation）を調べたところ，人種IATの2つのバージョンと評価プライミングとの間の相関は.53〜.77であった。また，ノゼックとバナジ[71]による研究ではIATとGNATとの間の希薄化を修正した相関が.55を示している。

　潜在的測定どうしの関連の弱さは，信頼性の低さからもたらされると考えられるが，しかし同時に，異なる認知プロセスを反映しているためである可能性も考えられる。"潜在的"という用語は，回答者が測定されていることやどのように測定されているかに無自覚であること，測定における課題遂行をコントロールすることができないこと，などの特徴を持った測定法に対して用いられる。異なる潜在的測定がそれぞれどういった認知プロセスによるものなのかを明らかにすることは，測定法のより意味ある分類や記述を可能にするだろう。

　潜在的測定間の関連を明らかにするために，測定方法の違いを同定しようと試みている研究もある（例：[14; 76]）。たとえば，オルソンとファジオ[76]は，評価プライミングでは，ターゲット概念（プライム）の自発的なカテゴリー化が導かれるが，IATでは，ある特定の刺激項目の特徴（例：ある人種を示す顔写真）について，課題として意識的に概念的なカテゴリー化を行わせるという違いがあると指摘している。人種に関連する用語において，回答者にプライムをカテゴリー化させる手続きを用いたプライミング測定は，従来の一般的なプライミングよりもIATと強く相関することが示されている。これは，自発的プロセスと強制的プロセスの区別を支持する証拠といえるだろう。

[2] IATと自己報告尺度との関連

　IATを用いた初期の研究のいくつかは，IATのような潜在指標と自己報告尺度との間の関連が弱い，もしくは見られないことをもって潜在的認知と顕在的認知の区別を強調していた[41]。しかし，より最近の研究では，いくつかの場合においては，IATと自己報告尺度との間には強い関連が見られることが示されてきている[43; 46; 69; 72]。最も極端な例では，アルバート・ゴアとジョージ・ブッシュに対する好みを測定した大規模なインターネットデータにおいて，大統領候補についての顕在的な好みの指標と希薄化を修正した相関で.86

の値を示していた [43]。IATと自己報告尺度との関連についてのメタ分析において，ホフマンらの研究 [46] では57の異なる内容の調査において相関の平均は.24であったと報告されており，ノゼックの研究 [69] では，平均が.34であったと報告されている（同じデータにおいて構造方程式モデリングを使った場合，希薄化を修正した相関は.46であった：[74]）。

[3] 収束妥当性と弁別妥当性

IATと自己報告尺度が関連しているという事実は，それらが互いに弁別できる構成概念を測定しているという前提に問題を生じさせる。7つの態度内容におけるIATと自己報告尺度に関する多特性・多方法（mutitrait-multimethod; MTMM）調査において，ノゼックとスマイス [74] は，高い収束妥当性と弁別妥当性を示す証拠を報告している。彼らは構造方程式モデリングを用いて，IATと自己報告が同じものを測定しているのではなく，関連はしているが別の構成概念を測定していることを主張している（[21] についても参照）。同様の知見は，自尊心を扱った研究 [40] や人種への態度を扱った研究 [20] においても報告されている。また，ノゼック [69] は，IATと自己報告尺度との間の関連が態度の個人間要因（例：自己呈示）と個人内要因（例：評価の強さ）によって調整されると報告している。

[4] 予測妥当性

IATの予測妥当性に関する証拠は，様々な分野の研究から示されている。すでに述べたように，IAT得点は自己報告による態度を予測し，その関連の強さは複数の要因によって調整される [46; 69]。ポールマンら [80] は，61の研究から86個の効果サイズを算出し，IATの予測妥当性についての検討を行った。そのメタ分析の結果から，彼らは2つの重要な結論を述べている。社会的集団に対する弁別に関しては，顕在的測定とIAT測定はともに行動を予測していたが，IATの方が予測力は上回っていた（IATの平均$r=.25$，自己報告の平均$r=.13$）。一方，ブランドの好みや政治家の好みに関する研究では，IATと顕在的測定のどちらも結果を予測したが，顕在的測定の方が予測力は上回っていた（IATの平均$r=.40$，自己報告の平均$r=.71$）。

[5] 変化の可能性と発達

　自動性の概念に関しては，その自動的過程の一貫性や不変性が強調されてきた。しかし近年では，自動性の特徴はその場の文脈によって影響を受けるという認識によって見直されつつある [37; 52; 59; 106]。潜在的認知における自動性の状況的性質に関する証拠は，態度やアイデンティ，信念における変化を検討した研究などにおいて近年盛んに提出されている [11; 12; 22; 23; 32; 33; 34; 57; 65; 81; 83; 87; 99; 106]。たとえばロウリーら [57] は，IATや閾下プライムによって測定した潜在的人種バイアスが，実験者が白人のときよりも黒人のときに弱くなることを示している。同様に，事前に「危険な花」に関する短いストーリーを読むことによって，花と虫に関する潜在的態度が変化することを示した研究もある [34]。

[6] 潜在的認知の発達

　バロンとバナジ [10] は，子どもが回答しやすいように児童版IAT（Ch-IAT）を開発した（www.people.fas.harvard.edu/~banaji から利用することができる）。このIATを用いて，子どもにおける人種や性別に関する態度を測定した研究では，白人参加者を3つのカテゴリー（6歳，10歳，成人）に分類したところ，IATによる人種の態度は3つの年齢層において一貫していた。黒人に対する顕在的なネガティブ態度は，6歳よりも10歳のほうが低く報告されており，また，成人では全く人種バイアスが見られなかった [10]。ダンハムら [27] は，6千人程度の小さな都市における日本人の子どもを対象とした研究を行い，白人や黒人よりも自分が所属している集団（日本人）を好むが，日本人の成人では白人や黒人と比較した日本人への好みが減少することを示している。バイアスを含む潜在的認知の起源がどこにあるのかという問題は，発達初期の社会的カテゴリー知識や好みの形成などに関連して，積極的に研究される分野になりつつあり，潜在的測定が受け入れられ始めている。

[7] 変化の可能性と結果の偽り

　比較的単純な状況操作が自動的評価を変化させるという知見と，IAT効果を自発的に偽ることが比較的難しいという知見の間には，興味深い対立が存在し

ている。たとえば，回答者に人種態度 IAT を偽るように指示した場合と特に指示しないコントロール群との間では，結果に差が見られなかった [56]。一方で，実験者の人種を変化させただけで自動的な人種評価は影響を受けていた [57]。劇的な例でいえば，フォロニとマイアー [34] は，実験参加者に花‐虫 IAT を 2 回行わせた。1 回目は「花の良い点」に関する話を読んだ後であり，2 回目は 3 つの操作のうち 1 つを行った後に実施した。操作は，「危険な花と役に立つ虫に関する核戦争後の空想上の話を読ませる」「虫とネガティブ，花とポジティブを連合させるよう指示する」「IAT は嘘発見器であり，できる限りそれを欺くよう指示する（花を嫌い，虫を好きであるかのように）」のいずれかであった。これら 3 つの操作のうち，統制条件と比較して花とポジティブの連合が弱くなっていたのは，1 番目の操作のみであった。これは，意図的に IAT 効果を変化させるように直接的に指示するよりも，ストーリーを読ませるといった間接的な方法の方が IAT 効果を変動させることを示唆するものである。この結果は，自動的認知が変わり得ることを示すとともに，その変化を生じさせる際の意図的なプロセスの関与の限界を示すものといえる。

3 IAT 効果の解釈

このセクションでは，IAT 効果に関して生じている解釈の問題について紹介する。相対的な連合強度の測定としての IAT，IAT 効果における刺激項目とカテゴリーラベルの影響，IAT 効果が自己報告よりも正確な「真実」を測定しているのか，認知的プロセスや神経科学との関連などについて述べる。

[1] 相対的測定

以前のセクションにおいて，IAT が連合強度の相対的な測定であることはすでに指摘した [41]。何人かの研究者たちは，2 つの概念のうち，1 つが呈示される試行のみの反応時間を分析することによって，絶対的な連合を測定する分析的手法を用いてこの制約を回避しようと試みている（例：[6; 36; 51]）。しかし，IAT における個々の反応試行は独立ではなく，これらの分析的手法が IAT から単一の連合を分離させているとは考えにくい [73]。

IATを用いて絶対的な連合を測定するもうひとつのアプローチとして，ターゲットカテゴリー（例：自分）と中立なカテゴリー（例：家具，真ん中，動物，形）とを対比させる方法が挙げられる。これは，中立カテゴリーは測定に対して変動をもたらさないため，得られる結果はターゲット概念の絶対的な評価として解釈することができるという仮定から成り立っている（例：[50; 93]）。このアプローチは，対比させるカテゴリーが真に中立なものであって，測定の変動に影響を及ぼさないのであれば実行可能である。しかしながら，解釈に関して多くの前提が必要であることから単一の連合の測定としては理想的ではない。

IATを用いて単一の連合を測定する別の方法には，4つではなく3つのカテゴリーのみ（1つのターゲット概念と2つの属性概念）を用いたやり方がある[55; 103]。このバージョンのIATでは，課題における2つの重要な条件は，2つの概念の組み合わせを同じ反応キーで，1つの概念を別の反応キーで判断させることである（例："黒人"＋"悪い"は左，"良い"は右；"悪い"は左，"黒人"と"良い"は右）。このアプローチは簡単であり一見魅力的だが，重要な内的妥当性の問題があるかもしれない[70]。回答者の中には，呈示された刺激が組み合わされていない属性カテゴリーに含まれるか否かのみを考えることによって，自発的あるいは意図的に課題を単純化させてしまう者がいるかもしれない（例：もし"悪い"であれば片方のキーを押す，それ以外であれば他のキーを押す）。この場合，ターゲット概念の項目に対する注意が減少してしまう可能性が考えられる。しかし今後，手続き的な工夫によってこういった内的妥当性の問題は改善されるかもしれない。

最後の選択肢としては，IATを用いることは避け，その代わりにもともと単一の連合を測定するためにデザインされた手法を用いることである。それを可能にするのは Go/No-go Association Task [71] や Extrinsic Affective Simon Task [48] などである。しかし，これらの新しい測定法の心理測定的性質は，IATほどまだ理解されていないため，測定手法としての実用性は今のところ確実ではない。

[2] 刺激項目あるいはカテゴリーラベルに対する態度

評価プライミング [31; 105] などの他の潜在的測定と異なり，IATではタ

ーゲット刺激を上位カテゴリーへと顕在的に分類することが求められる。一方，評価プライミングにおいては，プライムされる概念は顕在的に分類される必要はなく，場合によっては意識的に知覚される必要さえない [26]。

　この手続き上の違いは，IAT 効果がカテゴリーラベルによって定義される上位カテゴリーに影響を受けるのか，またはカテゴリー事例そのものが持つ特徴によって影響を受けるのかといった疑問を生じさせる。IAT 効果が純粋に刺激の特徴によってもたらされると仮定する研究者もいれば [15; 64]，IAT 効果の大部分がカテゴリーラベルによって決まるとする研究者もいる [30, 47]。

　これまでの知見によれば，答えは両者の中間である。カテゴリーラベルは刺激項目の解釈に制限を加えるという意味で重要であるが，同時に，セットとしての刺激項目はターゲットカテゴリーの解釈に影響を与える [38; 65; 73; 97]。たとえば，恋愛に関する空想とパートナーとの間の自動的連合は，その空想が性別蔑視に関連する項目（例：口やかましい）かそうでないか（例：シンデレラ）で変動していた（[89]，研究 2 および 3）。また同性愛（Gay）- 異性愛（Straight）の態度に関する IAT において，「同性愛の人々」における 2 つの刺激項目を同性愛の女性を表すものから同性愛の男性を表すものに変えると，より異性愛に対する好みが強くなることが示されている [73]。最後に，刺激項目の解釈に制限をもたらすカテゴリーラベルの重要性について，ノゼックとバナジ [70] は，数学 - 文学 IAT の刺激項目を無意味記号（X が数学を意味し，O が文学を意味する）を用いて実施したところ，実際の刺激を用いた IAT と同様の効果が生じていた。

　つまり，IAT をデザインする際にはカテゴリーラベルと刺激項目の双方においてその選択を注意深く行う必要がある。

[3] IAT は自己報告よりも「真の」あるいは「実際の」認知を明らかにするか？

　ごく稀にではあるが，IAT は嘘発見器であり「真の」「実際の」連合を明らかにする，あるいは自己報告よりも正確であるとする主張がある。わたしたちがこれまでにレビューした IAT の文献においては，そのような主張がなされていたものはなかったが，そういった立場における IAT の使用を批判した論文がいくつか存在する [2; 35; 54]。

本章の冒頭で述べたように，IAT はグリーンワルドとバナジ [39] の定義に基づいた潜在的認知を測定するものであり，個人が回答したいとは望まない連合や持っていることに気づいていない連合を測るものである。よって，IAT と自己報告との間に違いが生じる理由としては以下の 3 つの可能性が考えられる。①：「個人は潜在的に測定されている連合に無自覚である一方で，顕在的反応を生成するために異なる独自の内省を用いるため」，②：「潜在的に測定される連合には気づいているが，自分自身の信念システムと一致しないものとしてその連合を拒絶し，それゆえ別の顕在的反応を示すため」，③：「潜在的連合には気づいているが，社会的に受け入れられるかどうかを考慮して顕在的には別の反応を報告するため」。

仮に IAT が上の 3 番目の理由のみにおいて連合を測定するものであるとするならば，嘘発見器としての概念も考慮に値するかもしれない。しかし，これまでの IAT に関する知見はそういった理解とは明らかに反している。IAT を実施した回答者の中には望まないことを明らかにされたことに驚いたり，罪悪感を覚えたりする者もいる [66; 67]。IAT は自己報告によって測られる構成概念を単純に測定するものと見なすべきではないが，少なくとも自己呈示に関する問題は取り除かれていると考えられる。ただし，自己呈示（心からのあるいは欺瞞的理由から）は顕在的測定と潜在的測定との間の関連を調整する無数の要因の 1 つに過ぎない [69]。

IAT の結果が自己報告よりも「真の」ものであるというためには，心理学的結果を予測する能力を考えなければならない。仮に IAT が一貫して結果の予測に優れているのであれば，予測妥当性に関してより「実際」に近いということができるだろう。しかしながら，予測妥当性に関するメタ分析 [80] によれば，IAT と自己報告はそれぞれ予測に優れた分野が異なっている。

以上の点から，「現実」や「真実」といった観点において IAT と自己報告を区別する方法は賢明ではない。一方は内省から得られるものを測定するよう意図され，もう一方はそうでないというだけのことである。

[4] IAT 効果に関連する認知プロセスはどのようなものか？　プロセスモデル

IAT はその誕生からこれまでずっと実証的に使用され続けてきたが，IAT

課題の遂行に関する認知的モデルに関する議論についてはあまり行われてこなかった。しかしながら，いくつかの注目すべき試みはなされている［15; 18; 44; 45; 47; 62; 63; 76; 85; 86］。これらから明らかになっている点としては，IATがカテゴリー事例レベルよりもカテゴリーレベルの表象と強く関連している［47］ことと，IATにおける2つの組み合わせ課題に関する切り替えの困難さは課題遂行の遅さと弱く関連している［62］ことである。

　IATに関するより包括的なモデルを構築することはIATを用いた研究にとって有益である。それによって，IATの実施においてより大きな効果が見込め，また連合強度の測定としての構成概念妥当性をより高めるようなデザインの変更が可能となり，さらには相対的ではない連合強度の測定法の開発へとつながると考えられる。現在いくつかの研究室において，IATの認知的メカニズムを解明しようとする様々な研究が行われていることから，今後数年のうちにはきっと重要な進展がもたらされるであろう。

［5］IAT効果の神経科学的関連

　IATに関する最初の社会的認知神経科学研究［17］において，IAT課題を実施しているときに関わっている脳の部位が明らかにされた。わたしたちはすでに特定の脳の部位が関連するいくつかのプロセスについての情報を持っていることから，これはIATにおけるメカニズムの問題を解明する上で興味深い方法である。この研究の最も納得できる結果は，IAT課題を行っている時に賦活している脳の部位が，全く同一とまではいかなくともストループ課題と関連のある部位（前帯状回，腹外側前頭前野，前頭前野背外側部）と同様であったことである。

　フェルプスら［79］は，黒人の顔写真と白人の顔写真を見たときの扁桃体（恐れなどのネガティブな情動と関連する脳の部位）の活動とIATとの関連を調べたところ，白人と比較したときの黒人が呈示されたときの扁桃体の活性化の度合いとIAT得点による人種バイアスの程度との間には正の相関が見られた。一方，扁桃体の活性化の度合いと自己報告尺度（Modern Racism Scale）の得点との間には関連が見られなかった。

　カニングハムら［21］は，顔写真を呈示した際の脳画像データとIATとの間

の関連が，写真を閾下で呈示した場合により強まることを示した。また，このとき前頭前野背外側部や腹外側前頭前野，前帯状回皮質といった部位の活動が強まるにつれて，黒人の写真を見たときの皮質下の活動が弱められることも示している。これらの部位は抑制や葛藤の解決，コントロールなどに関連する部位として知られている。つまり，これらの知見は，IATにおける課題遂行が初期の情動検知の反応モジュール（後の意図的思考に基づく部位の活動によって意識的にコントロールされる）と関連していることを示唆するものである。

[6] IATによって測定される連合は内省することが可能か？

　これまでのIATに関する知見から，IATは内省的なアクセスを伴わず，その効果は自動的なプロセス（プロセスの詳細は未だ明らかではないけれども）によって影響を受けるという結論に落ち着くように思われる。しかしどの程度まで，IATによって測定される連合は内省することができないだろうか？[30]。IAT効果は意識の外側の認知プロセスを反映したものだということができるのだろうか？

　もちろん，回答者はIAT課題を終了した後に自らの課題遂行に関する自覚を持っており [5]，また，それはおそらく実施しているときも同様であると考えられる。また，回答者の報告から，すべてではないにせよ課題を行っている際にどのような測定が意図されているかに気づく者もいることは確かである。しかしながら，こういった回答者の気づきの感覚は，必ずしもIAT得点と内省が関連することを意味するものではない。

　自己意識の問題は扱いが難しい。なぜならば，それは自己報告以外にその意識の内容を測定することが不可能だからである。しかしそうであったとしても，これまでの知見はIATが意識的には思い出すことのできない連合を測定できることを示している。IATによって測定される多くの内容に関して，回答者たち（この章の著者自身も含めて）は心から自らのIAT課題の結果に驚いていた。多くの場合，課題遂行の結果が自分の予期（おそらく内省に基づいたもの）とかけ離れており，回答者たちはすぐさまその結果について自分自身とは無関連な説明を行おうとする（例：実施した組み合わせ課題の順序，刺激が位置していた側，利き手，手と目の連携の個人差，刺激項目の親密度など）。

第 5 章　潜在連合テスト：その概念と方法

注意深くコントロールされた調査において，ミッチェルら [65] は，回答者に IAT 課題を経験させ，次に新たな内容で測定を行うとしたらその結果を予測できるかどうかを尋ねた。予測は実際のパフォーマンスと関連しなかった。また，わたしたちのデータでは，IAT の経験があってもなくても，また IAT に関する情報が与えられてもそうでなくても，いずれにしても一貫して次の IAT 課題におけるパフォーマンスの予測に失敗していた。

[7] IAT の適切な応用

　個人差の測定における IAT の構成概念妥当性や予測妥当性についての蓄積された知見は，研究のツールとしての活況を示しており，また今後もそのようにあり続けることを予感させる。IAT の成功は診断や選考といった状況における応用への関心についても高めている。ただし，そのような応用の可能性について考えたときに，その IAT 効果の解釈に関しては注意深く慎重になるべきである。前に述べた IAT 効果の変化の可能性は状況要因によってその予測妥当性が調整されることを意味している。さらに，自動的プロセスに影響を及ぼし得る統制的プロセスの存在は，その統制的プロセスの増加が IAT の予測による関連を損なう可能性を示唆する。また，IAT と自己報告の双方がそれぞれ予測妥当性において優れた範囲を持つことは，IAT を嘘発見器として解釈することが適切ではなく，自己報告より「実際」の「真実」を測定するものではないことを表している。

　IAT の予測妥当性についてもう少し詳しいことが判明するまでは，IAT を重要かつ個人に直接的に関わるような診断（例：就職における選抜）に用いるのは時期尚早であると思われる。利用可能な知見によって適切であると判断できるレベルを超えた応用は社会にとって逆効果であり，秩序ある研究の進展の妨げとなるからである。

　現状における IAT の最も適切な応用は，教育場面であると考えられる。そこでは，内省的にアクセスできない自動的プロセスへの洞察を導くためにすでに用いられている。また臨床的な診断ツールとしても使用され始めている。IAT が持つ心理測定的性質から考えると，研究場面における臨床的な使用には十分適しているといえる。しかしながら，より慎重を要する診断に関しては，

現在のところはまだIATを単体の完結した診断ツールとして扱うべきではなく，あくまで有用な診断の補助として扱うのが適切であると思われる。これはこれまでに述べたIATの妥当性に関する説得力のある証拠を非難するものではなく，適切な応用にあたっては未だ多くのことについて知る必要があることを指摘するものである。

4 まとめ

　誕生から7年が経ち，IATはその内的妥当性，構成概念妥当性，予測妥当性などについてのしっかりした証拠を基に，急速な成長を遂げている。IATの性質については未だ解決されない多くの問題はあるものの，人の心に関する不思議な側面を明らかにする可能性を持っている。現在活発に進行しているIATの制限を検討する様々な方向からの研究プログラムによって，今後も精密な調査における価値あるツールとして存在していくだろう。潜在的認知研究が引き続き進展し，年月を重ねるにつれて，IATへの洞察によってIAT自身が持つ能力を超えた新たな子孫の誕生がもたらされるかもしれない。

訳者あとがき

　意識は人間を他の動物と分かつ高度な精神活動の立役者で，社会を構成する複雑な認知，感情，行動はその恩恵に他ならない。かつては誰もがそう信じていた。しかし，社会心理学の実証研究が進むにつれて，意識が担うはずであった複雑な心の働きの多くは実は無意識が担っていることが明らかになった。人間の生活に意識が中心的な役割を果たしているという想定は再考を迫られている。本書には，現代社会に浸透している意識的な人間観を揺さぶる社会心理学の過去四半世紀にわたる研究成果と，それを読み解くために必要な知識がまとめられている。

　Psychology Press から 2007 年に刊行された原著 "*Social psychology and the unconscious: The automaticity of higher mental processes*" の編者であるジョン・バージは，現代の無意識研究の土台を築いた先駆者として名高い。実験社会心理学界の巨匠，ロバート・ザイアンスの正統後継者のひとりである彼は，複雑な現実社会場面で繰り広げられるさまざまな社会的認知活動を司る無意識的なメカニズムの研究に没頭した。認知，感情，行動，動機づけといった基礎心理過程のすべてが個人の意図や自覚を伴わずに生じ，しかし確かな影響を行動や決定に及ぼす様子を描き出した膨大な量の研究知見は，自由意志や意識の存在意義といった現実的かつ哲学的な問題に大きな見直しを迫り，社会心理学の方法論を塗り替え，実験室の内外を問わず多くの人々に新たな人間観を提供した。心理学研究の発展に大きく寄与した長年の功績を讃えて，2007 年には米国社会人格心理学会ドナルド・キャンベル賞，同年末には米国実験社会心理学会科学功労賞が贈られた。現在も彼はイエール大学，自動性認知感情動機づけ研究室（ACME：Automaticity in Cognition, Motivation, and Emotion Lab）で精力的な研究活動を続けている。

　日本でも意識や無意識を扱った実証研究への関心は年々高まりを見せてきて

いる。しかし，最新の研究動向を歴史的変遷に照らして体系的に読み解くことは厄介な作業だ。バージも述べているように本書は，この厄介な作業を引き受けてくれた，気鋭の研究者たちによる集中講義である。翻訳にあたっては，基本用語や著者らの意図を大切にしながら，なるべく平易な文章表現を心がけた。上質な講義を楽しみながら，第一線で活躍する研究者たちの熱意に触れていただきたい。

なお，入門書として編集するにあたり，フェルドマンバレット，オクスナー，グロスらによる感情概念の章，ならびにペインとスチュワートによる過程分離手続きの章は本書からは割愛された。（よって邦訳版の4章および5章は，原著の5章及び6章にそれぞれ対応している）。さらに理解を深めたい読者は原著4章および7章を読まれることをお勧めする。

人間の生活の大部分は意識の与り知れないところで自動的に決定されている。自らの意志で自由に行動を決定しているという感覚すらも，少なくとも部分的には無意識が創り出した幻想に過ぎない。どんなに他人に左右されないつもりでいても，自己と他者の行動は不可分に結びついている。本書を通じて繰り返される主張は，旧来の常識からは考えられない不可解なものばかりだ。しかし，心理学はまさに人間の行動の不可解な部分を科学的に解明する学問でもある。意識の限界を示唆する研究は，すぐには受け入れ難いかも知れない。しかし，これらの研究が同時に示唆する無意識の可能性は，人間の精神活動の理解に新たな驚きと期待を提供することだろう。本書を通じて自動性研究の理解が深まり，新しい時代の人間観や心理学研究の発展に少しでも役立つことができれば，これ以上の喜びはない。

最後に版権や編集上の問題など翻訳の過程を通じて大変お世話になった，ナカニシヤ出版編集長，宍倉由高氏に深く感謝いたします。

2008年10月　ユトレヒトにて

及川昌典

引用文献

イントロダクション

[1] Bargh, J. A. (1984). Automatic and conscious processing of social information. In R. S. Wyer, Jr. & T. K. Srull (Eds.), *Handbook of social cognition* (Vol. 3, pp. 1-43). Hillsdale, NJ: Erlbaum.

[2] Bargh, J. A., & Chartrand, T. L. (2000). A practical guide to priming and automaticity research. In H. Reis & C. Judd (Eds.), *Handbook of research methods in social psychology* (pp. 253-285). New York: Cambridge University Press.

[3] Fazio, R. H. (1986). How do attitudes guide behavior? In R. M. Sorrentino & E. T. Higgins (Eds.), *The handbook of motivation and cognition: Foundations of social behavior* (Vol. 1, pp. 204-243). New York: Guilford Press.

[4] Fiske, S. T. (1982). Schema-triggered affect: Applications to social perception. In M. S. Clark & S. T. Fiske (Eds.), *Affect and Cognition: The 17th Annual Carnegie Symposium on Cognition* (pp. 55-78). Hillsdale, NJ: Erlbaum.

[5] Wegner, D. M. (2002). *The illusion of conscious will*. Cambridge, MA: MIT Press.

第1章

[1] Anderson, J. R. (1992). Automaticity and the ACT* theory. *American Journal of Psychology*, **105**, 165-180.

[2] Anderson, J. R. (1987). Methodologies for studying human knowledge. *Behavioral and Brain Sciences*, **10**, 467-505.

[3] Anderson, J. R. (1996). ACT: A simple theory of complex cognition. *American Psychologist*, **51**, 355-365.

[4] Baars, B. J. (1988). *A cognitive theory of consciousness*. Cambridge, UK: Cambridge University Press.

[5] Baars, B. J. (1995). Evidence that phenomenal consciousness is the same as access consciousness. *Behavioral and Brain Sciences*, **18**, 249.

[6] Baars, B. J. (1997). Some essential differences between consciousness and attention, perception, and working memory. *Consciousness and Cognition*, **6**, 363-371.

[7] Baars, B. J. (1998). Metaphors of consciousness and attention in the brain. *Trends in Neurosciences*, **21**, 58-62.

[8] Baddeley, A. (1986). *Working memory*. Oxford, UK: Clarendon Press.

[9] Bar, M., Tootell, R. B., Schacter, D. L., Greve, D. N., Fischl, B., Mendola, J. D., Rosen, B. R., & Dale, A. M. (2001). Cortical mechanisms specific to explicit visual

recognition. *Neuron*, **29**, 529-535.
[10] Bargh, J. A. (1989). Conditional automaticity: Varieties of automatic influence in social perception and cognition. In J. S. Uleman & J. A. Bargh (Eds.), *Unintended thought* (pp. 3-51). New York: Guilford.
[11] Bargh, J. A. (1990). Auto-motives: Preconscious determinants of social interaction. In E. T. Higgins & R. M. Sorrentino (Eds.), *Handbook of motivation and cognition* (Vol. 2, pp. 93-130). New York: Guilford.
[12] Bargh, J. A. (1992). The ecology of automaticity: Toward establishing the conditions needed to produce automatic processing effects. *American Journal of Psychology*, **105**, 181-199.
[13] Bargh, J. A. (1994). The four horsemen of automaticity: Awareness, intention, efficiency, and control in social cognition. In R. S. Wyer & T. K. Srull (Eds.), *Handbook of social cognition* (Vol. 1, pp. 1-40). Hillsdale, NJ: Erlbaum.
[14] Bargh, J. A. (1996). Automaticity in social psychology. In E. T. Higgins & A. W. Kruglanski (Eds.), *Social psychology: Handbook of basic principles* (pp. 169-183). New York: Guilford.
[15] Bargh, J. A. (1997). The automaticity of everyday life. In R. S. Wyer (Ed.), *Advances in social cognition* (Vol. 10, pp. 1-49). Mahwah, NJ: Erlbaum.
[16] Bargh, J. A. (1999). The cognitive monster. The case against the controllability of automatic stereotype effects. In S. Chaiken & Y. Trope (Eds.), *Dual-process theories in social psychology* (pp. 361-382). New York: Guilford.
[17] Bargh, J. A., & Barndollar, K. (1996). Automaticity in action: The unconscious as repository of chronic goals and motives. In P. M. Gollwitzer & J. A. Bargh (Eds.), *The psychology of action: Linking cognition and motivation to behavior* (pp. 457-481). New York: Guilford.
[18] Bargh, J. A., & Chartrand, T. L. (2000). The mind in the middle: A practical guide to priming and automaticity research. In H. Reis & C. Judd (Eds.), *Handbook of research methods in social psychology* (pp. 253-285). New York: Cambridge University Press.
[19] Bargh, J. A., Gollwitzer, P. M., Lee-Chai, A., Barndollar, K., & Trötschel, R. (2001). The automated will: Nonconscious activation and pursuit of behavioral goals. *Journal of Personality and Social Psychology*, **81**, 1014-1027.
[20] Bartlett, F. C. (1932). *Remembering*. Cambridge, UK: Cambridge University Press.
[21] Bernstein, A. (1969). To what does the orienting response respond? *Psychophysiology*, **6**, 338-350.
[22] Block, N. (1995). On a confusion about a function of consciousness. *Behavioral and Brain Sciences*, **18**, 227-287.
[23] Brentano, F. C. (1874). *Psychologie vom empirischen Standpunkt*, Leipzig: Duncke & Humblot.

[24] Bruner, J. S. (1957). On perceptual readiness. *Psychological Review*, **64**, 123-152.
[25] Bruner, J. S., & Goodman, C. C. (1947). Value and need as organizing factors in perception. *Journal of Abnormal Social Psychology*, **42**, 205-215.
[26] Bryan, W. L., & Harter, L. (1899). Studies on the telegraphic language: The acquisition of a hierarchy of habits. *Psychological Review*, **6**, 345-378.
[27] Carlson, R. A., & Lundy, D. H. (1992). Consistency and restructuring in cognitive procedural sequences. *Journal of Experimental Psychology: Learning, Memory, and Cognition*, **18**, 127-141.
[28] Carver, C. S., & Scheier, M. F. (1999). Themes and issues in the self-regulation of behaviour. In R. S. Wyer (Ed.), *Advances in social cognition* (Vol. 12, pp. 1-105). Mahwah, NJ: Erlbaum.
[29] Carver, C. S., & Scheier, M. F. (2002). Control processes and self-organization as complementary principles underlying behaviour. *Personality and Social Psychology Review*, **6**, 304-315.
[30] Chartrand, T. L., & Bargh, J. A. (1996). Automatic activation of impression formation and memorization goals: Nonconscious goal priming reproduces effects of explicit task instructions. *Journal of Personality and Social Psychology*, **39**, 752-766.
[31] Christiansen, M. H., & Chater, N. (1992). Connectionism, meaning and learning. *Connection Science*, **4**, 227-252.
[32] Clark A. J. (1993). *Associative engines: Connectionism, concepts, and representational change*. Cambridge, MA: MIT Press.
[33] Cleeremans, A. (1997). Principles for implicit learning. In D. Berry (Ed.), *How implicit is implicit learning?* (pp. 195-234). Oxford, UK: Oxford University Press.
[34] Cleeremans, A., & Jiménez, L. (2002). Implicit learning and consciousness: A graded, dynamic perspective. In R. M. French & A. Cleeremans (Eds.), *Implicit learning and consciousness* (pp. 1-40). Hove, UK: Psychology Press.
[35] Davidson, D. (1980). *Essays on actions and events*. Oxford, UK: Oxford University Press.
[36] Dehaene, S., & Naccache, L. (2001). Towards a cognitive neuroscience of consciousness: basic evidence and a workspace framework. *Cognition*, **79**, 1-37.
[37] Dennett, D. C. (1984). *Elbow room: The varieties of free will worth wanting*. Cambridge, MA: MIT Press.
[38] Dienes, Z., & Perner, J. (1999). A theory of implicit knowledge. *Behavioral and Brain Sciences*, **22**, 735-808.
[39] Erdelyi, M. H. (1992). Psychodynamics and the unconscious. *American Psychologist*, **47**, 784-787.
[40] Fazio, R. H., Sanbonmatsu, D. M., Powell, M. C., & Kardes, F. R. (1986). On the automatic activation of attitudes. *Journal of Personality and Social Psychology*, **50**, 229-238.

[41] Fernandez-Duque, D., & Johnson, M. L. (2002). Cause and effect theories of attention: The role of conceptual metaphors. *General Psychology*, **6**, 153-165.
[42] Fodor, J. (1983). *The modularity of mind*. Cambridge, MA: MIT Press.
[43] Fox, E., Russo, R., Bowles, R., & Dutton, K. (2001). Do threatening stimuli draw or hold visual attention in subclinical anxiety? *Journal of Experimental Psychology: General*, **130**, 681-700.
[44] Francolini, C. M., & Egeth, H. (1980). On the automaticity of "automatic" activation: Evidence of selective seeing. *Perception and Psychophysics*, **27**, 331-342.
[45] Gati, I., & Ben-Shakar, G. (1990). Novelty and significance in orientation and habituation: A feature-matching approach. *Journal of Experimental Psychology: General*, **119**, 251-263.
[46] Gibson, E. J. (1969). *Principles of perceptual learning and development*. New York: Appleton-Century-Crofts.
[47] Glaser, J., & Banaji, M. R. (1999). When fair is foul and foul is fair: Reverse priming in automatic evaluation. *Journal of Personality and Social Psychology*, **77**, 669-687.
[48] Gollwitzer, P. M. (1990). Action phases and mind-sets. In E. T. Higgins & R. M. Sorrentino (Eds.), *Handbook of motivation and cognition: Foundations of social behavior* (Vol. 2, pp. 53-92). New York: Guilford.
[49] Gollwitzer, P. M. (1993). Goal achievement: The role of intentions. *European Review of Social Psychology*, **4**, 141-185.
[50] Gollwitzer, P. M. (1999). Implementation intentions: Strong effects of simple plans. *American Psychologist*, **54**, 493-503.
[51] Green, C. D., & Vervaeke, J. (1996). What kind of explanation, if any, is a connectionist net? In C. W. Tolman, F. Cherry, R. van Hezewijk, & I. Lubek (Eds.), *Problems of theoretical psychology* (pp. 201-210). North York, ON: Captus University Publications.
[52] Hardcastle, V. G. (1997). Attention versus consciousness: A distinction with a difference. *Cognitive Studies: Bulletin of the Japanese Cognitive Science Society*, **4**, 56-66.
[53] Hasher, L., & Zacks, R. T. (1979). Automatic and effortful processes in memory. *Journal of Experimental Psychology: General*, **108**, 356-388.
[54] Heckhausen, H. (1991). *Motivation and action* (P. K. Leppman, Trans.). Berlin: Springer-Verlag. (Original work published 1990.)
[55] Heider, F. (1958). *The psychology of interpersonal relations*. New York: Wiley.
[56] Hermans, D., Crombez, G., & Eelen, P. (2000). Automatic attitude activation and efficiency: The fourth horseman of automaticity. *Psychologica Belgica*, **40**, 3-22.
[57] Inhoff, A. W. (1982). Parafoveal word perception: A further case against semantic preprocessing. *Journal of Experimental Psychology: Human Perception and Performance*, **8**, 137-145.

[58] James, W. (1890). *The principles of psychology*. New York: Holt, Rinehart & Winston.
[59] Jastrow, J. (1906). *The subconscious*. Boston, MA: Houghton-Mifflin.
[60] Johnston, W. A., & Dark, V. J. (1986). Selective attention. *Annual Review of Psychology*, **37**, 43-75.
[61] Kahneman, D. (1973). *Attention and effort*. Englewood Cliffs, NJ: Prentice-Hall.
[62] Kahneman, D., & Chajczyk, D. (1983). Test of the automaticity of reading: Dilution of Stroop effects by color-irrelevant stimuli. *Journal of Experimental Psychology: Human Perception and Performance*, **9**, 497-509.
[63] Kahneman, D., & Henik, A. (1981). Perceptual organization and attention. In M. Kubovy & J. Pomerantz (Eds.), *Perceptual organization*. Hillsdale, NJ: Erlbaum.
[64] Kahneman, D., & Treisman, A. (1984). Changing views of attention and automaticity. In R. Parasuraman & D. R. Davies, (Eds.), *Varieties of attention* (pp. 29-61). Orlando, FL: Academic Press.
[65] Kelso, J. A. S. (1995). *Dynamic patterns: The self-organization of brain and behavior*. Cambridge, MA: MIT Press.
[66] Kramer, A. F., Strayer, D. L., & Buckley, J. (1990). Development and transfer of automatic processing. *Journal of Experimental Psychology: Human Perception and performance*, **16**, 505-522.
[67] LaBerge, D. (1973). Attention and measurement of perceptual learning. *Memory & Cognition*, **1**, 268-276.
[68] LaBerge, D. (1983). Spatial extent of attention to letters and words. *Journal of Experimental Psychology: Human Perception and Performance*, **9**, 371-379.
[69] LaBerge, D., & Samuels, S. J. (1974). Toward a theory of automatic information processing. *Cognitive Psychology*, **6**, 293-323.
[70] Logan, G. D. (1978). Attention in character classification tasks: Evidence for the automaticity of component stages. *Journal of Experimental Psychology: General*, **107**, 32-63.
[71] Logan, G. D. (1979). On the use of concurrent memory load to measure attention and automaticity. *Journal of Experimental Psychology: Human Perception and Performance*, **5**, 189-207.
[72] Logan, G. D. (1985). Skill and automaticity: Relations, implications, and future directions. *Canadian Journal of Psychology*, **39**, 367-386.
[73] Logan, G. D. (1988). Toward an instance theory of automatization. *Psychological Review*, **95**, 492-527.
[74] Logan, G. D. (1989). Automaticity and cognitive control. In J. S. Uleman & J. A. Bargh (Eds.), *Unintended thought* (pp. 52-74). New York: Guilford.
[75] Logan, G., & Cowan, W. B. (1984). On the ability to inhibit thought and action: A theory of an act of control. *Psychological Review*, **91**, 295-327.
[76] Luria, A. R. (1973). *The working brain: An introduction to neuropsychology*. New

York: Basic Books.
[77] Mackie, J. L. (1974). *The cement of the universe: A study of causation.* Oxford, UK: Clarendon Press.
[78] Mackie, J. L. (1975). Causes and conditionals. In E. Sosa (Ed.), *Causation and conditionals.* Oxford, UK: Oxford University Press.
[79] Marr, D. (Ed.). (1982). *Vision: A computational investigation into the human representation and processing of visual information.* New York: Freeman.
[80] Merikle, P. M., & Joordens, S. (1997). Parallels between perception without attention and perception without awareness. *Consciousness and Cognition,* **6**, 219-236.
[81] Mele, A. R., & Moser, P. K. (1994). Intentional action. *Noûs,* **28**, 39-68.
[82] Miller, G. A., Galanter, E., & Pribram, K. (1960). *Plans and the structure of behavior.* New York: Holt.
[83] Moors, A., & De Houwer, J. (2006). Automaticity: A theoretical and conceptual analysis. *Psychological Bulletin,* **132**, 297-326.
[84] Moors, A., De Houwer, J., & Eelen, P. (2004) Automatic stimulus-goal comparisons: Support from motivational affective priming studies. *Cognition and Emotion,* **18**, 29-54.
[85] Moskowitz, G. B. (2001). Preconscious control and compensatory cognition. In G. B. Moskowitz (Ed.), *Cognitive social psychology: The Princeton Symposium on the Legacy and Future of Social Cognition.* Hillsdale, NJ: Erlbaum.
[86] Moskowitz, G. B., Li, P., & Kirk, E. R. (2004). The implicit volition model: On the preconscious regulation of temporarily adopted goals. In M. Zanna (Ed.), *Advances in experimental social psychology* (Vol. 34, pp. 317-414). San Diego, CA: Academic Press.
[87] Moya, C. J. (1990). *The philosophy of action: An introduction.* Cambridge, UK: Polity Press.
[88] Naccache, L., Blandin, E., & Dehaene, S. (2002). Unconscious masked priming depends on temporal attention. *Psychological Science,* **13**, 416-424.
[89] Nagel, T. (1994). What is it to be a bat? *Philosophical Review,* **83**, 434-450.
[90] Natsoulas, T. (1981). Basic problems of consciousness. *Journal of Personality and Social Psychology,* **41**, 132-178.
[91] Navon, D., & Gopher, D. (1979). On the economy of the human processing system. *Psychological Review,* **86**, 214-255.
[92] Neisser, U. (1976). *Cognition and reality.* San Francisco: Freeman.
[93] Nelkin, N. (1993). The connection between intentionality and consciousness. In M. Davies & G. W. Humphreys (Eds.), *Consciousness: Psychological and philosophical essays* (pp. 224-239). Oxford, UK: Blackwell.
[94] Oatley, K. (1993). Freud's cognitive psychology of intention: The case of Dora. In M. Davies & G. W. Humphreys (Eds.), *Consciousness: Psychological and*

[95] O'Shaughnessy, B. (1991). Searle's theory of action. In E. Lepore & R. Van Gulick (Eds.), *John Searle and his critics*. Cambridge, MA: Blackwell.
[96] Penfield, W. (1975). *The mystery of the mind*. Princeton: Princeton University Press.
[97] Posner, M. I. (1982). Cumulative development of attentional theory. *American Psychologist, 37*, 168-179.
[98] Posner, M. I. (1994). Attention: The mechanism of consciousness. *Proceedings of the National Academy of Science, USA, 91*, 7398-7403.
[99] Posner, M. I., & Rothbart, M. K. (1989). Intentional chapters on unintended thoughts. In J. S. Uleman & J. A. Bargh (Eds.), *Unintended thought* (pp. 450-469). New York: Guilford.
[100] Posner, M. I., & Snyder, C. R. R. (1975a). Facilitation and inhibition in the processing of signals. In P. M. A. Rabbit & S. Dornic (Eds.), *Attention and Performance V* (pp. 669-682). New York: Academic Press.
[101] Posner, M. I., & Snyder, C. R. R. (1975b). Attention and cognitive control. In R. L. Solso (Ed.), *Information processing and cognition: The Loyola symposium* (pp. 153-175). Hillsdale, NJ: Erlbaum.
[102] Posner, M. I., Snyder, C. R. R., & Davidson, B. J. (1980). Attention and the detection of signals. *Journal of Experimental Psychology: General, 109*, 160-174.
[103] Powers, W. T. (1973). *Behavior: The control of perception*. Hawthorne, NY: Aldine DeGruyter.
[104] Prinz, W. (1990). A common coding approach to perception and action. In O. Neumann & W. Prinz (Eds.), *Relationships between perception and action* (pp. 167-201). Heidelberg: Springer-Verlag.
[105] Pylyshyn, Z. W. (1984). *Computation and cognition: Toward a foundation for cognitive science*. Cambridge, MA: MIT Press.
[106] Rosenbloom, P. S., & Newell, A. (1986). The chunking of goal hierarchies: A generalized model of practice. In R. S. Michaliski, J. G. Carbonell, & T. M. Mitchell (Eds.), *Machine learning: An artificial intelligence approach* (Vol. 2, pp. 247-288). Los Altos, CA: Morgan Kaufmann.
[107] Schacter, D. L. (1989). On the relation between memory and consciousness: Dissociable interactions and conscious experience. In H. L. Roediger & F. I. M. Craik (Eds.), *Varieties of memory and consciousness: Essays in honour of Endel Tulving* (pp. 355-389). Mahwah, NJ: Erlbaum.
[108] Schneider, W., & Fisk, A. D. (1984). Automatic category search and its transfer. *Journal of Experimental Psychology: Learning, Memory, and Cognition, 10*, 1-15.
[109] Searle, J. R. (1983). *Intentionality: An essay in the philosophy of mind*. Cambridge: Cambridge University Press.

[110] Searle, J. R. (1992). *The Rediscovery of the Mind*. Cambridge, MA: MIT Press.
[111] Sergent, C., & Dehaene, S. (2004). Is consciousness a gradual phenomenon? Evidence for an all-or-none bifurcation during the attentional blink. *Psychological Science*, **15**, 720-728.
[112] Shallice, T. (1988). Information-processing models of consciousness: Possibilities and problems. In A. J. Marcel & E. Bisiach (Eds.), *Consciousness in contemporary science* (pp. 305-333). Oxford, UK: Oxford University Press.
[113] Shiffrin, R. M. (1988). Attention. In R. C. Atkinson, R. J. Hernstein, G. Lindzey, & R. D. Luce (Eds.), *Stevens' handbook of experimental psychology* (Vol. 2, pp. 739-811). New York: Wiley.
[114] Shiffrin, R. M., & Schneider, W. (1977). Controlled and automatic human information processing: II. Perceptual learning, automatic attending and a general theory. *Psychological review*, **84**, 127-190.
[115] Smith, E. R., & Lerner, M. (1986). Development of automatism of social judgements. *Journal of Personality and Social Psychology*, **50**, 246-259.
[116] Sokolov, E. N. (1963). *Perception and the conditioned reflex*. New York: Macmillan.
[117] Solomons, L., & Stein, G. (1896). Normal motor automatism. *Psychological Review*, **3**, 492-512.
[118] Tolman, E. C. (1922). Concerning the sensation quality: A behavioristic account. *Psychological Review*, **29**, 140-145.
[119] Treisman, A., Vieira, A., & Hayes, A. (1992). Automaticity and preattentive processing. *American Journal of Psychology*, **105**, 341-362.
[120] Tzelgov, J., Henik, A., Sneg, R., & Baruch, B. (1996). Unintentional word reading via the phonological route: The Stroop effect with cross-script homophones. *Journal of Experimental Psychology: Learning, Memory, and Cognition*, **22**, 336-349.
[121] Tzelgov, J., Yehene, V., Kotler, L., & Alon, A. (2000). Automatic comparisons of artificial digits never compared: Learning linear ordering relations. *Journal of Experimental Psychology: Learning, Memory, and Cognition*, **26**, 103-120.
[122] Tzelgov, J., Yehene, V., & Naveh-Benjamin, M. (1997). From memory to automaticity and vice versa: On the relations between memory and automaticity. In J. Brzezinski, B. Krause, & T. Maruszewiski (Eds.), *Pozonan Studies in the philosophy of the sciences and the humanities* (pp. 239-262). Amsterdam: Rodopi.
[123] Uleman, J. S. (1989). A framework for thinking intentionally about unintended thoughts. In J. S. Uleman & J. A. Bargh (Eds.), *Unintended thought* (pp. 425-449). New York: Guilford.
[124] Vallacher, R. R., & Nowak, A. (1999). The dynamics of self-regulation. In R. S. Wyer (Ed.), *Advances in social cognition* (Vol. 12, pp. 241-259). Mahwah, NJ: Erlbaum.

[125] Vallacher, R. R., & Wegner, D. M. (1987). What do people think they're doing? Action identification and human behavior. *Psychological Review*, **94**, 3-15.

[126] Verleger, R., Jaskowski, P., Aydemir, A., van der Lubbe, R. H. J., & Groen, M. (2004). Qualitative differences between conscious and non-conscious processing? On inverse priming induced by masked arrows. *Journal of Experimental Psychology: General*, **133**, 494-515.

[127] Wakefield, J., & Dreyfus, H. (1991). Intentionality and the Phenomenology of Action. In E. Lepore & R. Van Gulick (Eds.), *John Searle and his critics*. Cambridge, MA: Blackwell.

[128] Wegner, D. M. (2003). The mind's best trick: How we experience conscious will. *Trends in Cognitive Science*, **7**, 65-69.

[129] Wegner, D. M., & Bargh, J. A. (1998). Control and automaticity in social life. In D. Gilbert, S. T. Fiske, & G. Lindzey (Eds.), *Handbook of social psychology* (4th ed., Vol. 1, pp. 446-496). New York: McGraw-Hill.

[130] Wegner, D. M., & Wheatley, T. (1999). Apparent mental causation: Sources of the experience of will. *American Psychologist*, **54**, 480-492.

[131] Wickens, C. D. (1984). Processing resources in attention. In R. Parasuraman & R. Davies (Eds.), *Varieties of attention* (pp. 63-102). New York: Academic Press.

[132] Wundt, W. (1897). *Outlines of psychology*. (C. H. Judd, Trans.). Leipzig: Wilhelm Engelmann. (Original work published 1896.)

[133] Wundt, W. M. (1902). *Grundzüge der physiologischen Psychologie* (Vol. 1). Leipzig: Wilhelm Engelmann.

[134] Yablo, S. (1992). Cause and essence. *Synthese*, **93**, 403-449.

第 2 章

[1] Aarts, H. (2007). Unconscious authorship ascription: The effects of success and effect-specific information priming on experienced authorship. *Journal of Experimental Social Psychology*, **43**, 119-126.

[2] Aarts, H., Chartrand, T. L., Custers, R., Danner, U., Dik, G., & Jefferis, V. (2005). Social stereotypes and automatic goal pursuit. *Social Cognition*, **23**, 464-489.

[3] Aarts, H., Custers, R., & Holland, R. W. (2007). On the cessation of nonconscious goal pursuit: When goals and negative affect are co-activated. *Journal of Personality and Social Psychology*, **92** (2), 165-178.

[4] Aarts, H., Custers, R., & Wegner, D. M. (2005). On the inference of personal authorship: Enhancing experienced agency by priming effect information. *Consciousness and Cognition*, **14**, 439-458.

[5] Aarts, H., & Dijksterhuis, A. (2000a). The automatic activation of goal-directed behaviour: The case of travel habit. *Journal of Environmental Psychology*, **20**, 75-82.

[6] Aarts, H., & Dijksterhuis, A. (2000b). Habits as knowledge structures:

Automaticity in goal-directed behavior. *Journal of Personality and Social Psychology,* **78**, 53-63.

[7] Aarts, H., & Dijksterhuis, A. (2002). Comparability is in the eye of the beholder: Contrast and assimilation effects of primed animal exemplars on person judgments. *British Journal of Social Psychology,* **41**, 123-138.

[8] Aarts, H., & Dijksterhuis, A. (2003). The silence of the library: Environment, situational norm, and social behavior. *Journal of Personality and Social Psychology,* **84**, 18-28.

[9] Aarts, H., Dijksterhuis, A., & Custer, R. (2003). Automatic normative behavior in environments: The moderating role of conformity in activating situational norms. *Social Cognition,* **21**, 447-464.

[10] Aarts, H., Dijksterhuis, A., & De Vries, P. (2001). On the psychology of drinking: Being thirsty and perceptually ready. *British Journal of Psychology,* **92**, 631.

[11] Aarts, H., Dijksterhuis, A., & Dik, G. (in press). Goal contagion: Inferring goals from other's actions – and what it leads to. In J. Y. Shah & W. L. Gardner (Eds.), *Handbook of motivation science.* New York: Guilford.

[12] Aarts, H., Dijksterhuis, A. P., & Midden, C. (1999). To plan or not to plan? Goal achievement of interrupting the performance of mundane behaviors. *European Journal of Social Psychology,* **29**, 971-979.

[13] Aarts, H., Gollwitzer, P. M., & Hassin, R. R. (2004). Goal contagion: Perceiving is for pursuing. *Journal of Personality and Social Psychology,* **87**, 23-37.

[14] Aarts, H., Verplanken, B., & van Knippenberg, A. (1998). Predicting behavior from actions in the past: Repeated decision making or a matter of habit? *Journal of Applied Social Psychology,* **28**, 1355-1374.

[15] Alley, T. R. (1981). *Caregiving and the perception of maturational status.* Unpublished doctoral dissertation, University of Connecticut.

[16] Allport, G. W. (1968). The historical background of modern social psychology. In G. Lindzey & E. Aronson (Eds.), *Handbook of social psychology* (2nd ed., Vol. 1, pp. 1-80). Reading, MA: Addison-Wesley.

[17] Anderson, C. A., Carnagey, N. L., & Eubanks, J. (2003). Exposure to violent media: The effects of songs with violent lyrics on aggressive thoughts and feelings. *Journal of Personality and Social Psychology,* **84**, 960-971.

[18] Anderson, J. R. (1983). *On the architecture of cognition.* Cambridge, MA: Harvard University Press.

[19] Anderson, M. C. (2003). Rethinking interference theory: Executive control and the mechanisms of forgetting. *Journal of Memory and Language,* **49**, 415-445.

[20] Asch, S. E. (1951). Effects of group pressure upon the modification and distortion of judgments. In H. Guetzkow (Ed.), *Groups, leadership, and men.* Pittsburgh, PA: Carnegie Press.

[21] Ashton-James, C., van Baaren, R., Chartrand, T. L., & Decety, J. (2006).

Understanding the positive social consequences of nonscioucous imitation: The mediating role of self-construal. Manuscript submitted for publication, Duke, University.

[22] Atkinson, J. W., & Birch, D. (1970). *A dynamic theory of action*. New York: Wiley.

[23] Baars, B. J. (2002). The conscious access hypothesis: Origins and recent evidence. *Trends in Cognitive Science*, **6**, 47-52.

[24] Bailenson, J. N., & Yee, N. (2005). Digital chameleons: Automatic assimilation of nonverbal gestures in immersive virtual environments. *Psychological Science*, **16**, 814-819.

[25] Bandura, A. (1986). *Social foundations of thought and action: A social cognitive theory*. Englewood Cliffs, NJ: Prentice-Hall.

[26] Banfield, J. F., Pendry, L. F., Mewse, A. J., & Edward, M. G. (2003). The effects of an elderly stereotype prime on reaching and grasping actions. *Social Cognition*, **21**, 299-319.

[27] Bargh, J. A. (1989). Conditional automaticity: Varieties of automatic influence in social perception and cognition. In J. S. Uleman & J. A. Bargh (Eds.), *Unintended thought* (pp. 3-51). New York: Guilford Press.

[28] Bargh, J. A. (1990). Auto-motives: Preconscious determinants of social interaction. In E. T. Higgins & R. M. Sorrentino (Eds.), *Handbook of motivation and cognition* (Vol. 2, pp. 93-132). New York: Guilford.

[29] Bargh, J. A. (1994). The four horsemen of automaticity: Awareness, efficiency, intention and control in social cognition. In R. S. Wyner & T. K. Srull (Eds.), *Handbook of social cognition* (2nd ed., pp. 1-40). Hillsdale, NJ: Erlbaum.

[30] Bargh, J. A. (1997). The automaticity of everyday life. In R. S. Wyer (Ed.), *The automaticity of everyday life: Advances in social cognition* (Vol. 10, pp. 1-61). Mahwah, NJ: Erlbaum.

[31] Bargh, J. A. (1999). The cognitive monster. In S. Chaiken & Y. Trope (Eds.), *Dual process theories in social psychology* (pp. 361-382). New York: Guilford Press.

[32] Bargh, J. A. (2005). Bypassing the will: Towards demystifying the nonconscious control of social behavior. In R. R. Hassin, J. S. Uleman, & J. A. Bargh (Eds.), *The new unconscious* (pp. 37-60). New York: Oxford University Press.

[33] Bargh, J. A., & Chartrand, T. L. (1999). The unbearable automaticity of being. *American Psychologist*, **54**, 462-479.

[34] Bargh, J. A., Chen, M., & Burrows, L. (1996). Automaticity of social behavior: Direct effects of trait construct and stereotype activation on action. *Journal of Personality and Social Psychology*, **71**, 230-244.

[35] Bargh, J. A., & Gollwitzer, P. M. (1994). Environmental control of goal-directed action: Automatic and strategic contingencies between situations and behavior. In W. D. Spaulding (Ed.), *Nebraska symposium on Motivation* (Vol. 41, pp. 71–

124). Lincoln, NE: University of Nebraska Press.
[36] Bargh, J. A., Gollwitzer, P. M., Lee-Chai, A. Y., Barndollar, K., & Trötschel, R. (2001). Bypassing the will: Automatic and controlled self-regulation. *Journal of Personality and Social Psychology*, **81**, 1014-1027.
[37] Bargh, J. A., & Pietromonaco, P. (1982). Automatic information processing and social perception: The influence of trait information presented outside of conscious awareness on impression formation. *Journal of Personality and Social Psychology*, **43**, 437-449.
[38] Barker, R. G. (1968). *Ecological psychology: Concepts and methods for studyibg the environment of human behavior*. Stanford, CA: Stanford University Press.
[39] Baumeister, R. F., & Leary, M. R. (1995). The need to belong: Desire for interpersonal attachments as a fundamental human motivation. *Psychological Bulletin*, **117**, 497-529.
[40] Bavelas, J. B., Black, A., Lemery, C. R., & Mullet, J. (1986). "I show how you feel": Motor mimicry as a communicative act. *Journal of Personality and Social Psychology*, **50**, 322-329.
[41] Bavelas, J. B., Black, A., Lemery, C. R., & Mullet, J. (1987). Motor mimicry as primitive empathy. In N. Eisenberg & J. Strayer (Eds.), *Empathy and its development* (pp. 317-338). Cambridge: Cambridge University Press.
[42] Bernieri, F. J. (1988). Coordinated movement and rapport in teacher-student interactions. *Journal of Nonverbal Behavior*, **12** (2), 120-138.
[43] Bernieri, F. J., Reznick, J. S., & Rothenthal, R. (1988). Synchrony, pseudo synchrony, and dissynchrony: Measuring the entrainment process in mother-infant interactions. *Journal of Personality and Social Psychology*, **54**, 243-253.
[44] Bindra, D. (1974). A motivational view of learning, performance, and behavior modification. *Psychological Review*, **81**, 199-213.
[45] Blakemore, S. J., Wolpert, D. M., & Frith, C. D. (2002). Abnormalities in the awareness of action. *Trends in Cognitive Sciences*, **6**, 237-242.
[46] Bodenhausen, G. V., Macrae, C. N., & Sherman, J. W. (1999). On the dialectics of discrimination: Dual processes in social stereotyping. In S. Chaiken & Y. Trope (Eds.), *Dual process theories in social psychology* (pp. 271-292). New York: Guilford Press.
[47] Brehm, J. W., & Self, E. A. (1989). The intensity of motivation. *Annual Review of Psychology*, **40**, 109-131.
[48] Brewer, M. B. (1988). A dual process model of impression formation. In R. S. Wyer, Jr., & T. K. Srull (Eds.), *Advances in social cognition* (Vol. 1, pp. 1-36). Hillsdale, NJ: Erlbaum.
[49] Brewer, M. B. (1991). The social self: On being the same and different at the same time. *Personality and Social Psychology Bulletin*, **17**, 475-482.
[50] Brown, R., Croizet, J. C., Bohner, G., Fournet, M., & Payne, A. (2003). Automatic

category activation and social behavior: The moderating role of prejudiced beliefs. *Social Cognition*, **21**, 167-193.
[51] Bruner, J. S. (1957). On perceptual readiness. *Psychological Review*, **64**, 123-152.
[52] Buss, D. M., & Kenrick, D. T. (1998). Evolutionary social psychology. In D. T. Gilbert, S. T. Fiske, & G. Lindzey (Eds.), *The handbook of social psychology* (4th ed., pp. 982-1026). New York: Oxford University Press.
[53] Camic, C. (1986). The matter of habit. *American journal of Sociology*, **91**, 1039-1087.
[54] Caporael, L. R. (1997). The evolution of truly social cognition: The core configurations model. *Personality and Social Psychology Bulletin*, **1**, 276-298.
[55] Caporael, L. R. (2000). Evolutionary psychology: Toward a unifying theory and a hybrid science. *Annual Review of Psychology*, **52**, 607-628.
[56] Caporael, L. R. (2001). Parts and wholes: The evolutionary importance of groups. In C. Sedikides & M. B. Brewer (Eds.), *Individual self, relational self, collective self* (pp. 241-258). Philadelphia, PA: Psychology Press.
[57] Carpenter, W. B. (1884). *Principles of mental physiology*. New York: Appleton.
[58] Carver, C. S., Ganellen, R. J., Froming, W. J., & Chambers, W. (1983). Modeling: An analysis in terms of category accessibility. *Journal of Experimental Social Psychology*, **19**, 403-421.
[59] Carver, C. S., & Scheier, M. F. (1981). *Attention and self-regulation: A control theory approach to human behaviors*. New York: Springer.
[60] Carver, C., & Scheier, M. F. (1998). *On the self-regulation of behavior*. New York: Cambridge University Press.
[61] Charney, E. J. (1966). Psychosomatic manifestations of rapport in psychotherapy. *Psychosomatic Medicine*, **28**, 305-315.
[62] Chartrand, T. L., & Bargh, J. A. (1996). Automatic activation of impression formation and memorization goals: Nonconscious goal priming reproduces effects of explicit task instructions. *Journal of Personality and Social Psychology*, **71**, 464-478.
[63] Chartrand, T. L., & Bargh, J. A. (1999). The chameleon effect: The perception-behavior link and social interaction. *Journal of Personality and Social Psychology*, **76**, 893-910.
[64] Chartrand, T. L., Maddux, W. W., & Lakin, J. L. (2005). Beyond the perception-behavior link: The ubiquitous utility and motivational moderators of nonconscious mimicry. In R. R. Hassin, J. S. Uleman, & J. A. Bargh (Eds.), *The new unconsciousness* (pp. 334-361). New York: Oxford University Press.
[65] Chen, M., & Bargh, J. A. (1997). Nonconscious behavioral confirmation processes: The self-fulfilling consequences of automatic stereotype activation. *Journal of Experimental Social Psychology*, **33**, 541-560.
[66] Cheng, C. M., & Chartrand, T. L. (2003). Self-monitoring without awareness:

Using mimicry as a nonconscious affiliation strategy. *Journal of Personality and Social Psychology*, **85**, 1170-1179.

[67] Cialdini, R. B., Reno, R. R., & Kallgren, C. A. (1990). A focus theory of normative conduct-recycling the concept of norms to reduce littering in public places. *Journal of Personality and Social Psychology*, **58**, 1015-1026.

[68] Cohen, D. (1997). Ifs and thens in cultural psychology. In R. S. Wyer, Jr. (Ed.), *Advances in social cognition* (Vol. 10, pp. 121-131). Mahwah, NJ: Erlbaum.

[69] Cosmides, L., & Tooby, J. (1992). Cognitive adaptations for social exchange. In J. H. Barkow, L. Cosmides, & J. Tooby (Eds.), *The adapted mind: Evolutionary psychology and generation of culture* (pp. 163-228). New York: Oxford University Press.

[70] Curtis, C. E., & D'Esposito, M. (2003). Persistent activity in the prefrontal cortex during working memory. *Trends in Cognitive Sciences*, **7**, 415-423.

[71] Custers, R., & Aarts, H. (2005a). Positive affect as implicit motivator: On the unconscious operation of behavioral goals. *Journal of Personality and Social Psychology*, **89**, 129-142.

[72] Custers, R., & Aarts, H. (2005b). Beyond accessibility: The role of affect and goal-discrepancies in implicit processes of motivation and goal-pursuit. *European Review of Social Psychology*, **16**, 257-300.

[73] Custers, R., & Aarts, H. (2007). *Goal-discrepant situations prime goal-directed actions if goals are temporarily of chronically accessible*. Manuscript submitted for publications.

[74] Custers, R., & Aarts, H. (in press). In search of the nonconscious sources of goal-pursuit: Accessibility and positive valence of the goal state. *Journal of Experimental Social Psychology*.

[75] Dabbs, J. M. (1969). Similarity of gestures and interpersonal influence. Paper presented at the *77th Annual Convention of the American Psychological Association*, Washington, DC.

[76] Danner, U. N., Aarts, H., Bender, M., & De Vries, N. K. (2005). The regulatory merits of inhibiting alternatives in the selection of means for goals. Manuscript under review.

[77] Davis, M. H. (1983). Measuring individual differences in empathy: Evidence for a multidimensional approach. *Journal of Personality and Social Psychology*, **44**, 113-126.

[78] Decety, J., & Grezes, J. (1999). Neural mechanisms subserving the perception of human actions. *Trends in Cognitive Sciences*, **3**, 172-178.

[79] Decety, J., Jeannerod, M., Germain, M., & Pastene, J. (1991). Vegetative response during imagined movement is proportional to mental effort. *Behavioral Brain Research*, **42**, 1-5.

[80] Deci, E. L., & Ryan, R. M. (1985). *Intrinsic motivation and self-determination in*

human behavior. New York: Plenum.
[81] Dempster, F. N., & Brainerd, C. J. (1995). *Interference and inhibition in cognition.* New York: Academic Press.
[82] Devine, P. G. (1989). Stereotypes and prejudice: Their automatic and controlled components. *Journal of Personality and Social Psychology,* **56**, 5-18.
[83] de Waal, F. (1989). *Peacemaking among primates.* Cambridge, MA: Harvard University Press.
[84] Dijksterhuis, A., Aarts, H., Bargh, J. A., & van Knippenberg, A. (2000). On the relation between associative strength and automatic behavior. *Journal of Experimental Social Psychology,* **36** (5), 531-544.
[85] Dijksterhuis, A., Aarts, H., & Smith, P. K. (2005). The power of the subliminal: On subliminal persuation and other potential applications. In R. R. Hassin, J. S. Uleman & J. A. Bargh (Eds.), *The new unconscious* (pp. 77-106). New York: Oxford University Press.
[86] Dijksterhuis, A., & Bargh, J. A. (2001). The perception-behavior expressway: Automatic effects of social perception on social behavior. In M. P. Zanna (Ed.), *Advances in experimental social psychology* (Vol. 33, pp. 1-40). San Diego, CA: Academic Press.
[87] Dijksterhuis, A., Bargh, J. A., & Miedema, J. (2000). Of men and mackerels: Attention, subjective experience, and automatic social behavior. In H. Bless & J. P. Forgas (Eds.), *The message within: The role of subjective experience in social cognition and behavior* (pp. 37-51). Philadelphia: Psychological Press.
[88] Dijksterhuis, A., & Smith, P. K. (2005). What do we do unconsciously? And how? *Journal of Consumer Psychology,* **15**, 225-229.
[89] Dijksterhuis, A., Spears, R., & Lepinasse, V. (2001). Reflecting and deflecting stereotypes: Assimilation and contrast in impression formation and automatic behavior. *Journal of Experimental Social Psychology,* **37**, 286-299.
[90] Dijksterhuis, A., Spears, R., Postmes, T., Stapel, D., Koomen, W., van Knippenberg, A, et al. (1998). Seeing one thing and doing another: Contrast effects in automatic behavior. *Journal of Personality and Social Psychology,* **75**, 862-871.
[91] Dijksterhuis, A., & van Knippenberg, A. (1996). The knife that cuts both ways: Facilitated and inhibited access to traits as a result of stereotype activation. *Journal of Experimental Social Psychology,* **32**, 271-288.
[92] Dijksterhuis, A., & van Knippenberg, A. (1998). The relation between perception and behavior, or how to win a game of Trivial Pursuit. *Journal of Personality and Social Psychology,* **74**, 865-877.
[93] Dijksterhuis, A., & van Knippenberg, A. (2000). Behavioral indecision: Effects of self-focus on automatic behavior. *Social Cognition,* **18** (1), 55-74.
[94] Dik, G., & Aarts, H. (2005). Behavioral Cues to Others' Motivation and goal-

pursuits: The perception of effort facilitates goal inference and contagion. Manuscript under review.
[95] Dimberg, U. (1982). Facial reactions to facial expressions. *Psychophysiology*, **19**, 643-647.
[96] Durkheim, E. (1893). 1933/1964. *The division of labor in society*. Translated by George Simpson. New York: Free Press.
[97] Duval, S., & Wicklund, R. A. (1972). *A theory of objective self-awareness*. New York: Academic Press.
[98] Eidelberg, L. (1929). Experimenteller Beitrag zum Mechanismus der Imitationsbewegung. *Jahresbücher für Psychiatrie und Neurologie*, **46**, 170-173.
[99] Elsner, B., & Hommel, B. (2001). Effect anticipation and action control. *Journal of Experimental Psychology: Human Perception and Performance*, **27**, 229-240.
[100] Epley, N., & Gilovich, T. (1999). Just going along: Nonconscious priming and conformity to social pressure. *Journal of Personality and Social Psychology*, **35**, 578-589.
[101] Fadiga, L., Fogassi, L., Pavesi, G., & Rizzolatti, G. (1995). Motor facilitation during action observation: A magnetic stimulation study. *Journal of Neurophysiology*, **73**, 2608-2611.
[102] Ferraro, R., Bettman, J. R., & Chartrand, T. L. (2006). I see, I do, I like: The consequences of behavioral mimicry for consumer preferences. Manuscript submitted for publication, Duke University.
[103] Finkel, E. J., Campbell, W. K., Brunell, A. B., Dalton, A. N., Scarbeck, S. J., & Chartrand, T. L. (2006). High maintenance interaction: Inefficient social coordination impairs self-regulation. *Journal of Personality and Social Psychology*, **91**,456-475.
[104] Fiske, S. T. (1993). Controlling other people: The impact of power on stereotyping. *American Psychologist*, **48**, 621-628.
[105] Fiske, S. T., & Neuberg, S. E. (1990). A continuum of impression formation from category-based to individuating processes: Influences of information and motivation on attention and interpretation. In M. Zanna (Ed.), *Advances in experimental social psychology* (Vol. 23, pp. 1-74). San Diego, CA: Academic Press.
[106] Fitzsimons, G. M., & Bargh, J. A. (2003). Thinking of you: Nonconscious pursuit of interpersonal goals associated with relationship partners. *Journal of Personality & Social Psychology*, **84** (1), 148-163.
[107] Fitzsimons, G. M., Chartrand, T. L., & Fitzsimons, G. J. (2006). Automatic effects of brand exposure on behavior. Manuscript submitted for publication, Duke University.
[108] Förster, J., Friedman, R. S., Butterbach, E. B., & Sassenberg, K. (2006). Automatic effects of deviancy cues on creative cognition. *European Journal of Social Psychology*, **35**, 345-359.

[109] Förster, J., Liberman, N., & Higgins, E. T. (2005). Accessibility from active and fulfilled goals. *Journal of Experimental Social Psychology*, **41**, 220-239.
[110] Forster, K. I., Booker, J., Schacter, D. L., & Davis, C. (1990). Masked repetition priming: Lexical activation or novel memory trace? *Bulletin of the Psychonomic Society*, **28**, 341-345.
[111] Gallese, V., Fadiga, L., Fogassi, L., & Rizzolatti, G. (1996). Action recognition in the premotor cortex. *Brain*, **119**, 593-609.
[112] Geen, R. G. (1995). *Human motivation: A social psychological approach.* Belmont, CA: Wadsworth.
[113] Gibbons, F. X. (1990). Self-attention and behavior: A review and theoretical update. In M. P. Zanna (Ed.), *Advances in experimental social psychology* (Vol. 23, pp. 249-303). San Diego, CA: Academic Press.
[114] Gibson, J. J. (1979). *The ecological approach to visual perception.* Boston: Houghton-Mifflin.
[115] Gilbert, D. T. (1989). Thinking lightly about others: Automatic components of the social inference process. In J. S. Uleman & J. A. Bargh (Eds.), *Unintended thought* (pp. 189-211). New York: Guilford Press.
[116] Gilbert, D. T., & Malone, P. S. (1995). The correspondence bias. *Psychological Bulletin*, **117**, 21-38.
[117] Gollwitzer, P. M. (1990). Action phases and mind-sets. In E. T. Higgins & R. M. Sorrentino (Eds.), *Handbook of motivation and cognition* (pp. 53-92). New York: Guilford Press.
[118] Gollwitzer, P. M. (1993). Goal achievement: The role of intentions. In W. Stroebe & M. Hewstone (Eds.), *European review of social psychology* (Vol. 4, pp. 141-185). London: Wiley.
[119] Gollwitzer, P. M. (1999). Implementation intentions: Strong effects of simple plans. *American Psychologist*, **54**, 493-503.
[120] Gollwitzer, P. M., & Moskowitz, G. B. (1996). Goal effects on thought and behavior. In E. T. Higgins & A. W. Kruglanski (Eds.), *Social psychology: Handbook of basic principles* (pp. 361-399). New York: Guilford Press.
[121] Goodale, M. A. (1994). The nature and limits of orientation and pattern processing visuomotor control in a visual form agnosic. *Journal of Cognitive Neuroscience*, **6**, 46-56.
[122] Goodale, M. A., & Milner, A. D. (2005). *Sight unseen: An exploration of conscious and unconscious vision.* Oxford: Oxford University Press.
[123] Goodale, M. A., Milner, A. D., Jakobson, L. S., & Carey, D. P. (1991). Perceiving the world and grasping it: A neurological dissociation. *Nature*, **349**, 154-156.
[124] Goschke, T., & Kuhl, J. (1993). Representation of intentions: Persisting activation in memory. *Journal of Experimental Psychology: Learning, Memory, and Cognition*, **19**, 1211-1226.

[125] Greenwald, A. G., & Banaji, M. R. (1995). Implicit social cognition: Attitudes, self-esteem, and stereotypes. *Psychological Review*, **102** (1), 4-27.
[126] Grezes, J., & Decety, J. (2001). Functional anatomy of execution, mental simulation, observation, and verb generation of actions: A meta-analysis. *Human Brain Mapping*, **12**, 1-19.
[127] Haddock, G., Macrae, C. N., & Fleck, S. (2002). Syrian science and smart supermodels: On the when and how of perception-behavior effects. *Social Cognition*, **20**, 461-481.
[128] Hale, B. D. (1982). The effects of internal and external imagery on muscular and ocular concomitants. *Journal of Sport Psychology*, **4**, 379-387.
[129] Hamilton, D. L., Driscoll, D. M., & Worth, L. T. (1989). Cognitive organization of impressions: Effects of incongruency in complex representations. *Journal of Personality and Social Psychology*, **57**, 925-937.
[130] Hamilton, D. L., Katz, L. B., & Leirer, V. O. (1980). Cognitive representation of personality impression: Organizational processes in first impression formation. *Journal of Personality and Social Psychology*, **39**, 1050-1063.
[131] Hassin, R. R. (2005). Non-conscious control and implicit working memory. In R. R. Hassin, J. S. Uleman & J. A. Bargh (Eds.), *The new unconscious* (pp. 196-224). New York: Oxford University Press.
[132] Hassin, R. R., Aarts, H., & Ferguson, M. J. (2005). Automatic goal inferences. *Journal of Experimental Social Psychology*, **41**, 129-140.
[133] Hastie, R., & Park, B. (1986). The relationship between memory and judgment depends on whether the judgment task is memory-based or on-line. *Psychological Review*, **93**, 258-268.
[134] Hatfield, E., Cacioppo, J., & Rapson, R. L. (1994). *Emotional contagion*. Cambridge: Cambridge University Press.
[135] Hausdorff, J. M., Levy, B. R., & Wei, J. Y. (1999). The power of ageism on physical function of older persons: Reversibility of age-related gait changes. *Journal of the American Geriatrics Society*, **47**, 1346-1349.
[136] Heider, F., & Simmel, M. (1944). An experimental study of apparent behavior. *American Journal of Psychology*, **57**, 243-259.
[137] Herr, P. M. (1986). Consequences of priming: Judgment and behavior. *Journal of Personality and Social Psychology*, **51**, 1106-1115.
[138] Herr, P. M., Sherman, S. J., & Fazio, R. H. (1983). On the consequences of priming: Assimilation and contrast effects. *Journal of Experimental Social Psychology*, **19**, 323-340.
[139] Hertel, G., & Fieldler, K. (1998). Fair and dependent versus egoistic and free: Effects of semantic and evaluative priming on the "ring measure of social values". *European Journal of Social Psychology*, **28**, 49-70.
[140] Hertel, G., & Kerr, N. L. (2003). Priming in-group favoritism: The impact of

normative scripts in the minimal group paradigm. *Journal of Experimental Social Psychology*, **37**, 316-324.

[141] Hess, T. M., Auman, C., Colcombe, S. J., & Rahhal, T. A. (2003). The impact of stereotype threat on age differences in memory performance. *Journal of Gerontology Series B - Psychological Sciences and Social Sciences*, **58**, 3-11.

[142] Hess, T. M., Hinson, J. T., & Stratham, J. A. (2004). Explicit and implicit stereotype activation effects on memory: Do age and awareness moderate the impact of priming? *Psychology and Aging*, **19**, 495-505.

[143] Higgins, E. T. (1989). Knowledge accessibility and activation: Subjectivity and suffering from unconscious sources. In J. S. Uleman & J. A. Bargh (Eds.), *Unintended thought* (pp. 75-123). New York: Guilford Press.

[144] Higgins, E. T., & Bargh, J. A. (1987). Social cognition and social perception. In M. R. Rosenzweig & L. W. Porter (Eds.), *Annual review of psychology* (Vol. 38, pp. 369-425). Palo Alto, CA: Annual Reviews.

[145] Higgins, E. T., Bargh, J. A., & Lombardi, W. (1985). The nature of priming effects on categorization. *Journal of Experimental Psychology: Learning, Memory and Cognition*, **11**, 59-69.

[146] Higgins, E. T., Rholes, W. S., & Jones, C. R. (1977). Category accessibility and impression formation. *Journal of Experimental Social Psychology*, **13**, 141-154.

[147] Holland, R. W., Aarts, H., & Langendam, R. (2006). Breaking and creating habits on the working floor: A field-experiment on the power of implementation intentions. *Journal of Experimental Social Psychology*, **42**, 776-783.

[148] Holland, R. W., Hendriks, M., & Aarts. (2005). Smells like clean spirit: Nonconscious effects of scent on cognition and behavior. *Psychological Sciences*, **16**, 689-693.

[149] Hull, J. G., Slone, L. B., Meteyer, K. B., & Matthews, A. R. (2002). The nonconsciousness of self-consciousness. *Journal of Personality and Social Psychology*, **83** (2), 406-424.

[150] Hyland, M. E. (1988). Motivational control-theory – an integrative framework. *Journal of Personality and Social Psychology*, **55**, 642-651.

[151] Iacoboni, M., Woods, R. P., Brass, M., Bekkering, H., Mazziotta, J. C., & Rizzolatti, G. (1999). Cortical mechanisms of human imitation. *Science*, **286**, 2526-2528.

[152] Jacobson, E. (1932). The electrophysiology of mental activities. *American Journal of Psychology*, **44**, 677-694.

[153] James, W. (1890). *Principles of psychology*. New York: Holt.

[154] Jastrow, J., & West, J. (1892). A study of involuntary movements. *American Journal of Psychology*, **4**, 398-407.

[155] Jeannerod, M. (1994). The representing brain: Neural correlates of motor intention and imagery. *Behavioral and Brain Sciences*, **17**, 187-245.

[156] Jeannerod, M. (1995). Mental imagery in the motor cortex. *Neuropsychologia*,

33, 1419-1432.
[157] Jeannerod, M. (1997). *The cognitive neuroscience of action*. Oxford: Blackwell.
[158] Jeannerod, M. (1999). To act or not to act: Perspectives on the representation of actions. *Quarterly Journal of Experimental Psychology*, **52A**, 1-29.
[159] Jeannerod, M. (2003). Consciousness of action and self-consciousness: A cognitive neuroscience approach. In J. Roessler & N. Eilan (Eds.), *Agency and self-awareness: Issues in philosophy and psychology*. New York: Oxford University Press.
[160] Johanson, D., & Edgar, B. (1996). *From Lucy to language*. New York: Simon & Schuster Editions.
[161] Jonas, K., & Sassenberg, K. (2006). Knowing what to do: automatic re-sponse activation from social categories. *Journal of Personality and Social Psy-chology*, **90**, 709-721.
[162] Kawakami, K., Dovidio, J. F., & Dijksterhuis, A. (2003). Effects of social category priming on personal attitudes. *Psychological Science*, **14**, 315-319.
[163] Kawakami, K., Young, H., & Dovidio, J. F. (2002). Automatic stereotyping: Category, trait, and behavioral activations. *Personality and Social Psychology Bulletin*, **28** (1), 3-15.
[164] Kay, A. C., & Ross, L. (2003). The perceptual push: The interplay of implicit cues and explicit situational construals on behavioral intentions in the Prisoner's Dilemma. *Journal of Experimental Social Psychology*, **39**, 634-643.
[165] Kay, A. C., Wheeler, S. C., Bargh, J. A., & Ross, L. (2004). Material priming: The influence of mundane physical objects on situational construal and competitive behavioral choice. *Organizational Behavior and Human Decision Processes*, **95**, 83-96.
[166] Köhler, W. (1927). *The mentality of apes* (2nd ed.). New York: Harcourt.
[167] Kornhuber, H. H., & Deecke, L. (1965). Hirnpotentialanderungen bei Wilkurbewegungen und passiv Bewegungen des Menschen: Berietschaftpotential und reafferente Potentiale. *Pflugers Archiv fur Gesamte Psychologie*, **284**, 1-17
[168] Krolak-Schwerdt, S. (2003). The cognition-behavior link: Effects of activated trait categories on social behavior. *Zeitschrift fur Sozialpsychologie*, **34**, 79-90.
[169] Kruglanski, A. W., Shah, J. Y., Fishbach, A., Friedman, R., Chun, W. Y., & Sleeth-Keppler, D. (2002). A theory of goal-systems. In M. P. Zanna (Ed.), *Advances in Experimental Social Psychology* (Vol. 34, pp. 331-378). New York: Academic Press.
[170] Kunda, Z. (1999). *Social cognition*. Cambridge: MIT Press.
[171] La France, M. (1982). Posture mirroring and rapport. In M. Davis (Ed.), *Interaction rhythms: Periodicity in communicative behavior* (pp. 279-298). New York: Human Sciences Press.
[172] La France, M., & Broadbent, M. (1976). Group rapport: Posture sharing as a

nonverbal indicator. *Group and Organizational Studies*, **1**, 328-333.
[173] Lakin, J. L., & Chartrand, T. L. (2003). Using nonconscious behavioral mimicry to create affiliation and rapport. *Psychological Science,* **14** (4), 334-339.
[174] Lakin, J. L., Chartrand, T. L., & Arkin, R. (2006). I am too just like you: The effects of ostracism on nonconscious mimicry. Manuscript submitted for publication, Drew University.
[175] Lakin, J. L., Jefferis, V. E., Cheng, C. M., & Chartrand, T. L. (2003). The chameleon effect as social glue: Evidence for evolutionary significance of nonconscious mimicry. *Journal of Nonverbal Behavior*, **27**, 145-162.
[176] LeBoeuf, R. A., & Estes, Z. (2004). "Fortunately, I'm no Einstein": Comparison relevance as a determinant of behavioral assimilation and contrast. *Social Cognition*, **22**, 607-636.
[177] Leff, H. L. (1978). *Experience, environment, and human potential*. New York: Oxford University Press.
[178] Lepore, L., & Brown, R. (1997). Category and stereotype activation: Is prejudice inevitable? *Journal of Personality and Social Psychology*, **72**, 275-287.
[179] Levelt, W. J. M., & Kelter, S. (1982). Surface form and memory in question answering. *Cognitive Psychology*, **14**, 78-106.
[180] Levy, B. (1996). Improving memory in old age through implicit self-stereotyping. *Journal of Personality and Social Psychology*, **71**, 1092-1107.
[181] Lewin, K. (1936). *Principles of topological psychology*. New York: McGraw-Hill.
[182] Lewin, K. (1951). *Field theory in social science*. Chicago: University of Chicago Press.
[183] Lewin, K. (1993). *Human evolution: An illustrated introduction* (3rd ed.). Boston: Blackwell Scientific Publications.
[184] Libet, B., Gleason, C. A., Wright, E. W., & Pearl, D. K. (1983). Time of conscious intention to act in relation to onset of cerebral activity (readiness-potential): The unconscious initiation of a freely voluntary act. *Brain*, **106**, 623-642.
[185] Lieberman, M. D. (2000). Intuition: A social cognitive neuroscience approach. *Psychological Bulletin*, **126**, 109-137.
[186] Locke, E. A., & Latham, G. P. (1990). *A theory of goal setting and task performance*. Englewood Cliffs, NJ: Prentice-Hall.
[187] Lotze, R. H. (1852). *Medicinische Psychologie oder Physiologie der Seele. (Medical psychology or the physiology of the soul)*. Leipzig: Weidmannshe Buchhandlung.
[188] Luria, A. R. (1961). *The role of speech in the regulation of normal and abnormal behavior*. New York: Macmillan.
[189] Maass, A., Colombo, A., Colombo, A., & Sherman, S. J. (2001). Inferring traits from behaviors versus behaviors from traits: The induction-deduction asymmetry. *Journal of Personality and Social Psychology*, **81**, 391-404.

[190] Macrae, C. N., Bodenhausen, G. V., Milne, A. B., Castelli, L., Schloerscheidt, A. M., & Greco, S. (1998). On activating exemplars. *Journal of Experimental Social Psychology*, **34**, 330-354.
[191] Macrae, C. N., & Johnston, L. (1998). Help, I need somebody: Automatic action and inaction. *Social Cognition*, **16**, 400-417.
[192] Macrae, C. N., Milne, A. B., & Bodenhausen, G. V. (1994). Stereotypes as energy-saving devices: A peek inside the cognitive toolbox. *Journal of Personality and Social Psychology*, **66**, 37-47.
[193] Manis, M., Biernat, M., & Nelson, T. F. (1991). Comparison and expectancy processes in human judgment. *Journal of Personality and Social Psychology*, **61**, 203-211.
[194] Markman, A. B., & Brendl, C. M. (2000). The influence of goals on value and choice. *Psychology of Learning and Motivation: Advances in Research and Theory*, **39**, 97-128.
[195] Marsh, R. L., Hicks, J. L., & Bink, M. L. (1998). Activation of completed, uncompleted and partially completed intentions. *Journal of Experimental Psychology: Learning, Memory, and Cognition*, **24**, 350-361.
[196] Maurer, R. E., & Tindall, J. H. (1983). Effect of postural congruence on client's perception of counselor empathy. *Journal of Counseling Psychology*, **30**, 158-163.
[197] Maylor, E. A., Darby, R. J., & Sala Della, S. (2000). Retrieval of performed versus to-be-performed tasks: A naturalistic study of the intention-superiority effect in normal aging and dementia. *Applied Cognitive Psychology*, **14**, S83-S98.
[198] McArthur, L. Z., & Baron, R. M. (1983). Toward an ecological theory of social perception. *Psychological Review*, **90**, 215-238.
[199] McClure, J. (2002). Goal-based explanations of actions and outcomes. *European Review of Social Psychology*, **12**, 201-235.
[200] McDaniel, M. A., Robinson-Riegler, B., & Einstein, G. O. (1998). Prospective remembering: Perceptually driven or conceptually driven processes? *Memory & Cognition*, **26**, 121-134.
[201] Mckone, E. (1995). Short-term implicit memory for words and nonwords. *Journal of Experimental Psychology: Learning, Memory, and Cognition*, **21**, 1108-1126.
[202] McKoon, G., & Ratcliff, R. (1986). Inferences about predictable events. *Journal of Experimental Psychology: Learning, Memory, and Cognition*, **12**, 82-91.
[203] Milgram, S. (1963). Behavioral study of obedience. *Journal of Abnormal and Social Psychology*, **67**, 371-378.
[204] Miller, G. A., Galanter, E., & Pribram, K. H. (1960). *Plans and the structure of behavior*. Oxford, England: Holt.
[205] Milner, A. D., & Goodale, M. A. (1995). *The visual brain in action*. Oxford: Oxford University Press.

[206] Morsella, E. (2005). The function of phenomenal states: Supramodular interaction theory. *Psychological Review*, **112**, 1000-1021.
[207] Moskowitz, G. B., Gollwitzer, P. M., Wasel, W., & Schaal, B. (1999). Preconscious control of stereotype activation through chronic egalitarian goals. *Journal of Personality and Social Psychology*, **77**, 167-184.
[208] Moskowitz, G. B., Li, P., & Kirk, E. R. (2004). The implicit volition model: On the preconscious regulation of temporarily adopted goals. In M. P. Zanna (Ed.), *Advances in experimental social psychology* (Vol. 36, pp. 317-404). New York. Academic Press.
[209] Moskowitz, G. B., Salomon, A. R., & Taylor, C. M. (2000). Implicit control of stereotype activation through the preconscious operation of egalitarian goals. *Social Cognition*, **18**, 151-177.
[210] Mussweiler, T. (2003). Comparison processes in social judgment: Mechanisms and consequences. *Psychological Review*, **110** (3), 472-489.
[211] Mussweiler, T. (2006). Doing is for thinking: Stereotype activation by stereotypic movements. *Psychological Science*, **17**, 17-21.
[212] Neisser, U. (1967). *Cognitive psychology*. New York: Appleton-Century Cofts.
[213] Nelson, L. D., & Norton, M. I. (2005). From student to superhero: Situational primes shape future helping. *Journal of Experimental Social Psychology*, **41**, 423-430.
[214] Neumann, R., & Strack, F. (2000). "Mood contagion": The automatic transfer of mood between persons. *Journal of Personality and Social Psychology*, **79** (2), 211-223.
[215] Norman, D. A., & Shallice, T. (1986). Attention to action: Willed and automatic control of behavior. In R. J. Davidson, G. E. Schwartz & D. Shapiro (Eds.), *Consciousness and self-regulation: Advances in research and theory* (Vol. 4, pp. 1-18). New York: Plenum.
[216] Norretranders, T. (1998). *The user illusion: Cutting consciousness down to size*. New York: Viking.
[217] Oettingen, G., & Gollwitzer, P. M. (2001). Goal setting and goal striving. In A. Tesser & N. Schwartz (Eds.), *Blackwell handbook of social psychology: Intraindividual processes*. Oxford: Blackwell.
[218] Oikawa, M. (2004). Moderation of automatic achievement goals by conscious monitoring. *Psychological Reports*, **95**, 975-980.
[219] Ouellette, J. A., & Wood, W. (1998). Habit and intention in everyday life: The multiple processes by which past behavior predicts future behavior. *Psychological Bulletin*, **124**, 54-74.
[220] Park, B. (1986). A method for studying the development of impressions of real people. *Journal of Personality and Social Psychology*, **51**, 907-917.
[221] Paus, T., Petrides, M., Evans, A. C., & Meyer, E. (1993). Role of human anterior

cingulated cortex in the control of oculomotor, manual and speech responses: A positron emission tomography study. *Journal of Neurophysiology*, **70**, 453-469.

[222] Peak, H. (1955). Attitude and motivation. In M. R. Jones (Ed.), *Nebraska symposium on motivation: 1955* (pp. 149-189). Lincoln, NE: University of Nebraska Press.

[223] Pendry, L., & Carrick, R. (2001). Doing what the mob do: Priming effects on conformity. *European Journal of Social Psychology*, **31**, 83-92.

[224] Perani, D., Cappa, S. F., Schnur, T., Tettamanti, M., Colina, S., Rosa, M. M., & Fazio, F. (1999). The neural correlates of verb and noun processing. A PET study. *Brain*, **122**, 2237-2344.

[225] Pervin, L. A. (1989). Goal concepts: Themes, issues, and questions. In L. A. Pervin (Ed.), *Goal concepts in personality and social psychology* (pp. 473-479). Hillsdale, NJ: Erlbaum.

[226] Pilialoha, B., Hall, C., & Chartrand, T. L. (manuscript in preparation). *Social chameleons: Effects of social identity motives on nonconscious mimicry*.

[227] Poirier, F. E., & McKee, J. K. (1999). *Understanding human evolution* (4th ed.). Upper Saddle River, NJ: Prentice Hall.

[228] Powers, W. T. (1973). Feedback: Beyond behaviorism. *Science*, **179**, 351-356.

[229] Prinz, W. (1990). A common coding approach to perception and action. In O. Neumann & W. Prinz (Eds.), *Relationships between perception and action* (pp. 167-201). Berlin: Springer-Verlag.

[230] Prinz, W. (2003). How do we know about our own actions? In S. Maasen, W. Prinz, & G. Roth (Eds.), *Voluntary action: Brains, minds, and sociality* (pp. 21-33). New York: Oxford University Press.

[231] Prinz, W. (2005). An ideomotor approach to imitation. In S. Hurley & N. Chater (Eds.), *Perspectives on imitation: From mirror neurons to memes* (pp. 141-156). Cambridge, MA: MIT Press.

[232] Rizzolatti, G., Fadiga, L., Gallese, V., & Fogassi, L. (1996). Premotor cortex and the recognition of motor actions. *Cognitive Brain Research*, **3**, 131-141.

[233] Schank, R. C., & Abelson, R. P. (1977). *Scripts, plans, goals, and understanding: An inquiry into human knowledge structures*. Hillsdale, NJ: Erlbaum.

[234] Scheflen, A. E. (1964). The significance of posture in communication systems. *Psychiatry*, **27**, 316-331.

[235] Schenkein, J. (1980). A taxonomy of repeating action sequences in natural conversation. In B. Butterworth (Ed.), *Language production, Vol. 1, Speech and talk*. New York: Academic Press.

[236] Schubert, T. W., & Häfner, M. (2003). Contrast from social stereotypes in automatic behavior. *Journal of Experimental Social Psychology*, **39**, 577-584.

[237] Schwarz, N., & Clore, G. (1996). Feelings and phenomenal experiences. In E. T. Higgins & A. W. Kruglanski (Eds.), *Social psychology: Handbook of basic*

principles (pp. 433-465). New York: Guilford.
[238] Searle, J. R. (1983). *Intentionality: An essay on the philosophy of mind*. New York: Cambridge University Press.
[239] Shah, J. Y. (2003). The motivational looking glass: How significant others implicitly affect goal appraisals. *Journal of Personality and Social Psychology*, **85** (3), 424-439.
[240] Shah, J. Y., Friedman, R., & Kruglanski, A. W. (2002). Forgetting all else: On the antecedents and consequences of goal shielding. *Journal of Personality and Social Psychology*, **83**, 1261-1280.
[241] Shah, J. Y., & Kruglanski, A. W. (2002). Priming against your will: How accessible alternatives affect goal pursuit. *Journal of Experimental Social Psychology*, **38**, 368-383.
[242] Shah, J. Y., & Kruglanski, A. W. (2003). When opportunity knocks: Bottom-up priming of goals by means and its effects on self-regulation. *Journal of Personality and Social Psychology*, **84**, 1109-1122.
[243] Shallice, T. (1988). *From neuroscience to mental structure*. New York: Cambridge University Press.
[244] Sheeran, P., Aarts, H., Custers, R., Webb, T. L., Cooke, R., & Rivis, A. (2005). The goal-dependent automaticity of drinking habits. *British Journal of Social Psychology*, **44**, 1-18.
[245] Sherman, S. J. (1980). On the self-erasing nature of errors of prediction. *Journal of Personality and Social Psychology*, **39**, 211-221.
[246] Shih, M., Ambady, N., Richeson, J. A., Fujita, K., & Gray, H. (2002). Stereotype performance boosts: The impact of self-relevance and the manner of stereotype-activation. *Journal of Personality and Social Psychology*, **83**, 638-647.
[247] Shih, M., Pittinsky, T. L., & Ambady, N. (1999). Stereotype susceptibility: Identity salience and shifts in quantitive performance. *Psychological Science*, **10**, 80-83.
[248] Smeesters, D., Warlop, L., van Avermaet, E., Corneille, O., & Yzerbyt, V. (2003). Do not prime hawks with doves: The interplay of construct activation and consistency of social value orientation on cooperative behavior. *Journal of Personality and Social Psychology*, **84**, 972-987.
[249] Spears, R., Gordijn, E., Dijksterhuis, A., & Stapel, D. A. (2004). Reaction in action: Intergroup contrast in automatic behavior. *Personality and Social Psychology Bulletin*, **30**, 605-616.
[250] Sperber, D. (1990). The epidemiology of beliefs. In C. Fraser & G. Gaskell (Eds.), *The social psychological study of widespread beliefs* (pp. 25-44). New York: Clarendon Press/ Oxford University Press.
[251] Srull, T. K., & Wyer, R. S., Jr. (1979). The role of category accessibility in the interpretation of information about persons: Some determinants and implications.

Journal of Personality and Social Psychology, 37, 1660-1672.

[252] Stapel, D. A., & Koomen, W. (2001). I, we, and the effects of others on me: How self-construal level moderates social comparison effects. *Journal of Personality and Social Psychology, 80,* 766-781.

[253] Stapel, D. A., Koomen, W., & van der Pligt, J. (1996). The referents of traits inferences: The impact of trait concepts versus actor-trait links on subsequent judgments. *Journal of Personality and Social Psychology, 70,* 437-450.

[254] Stapel, D. A., Koomen, W., & van der Pligt, J. (1997). Categories of category accessibility: The impact of trait versus exemplar priming on person judgments. *Journal of Experimental Social Psychology, 33,* 44-76.

[255] Stapel, D. A., & Suls, J. (2004). Method matters: Effects of explicit versus implicit social comparisons on activation, behavior, and self-views. *Journal of Personality and Social Psychology, 87,* 860-875.

[256] Steele, C. M. (1997). A threat in the air: How stereotypes shape intellectual identity and performance. *American Psychologist, 52,* 613-629.

[257] Steele, C. M., & Aronson, J. (1995). Stereotype threat and the intellectual test performance of African Americans. *Journal of Personality and Social Psychology, 69,* 797-811.

[258] Steele, C. M., Spencer, S. J., & Aronson, J. (2002). Contending with group image: The psychology of stereotype and social identity threat. In M. P. Zanna (Ed.), *Advances in experimental social psychology* (Vol. 34, pp. 379-440). New York: Academic Press.

[259] Strack, F., Martin, L. L., & Stepper, S. (1988). Inhibiting and facilitating conditions of the human smile: A nonobtrusive test of the facial feedback hypothesis. *Journal of Personality and Social Psychology, 54,* 768-777.

[260] Tajfel, H., & Turner, J. G. (1979). An integrative theory of intergroup conflict. In W. G. Austin & S. Worchel (Eds.), *The social psychology of intergroup relations* (pp. 33-47). Monterey, CA: Brooks/Cole.

[261] Tanner, R., & Chartrand, T. L., & van Baaren, R. (2006). Strategic mimicry in action: The effect of being mimicked by salesperson on consumer preference for brands. Manuscript submitted for publication, Duke University.

[262] Toates, F. (1986). *Motivational systems.* Cambridge, UK: Cambridge University Press.

[263] Trope, Y. (1986). Identification and inferential processes in dispositional attribution. *Psychological Review, 93,* 239-257.

[264] Tucker, M. A. (1897). Comparative observations on the involuntary movements of adults and children. *American Journal of Psychology, 8,* 394-404.

[265] Uleman, J., Newman, L. S., & Moskowitz, G. B. (1996). People as flexible interpreters: Evidence and issues from spontaneous trait inference. In M. Zanna (Ed.), *Advances in experimental social psychology* (Vol. 28, pp. 179-211). San

Diego, CA: Academic Press.
[266] Utz, S., Ouwerkerk, J. W., & van Lange, P. A. M. (2004). What is smart in a social dilemma? Differential effects of priming competence on cooperation. *European Journal of Social Psychology*, **34**, 317-332.
[267] Vallacher, R. R., & Wegner, D. M. (1985). *A theory of action identification*. Hillsdale, NJ: Erlbaum.
[268] van Baaren, R. B., Fockenberg, D. A., Holland, R. W., Jassen, L., & van Knippenberg, A. (2006). The moody chameleon: The effect of mood on non-conscious mimicry. *Social Cognition*, **24**, 426-437.
[269] van Baaren, R. B., Holland, R. W., Steenaert, B., & van Knippenberg, A. (2003). Mimicry for money: Behavioral consequences of imitation. *Journal of Experimental Social Psychology*, **39**, 393-398.
[270] van Baaren, R. B., Horgan, T. G., Chartrand, T. L., & Dijkmans, M. (2004). The forest, the trees and the chameleon: Context-dependency and mimicry. *Journal of Personality and Social Psychology*, **86**, 453-459.
[271] van Baaren, R. B., Maddux, W. W., Chartrand, T. L., de Bouter, C., & van Knippenberg, A. (2003). It takes two to mimic: Behavioral consequences of self-construals. *Journal of Personality and Social Psychology*, **84** (5), 1093-1102.
[272] van den Berg, S., Aarts, H., Midden, C., & Verplanken, B. (2004). The role of executive processes in prospective memory tasks. *European Journal of Cognitive Psychology*, **16**, 511-533.
[273] Vaughan, K. B., & Lanzetta, J. T. (1980). Vicarious instigation and conditioning of facial expressive and autonomic responses to a model's expressive display of pain. *Journal of Personality and Social Psychology*, **38**, 909-923.
[274] Walther, E., Muller, D., & Schott, O. (2001). Automatic social behavior: How does priming of egoism and altruism influence helping behavior? *Zeitschrift fur Experimentelle Psychologie*, **48**, 248-257.
[275] Watt, H. J. (1905). Experimentelle beitrage zur einer theorie des denkens. *Archiv für geschichte der Psychologie*, **4**, 289-436.
[276] Wegner, D. M. (2002). *The illusion of conscious will*. Cambridge, MA: MIT Press.
[277] Wegner, D. M., & Wheatley, T. (1999). Why it feels as if we're doing things: Sources of the experience of will. *American Psychologist*, **54**, 480-492.
[278] Wheeler, S. C., DeMarree, K. G., & Petty, R. E. (2005). The roles of the self in priming-to-behavior effects. In A. Tesser, J. V. Wood, & D. A. Stapel (Eds.), *On building, defending and regulating the self* (pp. 245-271). New York: Psychology Press.
[279] Wheeler, S. C., Jarvis, W. B. G., & Petty, R. E. (2001). Think unto others: The self-destructive impact of negative racial stereotypes. *Journal of Experimental Social Psychology*, **37** (2), 173-180.

[280] Williams, K. D., Cheung, C. K. T., & Choi, W. (2000). Cyberostracism: Effects of being ignored over the Internet. *Journal of Personality and Social Psychology*, **79**, 748-762.

[281] Wilson, T. D. (2002). *Strangers to ourselves*. Cambridge, MA: Harvard University Press.

[282] Winter, L., & Uleman, J. (1984). When are social judgments made? Evidence for the spontaneousness of trait inferences. *Journal of Personality and Social Psychology*, **47**, 237-252.

[283] Wolfe, T. (2004). *I am Charlotte Simmons*. London: Jonathan Cape.

[284] Wright, R. A. (1996). Brehm's theory of motivation as a model of effort and cardiovascular response. In J. A. Bargh & P. M. Gollwitzer, (Eds.), *The psychology of action: Linking cognition and motivation to behavior* (pp. 424-453). New York, US: Guilford Press.

[285] Wyer, R. S., & Srull, T. K. (1986). Human cognition in its social context. *Psychological Review*, **93**, 322-359.

[286] Wyer, R. S., & Srull, T. K. (1989). *Memory and cognition in its social context*. Hillsdale, NJ: Erlbaum.

[287] Young, P. T. (1961). *Motivation and emotion*. New York: John Wiley.

[288] Zajonc, R. B., Adelmann, K. A., Murphy, S. T., & Niedenthal, P. M. (1987). Convergence in the physical appearance of spouses. *Motivation and Emotion*, **11**, 335-346.

[289] Zajonc, R. B., Pietromonaco, P., & Bargh, J. A. (1982). Independence and interaction of affect and cognition. In M. S. Clark & S. T. Fiske (Eds.), *Affect and cognition: The seventeenth annual Carnegie symposium on cognition* (pp. 211-227). Hillsdale, NJ: Lawrence Erlbaum.

第 3 章

[1] Agnew, C. R., Van Lange, P. A. M., Rusbult, C. E., & Langston, C. A. (1998). Cognitive interdependence: Commitment and the mental representation of close relationships. *Journal of Personality and Social Psychology*, **74** (4), 939-954.

[2] Andersen, S. M., & Baum, A. B. (1994). Transference in interpersonal relations: Inferences and affect based on significant-other representations. *Journal of Personality*, **62**, 460-497.

[3] Andersen, S. M., & Chen, S. (2002). The relational self: An interpersonal social-cognitive theory. *Psychological Review*, **109**, 619-645.

[4] Andersen, S. M., & Cole, S. W. (1990). "Do I know you?": The role of significant others in general social perception. *Journal of Personality and Social Psychology*, **59**, 384-399.

[5] Andersen, S. M., & Glassman, N. S. (1996). Responding to significant others when they are not there: Effects on interpersonal inference, motivation, and affect. In R.

M. Sorrentino & E. T. Higgins (Eds.), *Handbook of motivation and cognition* (Vol. 3, pp. 262-321). New York: Guilford.
[6] Andersen, S. M., Glassman, N. S., Chen, S., & Cole, S. W. (1995). Transference in social perception: The role of chronic accessibility in significant-other representations. *Journal of Personality and Social Psychology*, **69**, 41-57.
[7] Andersen, S. M., Reznik, I., & Chen, S. (1997). Self in relation to others: Cognitive and motivational underpinnings. In J. G. Snodgrass & R. L. Thompson (Eds.), *The self across psychology: Self-recognition, self-awareness, and the self-concept* (pp. 233-275). New York: New York Academy of Science.
[8] Andersen, S. M., Reznik, I., & Glassman, N. S. (2005). The unconscious relational self. In R. Hassin, J. S. Uleman, & J. A. Bargh (Eds.), *The new unconscious* (pp. 421-481). New York: Oxford University Press.
[9] Andersen, S. M., Reznik, I., & Manzella, L. M. (1996). Eliciting transient affect, motivation, and expectancies in transference: Significant-other representations and the self in social relations. *Journal of Personality and Social Psychology*, **71**, 1108-1129.
[10] Aron, A., Aron, E. N., Tudor, M., & Nelson, G. (1991). Close relationships as including other in the self. *Journal of Personality and Social Psychology*, **60**, 241-253.
[11] Aron, A., Paris, M., & Aron, E. N. (1995). Falling in love: Prospective studies of self-concept change. *Journal of Personality and Social Psychology*, **69**, 1102-1112.
[12] Ayduk, O., Mendoza-Denton, R., Mischel, W., Downey, G., Peake, P. K., & Rondriguez, M. (2000). Regulating the interpersonal self: Strategic self-regulation for coping with rejection sensitivity. *Journal of Personality and Social Psychology*, **79**, 776-792.
[13] Baldwin, M. W. (1992). Relational schemas and the processing of information. *Psychological Bulletin*, **112**, 461-484.
[14] Baldwin, M. W. (1997). Relational schemas as a source of if-then self-inference procedures. *Review of General Psychology*, **1**, 326-335.
[15] Baldwin, M. W., Baccus, J. R., & Fitzsimons, G. M. (2004). Self-esteem and the dual processing of interpersonal contingencies. *Self and Identity*, **3**, 81-93.
[16] Baldwin, M. W., Carrell, S. E., & Lopez, D. F. (1990). Priming relationship schemas: My advisor and the Pope are watching me from the back of my mind. *Journal of Experimental Social Psychology*, **26**, 435-454.
[17] Baldwin, M. W., Fehr, B., Keedian, E., Seidel, M., & Thompson, D. W. (1993). An exploration of the relational schemata underlying attachment styles: Self-report and lexical decision approaches. *Personality and Social Psychology Bulletin*, **19**, 746-754.
[18] Baldwin, M. W., & Holmes, J. G. (1987). Salient private audiences and awareness of self. *Journal of Personality and Social Psychology*, **52**, 1087-1098.

[19] Baldwin, M. W., Keelan, J. P. R., Fehr, B., Enns, V., & Koh-Rangarajoo, E. (1996). Social-cognitive conceptualization of attachment working models: Availability and accessibility effects. *Journal of Personality and Social Psychology*, **71**, 94-109.
[20] Baldwin, M. W., & Main, K. J. (2001). Social anxiety and the cued activation of relational knowledge. *Personality and Social Psychology Bulletin*, **27**, 1637-1647.
[21] Baldwin, M. W., & Sinclair, L. (1996). Self-esteem and "if...then" contingencies of interpersonal acceptance. *Journal of Personality and Social Psychology*, **71**, 1130-1141.
[22] Banse, R. (1999). Automatic evaluation of self and significant others: Affective priming in close relationships. *Journal of Social and Personal Relationships*, **16**, 803-821.
[23] Bargh, J. A. (1989). Conditional automaticity: Varieties of automatic influence in social perception and cognition. In J. S. Uleman & J. A. Bargh (Eds.), *Unintended thought* (pp. 3-51). New York: Guilford.
[24] Bargh, J. A. (1990). Auto-motives: Preconscious determinants of social interaction. In E. T. Higgins & R. M. Sorrentino (Eds.) *Handbook of motivation and cognition: Foundations of social behavior* (Vol. 2, pp. 93-130). New York: Guilford Press.
[25] Bargh, J. A. (1994). The four horsemen of automaticity: Awareness, intention, efficiency, and control in social cognition. In R. S. Wyer & T. K. Srull (Eds.), *Handbook of social cognition* (2nd ed., pp. 1-40). Hillsdale, NJ: Erlbaum.
[26] Bargh, J. A. (2005). Bypassing the will: Towards demystifying behavioral priming effects. In R. Hassin, J. Uleman, & J. Bargh (Eds.), *The new unconscious* (pp. 37-60). New York: Oxford University Press.
[27] Bargh, J. A., Bond, R. N., Lombardi, W. J., & Tota, M. E. (1986). The additive nature of chronic and temporary sources of construct accessibility. *Journal of Personality and Social Psychology*, **50**, 869-878.
[28] Bargh, J. A., Gollwitzer, P. M., Lee-Chai, A., Barndollar, K., & Trötschel, R. (2001). The automated will: Nonconscious activation and pursuit of behavioral goals. *Journal of Personality and Social Psychology*, **81**, 1014-1027.
[29] Bartholomew, K. (1990). Avoidance of intimacy: An attachment perspective. *Journal of Personality and Social Relationship*, **7**, 147-178.
[30] Baumeister, R. F., & Leary, M. R. (1995). The need to belong: Desire for interpersonal attachments as a fundamental human motivation. *Psychological Bulletin*, **117**, 497-529.
[31] Berenson, K. R., & Andersen, S. M. (2006). Childhood physical and emotional abuse by a parent: Transference effects in adult interpersonal relationships. *Personality and Social Psychology Bulletin*, **32**, 1509-1522.
[32] Berk, M. S., & Andersen, S. M. (2000). The impact of past relationships on interpersonal behavior: Behavioral confirmation in the social-cognitive process of

transference. *Journal of Personality and Social Psychology*, **79**, 546-562.
[33] Bowlby, J. (1969). *Attachment and loss: Vol. 1. Attachment*. New York: Basic Books.
[34] Bowlby, J. (1980). *Attachment and loss: Vol. 3. Loss, sadness and depression*. New York: Basic Books.
[35] Bugental, D. B., Lyon, J. E., Krantz, J., & Cortez, V. (1997). Who's the boss? Differential accessibility of dominance ideation in parent-child relationships. *Journal of Personality and Social Psychology*, **79**, 1297-1309.
[36] Chen, S., & Andersen, S. M. (1999). Relationships from the past in the present: Significant-other representations and transference in interpersonal life. In M. P. Zanna (Ed.), *Advances in Experimental Social Psychology* (Vol. 31, pp. 123-190). San Diego, CA: Academic Press.
[37] Chen, S., Andersen, S. M., & Hinkley, K. (1999). Triggering transference: Examining the role of applicability and use of significant-other representations in social perception. *Social Cognition*, **17**, 332-365.
[38] Chen, S., Lee-Chai, A. Y., & Bargh, J. A. (2001). Relationship orientation as a moderator of the effects of social power. *Journal of Personality and Social Psychology*, **80**, 173-187.
[39] Chen, M., & Bargh, J. A. (1997). Nonconscious behavioral confirmation processes: The self-fulfilling consequences of automatic stereotype activation. *Journal of Experimental Social Psychology*, **33**, 541-560.
[40] Clark, M. S., & Mills, J. (1979). Interpersonal attraction in exchange and communal relationships. *Journal of Personality and Social Psychology*, **37**, 12-24.
[41] Clark, M. S., Mills, J., & Powell, M. C. (1986). Keeping track of needs in communal and exchange relationships. *Journal of Personality and Social Psychology*, **51** (2), 333-338.
[42] Collins, N. L., & Read, S. J. (1994). Cognitive representations of attachment: The structure and function of working models. In K. Bartholomew & D. Perlman (Eds.), *Attachment processes in adulthood* (Vol. 5, pp. 53-90). Philadelphia, PA: Jessica Kingsley.
[43] Cross, S. E., Bacon, P. L., & Morris, M. L. (2000). The relational-interdependent self-construal and relationships. *Journal of Personality and Social Psychology*, **78**, 791-808.
[44] Cross, S. E., & Gore, J. S. (2003). Cultural models of the self. In M. R. Leary & J. P. Tangney (Eds.), *Handbook of self and identity* (pp. 536-564): New York: Guilford Press.
[45] Cross, S. E., Morris, M. L., & Gore, J. S. (2002). Thinking about oneself and others: The relational-interdependent self-construal and social cognition. *Journal of Personality and Social Psychology*, **82**, 399-418.
[46] DeHart, T., Pelham, B., & Murray, S. (2004). Implicit dependency regulation:

Self esteem, relationship closeness, and implicit evaluations of close others. *Social cognition*, **22**, 126-146.

[47] Devine, P. G. (1989). Stereotypes and prejudice: Their automatic and controlled components. *Journal of Personality and Social Psychology*, **56**, 5-18.

[48] Dijksterhais, A., & Bargh, J. A. (2001). The perception-behavior expressway: Automatic effects of social perception on social behavior. In M. P. Zanna (Ed.), *Advances in Experimental Social Psychology* (Vol. 33, pp. 1-40). San Diego, CA: Academic Press.

[49] Downey, G., & Feldman, S. (1996). Implications of rejection sensitivity for intimate relationships. *Journal of Personality and Social Psychology*, **70**, 1327-1343.

[50] Downey, G., Feldman, S., & Ayduk, O. (2000). Rejection sensitivity and male violence in romantic relationships. *Personal Relationships*, **7** (1), 45-61.

[51] Downey, G., Freitas, A. L., Michaelis, B., & Khouri, H. (1998). The self-fulfilling prophecy in close relationships: Rejection sensitivity and rejection by romantic partners. *Journal of Personality and Social Psychology*, **75** (2), 545-560.

[52] Drigotas, S. M., Rusbult, C. E., Wieselquist, J., & Whitton, S. W. (1999). Close partner as sculptor of the ideal self: Behavioral affirmation and the Michelangelo phenomenon. *Journal of Personality and Social Psychology*, **77**, 293-323.

[53] Fiske, A. P. (1991). *Structures of social life: The four elementary forms of human relations: Communal sharing, authority ranking, equality matching, market pricing*. New York: Free Press.

[54] Fiske, A. P. (1992). The four elementary forms of sociality: Framework for a unified theory of social relations. *Psychological Review*, **99**, 689-723.

[55] Fiske, A. P. (1995). The cultural dimensions of psychological research: Method effects imply cultural mediation. In P. E. Shrout & S. T. Fiske (Eds.), *Personality research, methods, and theory: A festschrift honoring Donald W Fiske* (pp. 271-294). Hillsdale, NJ: Englandiates.

[56] Fiske, A. P., & Haslam, N. (1996). Social cognition is thinking about relationships. *Current Directions in Psychological Science*, **5** (5), 137-142.

[57] Fitzsimons, G. M., & Bargh, J. A. (2003). Thinking of you: Nonconscious pursuit of interpersonal goals associated with relationship partners. *Journal of Personality and Social Psychology*, **84**, 148-164.

[58] Fraley, R. C., Garner, J. P., & Shaver, P. R. (2000). Adult attachment and the defensive regulation of attention and memory: Examining the role of preemptive and postemptive defensive processes. *Journal of Personality and Social Psychology*, **79**, 816-826.

[59] Fraley, R. C., & Shaver, P. R. (1997). Adult attachment and the suppression of unwanted thoughts. *Journal of Personality and Social Psychology*, **73**, 1080-1091.

[60] Freud, S. (1958). *The dynamics of transference. Standard edition* (Vol. 12, pp. 99-108). London, England: Hogarth. (Original work published 1912.)

[61] Gillath, O., Mikulincer, M., Fitzsimons, G. M., Shaver, P. R., Schachner, D. A., & Bargh, J. A. (2006). Automatic activation of attachment-related goals. *Personality and Social Psychology Bulletin*, **32**, 1375-1388.

[62] Glassman, N. S., & Andersen, S. M. (1999). Activating transference without consciousness: Using significant-other representations to go beyond what is subliminally given. *Journal of Personality and Social Psychology*, **77**, 1146-1162.

[63] Greenwald, A. G., McGhee, D. E., & Schwartz, J. L. K. (1998). Measuring individual differences in implicit cognition: The Implicit Associations Test. *Journal of Personality and Social Psychology*, **74**, 1464-1480.

[64] Griffin, D. W., & Bartholomew, K. (1994). Models of the self and other: Fundamental dimensions underlying measures of adult attachment. *Journal of Personality and Social Psychology*, **67**, 430-445.

[65] Haslam, N., & Fiske, A. P. (1992). Implicit relationship prototypes: Investigating five theories of the cognitive organization of social relationships. *Journal of Experimental Social Psychology*, **28**, 441-474.

[66] Hassin, R., Uleman, J. S., & Bargh, J. A. (2005). *The new unconscious*. New York: Oxford University Press.

[67] Hazan, C., & Shaver, P. (1987). Romantic love conceptualized as an attachment process. *Journal of Personality and Social Psychology*, **52**, 511-524.

[68] Herr, P. M., Sherman, S. J., & Fazio, R. H. (1983). On the consequences of priming: Assimilation and contrast effects. *Journal of Experimental Social Psychology*, **19**, 323-340.

[69] Higgins, E. T. (1987). Self-discrepancy: A theory relating self and affect. *Psychological Review*, **94**, 319-340.

[70] Higgins, E. T. (1989). Knowledge accessibility and activation: Subjectivity and suffering from unconscious sources. In J. S. Uleman & J. A. Bargh (Eds.), *Unintended thought* (pp. 75-123). New York: Guilford.

[71] Higgins, E. T. (1996). Knowledge activation: Accessibility, applicability, and salience. In E. T. Higgins & A. W. Kruglanski (Eds.), *Social psychology: Handbook of basic principles* (pp. 133-168). New York: Guilford.

[72] Hinkley, K., & Andersen, S. M. (1996). The working self-concept in transference: Significant-other activation and self-change. *Journal of Personality and Social Psychology*, **71**, 1279-1295.

[73] James, W. (1890). *The principles of psychology* (Vol. 1). Cambridge: Harvard University Press.

[74] Klohnen, E. C., Weller, J. A., Luo, S., & Choe, M. (2005). Organization and predictive power of general and relationship-specific attachment models: One for all, all for one? *Personality and Social Psychology Bulletin*, **31**, 1665-1682.

[75] Lord, C. G. (1980). Schemas and images as memory aids: Two modes of processing social information. *Journal of Personality and Social Psychology*, **38**,

257-269.
[76] Mikulincer, M. (1995). Attachment style and mental representation of the self. *Journal of Personality and Social Psychology*, **69**, 1203-1215.
[77] Mikulincer, M. (1997). Adult attachment style and information processing: Individual differences in curiosity and cognitive closure. *Journal of Personality and Social Psychology*, **72**, 1217-1230.
[78] Mikulincer, M. (1998). Adult attachment style and affect regulation: Strategic variations in self-appraisals. *Journal of Personality and Social Psychology*, **75**, 420-435.
[79] Mikulincer, M., & Arad, D. (1999). Attachment working models and cognitive openness in close relationships: A test of chronic and temporary accessibility effects. *Journal of Personality and Social Psychology*, **77**, 710-725.
[80] Mikulincer, M., Gillath, O., & Shaver, P. R. (2002). Activation of the attachment system in adulthood: Threat-related primes increase the accessibility of mental representations of attachment figures. *Journal of Personality and Social Psychology*, **83** (4), 881-895.
[81] Mikulincer, M., Hirschberger, G., Nachmias, O., & Gillath, O. (2001). The affective component of the secure base schema: Affective priming with representations of attachment security. *Journal of Personality and Social Psychology*, **81**, 305-321.
[82] Mikulincer, M., Orbach, I., & Iavnieli, D. (1998). Adult attachment style and affect regulation: Strategic variations in subjective self-other similarity. *Journal of Personality and Social Psychology*, **75**, 436-448.
[83] Mikulincer, M., & Shaver, P. R. (2004). Security-based self-representations in adulthood: Contents and processes. In W. S. Rholes & J. A. Simpson (Eds.), *Adult attachment: theory, research, and clinical implications* (pp. 159-195). New York, NY: Guilford.
[84] Mikulincer, M., Shaver, P. R., Gillath, O., & Nitzberg, R. A. (2005). Attachment, caregiving, and altruism: Boosting attachment security increases compassion and helping. *Journal of Personality and Social Psychology*, **89**, 817-839.
[85] Moretti, M. M., & Higgins, E. (1999). Own versus other standpoints in self-regulation: Developmental antecedents and functional consequences. *Review of General Psychology*, **3** (3), 188-223.
[86] Murray, S. L., Holmes, J. G., & Griffin, D. W. (1996). The benefits of positive illusions: Idealization and the construction of satisfaction in close relationships. *Journal of Personality and Social Psychology*, **70**, 79-98.
[87] Murray, S. L., Holmes, J. G., & Griffin, D. W. (2000). Self-esteem and the quest for felt security: How perceived regard regulates attachment processes. *Journal of Personality and Social Psychology*, **78** (3), 478-498.
[88] Murray, S. L., Holmes, J. G., Griffin, D. W., Bellavia, G., & Rose, P. (2001). The mismeasure of love: How self-doubt contaminates relationship beliefs. *Personality*

and Social Psychology Bulletin, **27** (4), 423-436.
[89] Murray, S. L., Rose, P., Griffin, D. W., & Bellavia, G. M. (2003). Once hurt, twice hurtful: How perceived regard regulates daily marital interactions. *Journal of Personality and Social Psychology*, **84**, 126-147.
[90] Nuttin, J. M. (1985). Narcism beyond Gestalt and awareness: The name letter effect. *European Journal of Social Psychology*, **15**, 353-361.
[91] Ogilvie, D. M., & Ashmore, R. D. (1991). Self-with-other representation as a unit of analysis in self-concept research. In R. C. Curtis (Ed.), *The relational self: Theoretical convergencies in psychoanalysis and social psychology* (pp. 282-314). New York: Guilford.
[92] Overall, N. C., Fletcher, G. J. O., & Friesen, M. D. (2003). Mapping the intimate relationship mind: Comparisons between three models of attachment representations. *Personality and Social Psychology Bulletin*, **29**, 1479-1493.
[93] Pierce, T., & Lydon, J. E. (2001). Global and specific relational models in the experience of social interactions. *Journal of Personality and Social Psychology*, **80**, 613-631.
[94] Pietromonaco, P. R., & Barrett, L. F. (2000). The internal working models concept: What do we really know about the self in relation to others? *Review of General Psychology*, **4**, 155-175.
[95] Reis, H. T., & Downey, G. (1999). Social cognition in relationships: Building essential bridges between two literatures. *Social Cognition*, **17** (2), 97-117.
[96] Reznik, I., & Andersen, S. M. (2004). Becoming the dreaded self: Diminished self-worth with positive significant others in transference. Unpublished manuscript, New York University.
[97] Reznik, I., & Andersen, S. M. (2005). Agitation and despair in relation to parents: Activating emotional suffering in transference. Unpublished manuscript, New York University.
[98] Rusbult, C. E., & Van Lange, P. A. M. (1996). Interdependence processes. In E. T. Higgins & A. W. Kruglanski (Eds.), *Social psychology: Handbook of basic principles* (pp. 564-596). New York: Guilford.
[99] Shah, J. (2003a). Automatic for the people: How representations of significant others implicitly affect goal pursuit. *Journal of Personality and Social Psychology*, **84**, 661-681.
[100] Shah, J. (2003b). The motivational looking glass: How significant others implicitly affect goal appraisals. *Journal of Personality and Social Psychology*, **85**, 424-439.
[101] Simpson, J. A., Rholes, W. S., & Nelligan, J. S. (1992). Support seeking and support giving within couples in an anxiety-provoking situation: The role of attachment styles. *Journal of Personality and Social Psychology*, **62**, 434-446.
[102] Strack, F., & Hannover, B. (1996). Awareness of influence as a precondition for

implementing correctional goals. In P. M. Gollwitzer & J. A. Bargh (Eds.), *The psychology of action: Linking cognition and motivation to behavior* (pp. 579-596). New York: Guilford.

[103] Sullivan, H. S. (1953). *The interpersonal theory of psychiatry*. Oxford, England: Norton & Co.

[104] Uleman, J. S., & Bargh, J. A. (Eds.). (1989). *Unintended thought*. New York: Guilford Press.

[105] Wilson, T. W., & Brekke, N. (1994). Mental contamination and mental correction: Unwanted influences on judgments and evaluations. *Psychological Bulletin,* **116**, 117-142.

[106] Wright, S. C., Aron, A., McLaughlin-Volpe, T., & Ropp, S. A. (1997). The extended contact effect: Knowledge of cross-group friendships and prejudice. *Journal of Personality and Social Psychology,* **73**, 73-90.

[107] Wright, S., McLaughlin-Volpe, T., & Brody, S. (2004). Seeking and finding an expanded "me" outside of my ingroup: Outgroup friends and self change. In S. Sinclair & J. Huntsinger (Chairs), *You are who you know: New perspectives on the social basis of the self*. Symposium conducted at the 5th Annual Meeting of the Society for Personality and Social Psychology, Austin, TX.

[108] Yovetich, N. A., & Rusbult, C. E. (1994). Accommodative behavior in close relationships: Exploring transformation of motivation. *Journal of Experimental Social Psychology,* **30** (2), 138-164.

[109] Zayas, V., & Shoda, Y. (2005). Do automatic reactions elicited by thoughts of romantic partner, mother, and self relate to adult romantic attachment? *Personality and Social Psychology Bulletin,* **31**, 1011-1025.

第 4 章

[1] Abelson, R. P. (1976). Script processing in attitude formation and decision making. In J. S. Carroll & J. W. Payne (Eds.), *Cognition and social behavior* (pp. 33-45). Hillsdale, NJ: Erlbaum.

[2] Abelson, R. P. (1981). Psychological status of the script concept. *American Psychologist,* **36**, 715-729.

[3] Albarracín, D., Johnson, B. T., & Zanna, M. P. (2005). *The handbook of attitudes*. Mahwah, NJ: Erlbaum.

[4] Allport, G. W. (1935). Attitudes. In C. Murchison (Ed.), *Handbook of social psychology* (pp. 798-844). Worcester, MA: Clark University Press.

[5] Amodio, D. M., Harmon-Jones, E., & Devine, P. G. (2003). Individual differences in the activation and control of affective race bias as assessed by startle eyeblink responses and self-report. *Journal of Personality and Social Psychology,* **84**, 738-753.

[6] Anderson, J. A., & Rosenfeld, E. (1988). *Neurocomputing: Foundations of research*.

Cambridge, MA: MIT Press.
[7] Anderson, J. R. (1983). *The architecture of cognition*. Cambridge, MA: Harvard University Press.
[8] Anderson, J. R., & Bower, G. H. (1973). *Human associative memory*. Washington, DC: Winston and Sons.
[9] Arieli, A., Sterkin, A., Grinvald, A., & Aertsen, A. (1996). Dynamics of ongoing activity: Explanation of the large variability in evoked cortical responses. *Science*, **273**, 1868-1871.
[10] Arkes, H. R., & Tetlock, P. E. (2004). Attributions of implicit prejudice, or "Would Jesse Jackson 'fail' the Implicit Association Test?". *Psychological Inquiry*, **15**, 257-278.
[11] Banaji, M. R. (2001). Implicit attitudes can be measured. In H. L. Roediger, J. S. Nairne, I. Neither & A. Surprenant (Eds.), *The nature of remembering: Essays in honor of Robert G. Crowder* (pp. 117-150). Washington, DC: American Psychological Association.
[12] Banaji, M. R., & Hardin, C. D. (1996). Automatic stereotyping. *Psychological Science*, **7** (3), 136-141.
[13] Banaji, M. R., Nosek, B. A., & Greenwald, A. G. (2004). No place for nostalgia in science: A response to Arkes and Tetlock. *Psychological Inquiry*, **15**, 279-310.
[14] Barden, J., Maddux, W. W., Petty, R. E., & Brewer, M. B. (2004). Contextual moderation of racial bias: The impact of social roles on controlled and automatically activated attitudes. *Journal of Personality and Social Psychology*, **87**, 5-22.
[15] Bargh, J. A. (1984). Automatic and conscious processing of social information. In R. S. Wyer Jr. & T. K. Srull (Eds.), *Handbook of social cognition* (Vol. 3, pp. 1-43). Hillsdale, NJ: Erlbaum.
[16] Bargh, J. A. (1990). Auto-motives: Preconscious determinants of social interaction. In E. T. Higgins & R. M. Sorrentino (Eds.), *Handbook of motivation and cognition: Foundations of social behavior* (Vol. 2, pp. 93-130). New York, NY: Guilford Press.
[17] Bargh, J. A. (1994). The Four Horsemen of automaticity: Awareness, efficiency, intention, and control in social cognition. In R. S. Wyer, Jr. & T. K. Srull (Eds.), *Handbook of social cognition* (2nd ed., pp. 1-40). Hillsdale, NJ: Erlbaum.
[18] Bargh, J. A. (1999). The cognitive monster. In S. Chaiken & Y. Trope (Eds.), *Dual process theories in social psychology* (pp. 361-382). New York: Guilford Press.
[19] Bargh, J. A., Bond, R. N., Lombardi, W. J., & Tota, M. E. (1986). The additive nature of chronic and temporary sources of construct accessibility. *Journal of Personality and Social Psychology*, **50**, 869-878.
[20] Bargh, J. A., Chaiken, S., Govender, R., & Pratto, F. (1992). The generality of the automatic attitude activation effect. *Journal of Personality and Social Psychology*,

62, 893-912.
- [21] Bargh, J. A., Chaiken, S., Raymond, P., & Hymes, C. (1996). The automatic evaluation effect: Unconditional automatic attitude activation with a pronunciation task. *Journal of Experimental Social Psychology*, **32**, 104-128.
- [22] Bargh, J. A., & Ferguson, M. J. (2000). Beyond behaviorism: On the automaticity of higher mental processes. *Psychological Bulletin*, **126**, 925-945.
- [23] Barsalou, L. W. (1992). *Cognitive psychology: An overview for cognitive scientists.* Hillsdale, NJ: Erlbaum.
- [24] Bassili, J. N. (1996). The "how" and "why" of response latency measurement in survey research. In N. Schwarz & S. Sudman (Eds.), *Answering questions: Methodology for determining cognitive and communicative processes in survey research* (pp. 319-346). San Francisco, CA: Jossey-Bass Publishers.
- [25] Bassili, J. N., & Brown, R. D. (2005). Implicit and explicit attitudes: Research, Challenges, and theory. In D. Albarracín, B. T. Johnson & M. P. Zanna (Eds.), *The handbook of attitudes* (pp. 543-574). Mahwah, NJ: Erlbaum.
- [26] Bechtel, W., & Abrahamsen, A. (1991). *Connectionism and the mind: An introduction to parallel processing in networks.* Oxford, England: Basil Blackwell.
- [27] Blair, I. V. (2002). The malleability of automatic stereotypes and prejudice. *Personality and Social Psychological Review*, **6**, 242-261.
- [28] Blair, I. V., & Banaji, M. R. (1996). Automatic and controlled processes in stereotype priming. *Journal of Personality and Social Psychology*, **70**, 1142-1163.
- [29] Blair, I. V., Ma, J. E., & Lenton, A. P. (2001). Imagining stereotypes away: The moderation of implicit stereotypes through mental imagery. *Journal of Personality and Social Psychology*, **81**, 828-841.
- [30] Bosson, J. K., Swann, W. B., Jr., & Pennebaker, J. (2000). Stalking the perfect measure of implicit self-esteem: The blind men and the elephant revisited? *Journal of Personality and Social Psychology*, **79**, 631-643.
- [31] Bower, G. H. (1981). Mood and memory. *American Psychologist*, **36**, 129-148.
- [32] Brauer, M., Wasel, W., & Niedenthal, P. M. (2000). Implicit and explicit components of prejudice. *Review of General Psychology*, **4**, 79-101.
- [33] Brendl, C. M., & Higgins, E. T. (1996). Principles of judging valence: What makes events positive or negative? In M. P. Zanna (Ed.), *Advances in Experimental Social Psychology* (Vol. 28, pp. 95-160). San Diego, CA: Academic Press.
- [34] Brendl, C. M., Markman, A. B., & Messner, C. (2001). How do indirect measures of evaluation work? Evaluating the inference of prejudice in the Implicit Association Test. *Journal of Personality and Social Psychology*, **81**, 760-773.
- [35] Brewer, M. B. (1988). A dual process model of impression formation. In T. K. Srull & R. S. Wyer (Eds.), *Advances in social cognition* (Vol. 1, pp. 1-36). Hillsdale, NJ: Erlbaum.
- [36] Brown, J. D. (1998). *The self.* New York: McGraw-Hill.

[37] Cacioppo, J. T., & Gardner, W. L. (1999). Emotion. *Annual Review of Psychology*, **50**, 191-214.
[38] Cacioppo, J. T., Priester, J. R., & Berntson, G. G. (1993). Rudimentary determinants of attitudes: II. Arm flexion and extension have differential effects on attitudes. *Journal of Personality and Social Psychology*, **65**, 5-17.
[39] Carlston, D. E. (1994). Associated systems theory: A systematic approach to the cognitive representation of persons and events. In R. S. Wyer (Ed.) *Advances in social cognition* (Vol. 7, pp. 1-78). Hillsdale, NY: Erlbaum.
[40] Carlston, D. E., & Smith, E. R. (1996). Principles of mental representation. In E. T. Higgins & A. W. Kruglanski (Eds.), *Social psychology: Handbook of basic principles* (pp. 184-210). New York, NY: Guilford Press.
[41] Castelli, L., Zogmaister, C., Smith, E. R., & Arcuri, L. (2004). On the automatic evaluation of social exemplars. *Journal of Personality and Social Psychology*, **86**, 373-387.
[42] Chaiken, S., & Trope, Y. (1999). *Dual-process theories in social psychology*. New York: Guilford Press.
[43] Chartrand, T. L., van Baaren, R., & Bargh, J. A. (2006). Linking automatic evaluation to mood and information processing style: Consequences for experienced affect, information processing, and stereotyping. *Journal of Experimental Psychology: General*, **135**, 70-77.
[44] Chen, M., & Bargh, J. A. (1999). Consequences of automatic evaluation: Immediate behavioral predispositions to approach and avoid the stimulus. *Personality and Social Psychology Bulletin*, **25**, 215-224.
[45] Collins, A. M., & Loftus, E. F. (1975). A spreading-activation theory of semantic processing. *Psychological Review*, **82**, 407-428.
[46] Croizet, J. C., & Fiske, S. T. (2000). Moderation of priming by goals: Feeling entitled to judge increases judged usability of evaluative primes. *Journal of Experimental Social Psychology*, **36**, 155-181.
[47] Cunningham, W. A., Johnson, M. K., Gatenby, J. C., Gore, J. C., & Banaji, M. R. (2003). Neural components of social evaluation. *Journal of Personality and Social Psychology*, **85**, 639-649.
[48] Cunningham, W. A., Johnson, M. K., Raye, C. L., Gatenby, J. C., Gore, J. C., & Banaji, M. R. (2004). Separable neural components in the processing of Black and White faces. *Psychological Science*, **15**, 806-813.
[49] Cunningham, W. A., Preacher, K. J., & Banaji, M. R. (2001). Implicit attitude measures: Consistency, stability, and convergent validity. *Psychological Science*, **12**, 163-170.
[50] Cunningham, W. A., Raye, C. L., & Johnson, M. K. (2004). Implicit and explicit evaluation: fMRI correlates of valence, emotional intensity, and control in the processing of attitudes. *Journal of Cognitive Neuroscience*, **16**, 1717-1729.

[51] Damasio, A. R. (1994). *Descartes' error: Emotion, reason and the human brain.* New York: Grosset/Putnam.
[52] Damasio, A. R. (1999). *The feeling of what happens: Body and emotion in the making of consciousness.* Orlando, FL: Harcourt.
[53] Damasio, A. R. (2001). Fundamental feelings. *Nature,* **413**, 781.
[54] Dasgupta, N., & Greenwald, A. G. (2001). On the malleability of automatic attitudes: Combating automatic prejudice with images of liked and disliked individuals. *Journal of Personality and Social Psychology,* **81**, 800-814.
[55] De Houwer, J. (2003). The extrinsic affective Simon task. *Experimental Psychology,* **50**, 77-85.
[56] De Houwer, J. (2006). What are implicit measures and why are we using them? In R. W. Wiers & A. W. Stacy (Eds.), *The handbook of implicit cognition and addiction* (pp. 11-28). Thousand Oaks, CA: Sage Publishers.
[57] De Houwer, J., Baeyens, F., & Field, A. P. (2005). *Associative learning of likes and dislikes.* Hove: Psychology Press.
[58] De Houwer, J., & Eelen, P. (1998). An affective variant of the Simon paradigm. *Cognition and Emotion,* **8**, 45-61.
[59] De Houwer, J., Thomas, S., & Baeyens, F. (2001). Associative learning of likes and dislikes: A review of 25 years of research on human evaluative conditioning. *Psychological Bulletin,* **127**, 853-869.
[60] Devine, P. G. (1989). Stereotypes and prejudice: Their automatic and controlled components. *Journal of Personality and Social Psychology,* **56**, 5-18.
[61] Devine, P. G. (2001). Implicit prejudice and stereotyping: How automatic are they? Introduction to the special section. *Journal of Personality and Social Psychology,* **81**, 757-759.
[62] Dijksterhuis, A. (2004). I like myself but I don't know why: Enhancing implicit self-esteem by subliminal evaluative conditioning. *Journal of Personality and Social Psychology,* **86**, 345-355.
[63] Doob, L. W. (1947). The behavior of attitudes. *Psychological Review,* **51**, 135-156.
[64] Dovidio, J. F., Kawakami, K., & Beach, K. R. (2001). Implicit and explicit attitudes: Examination of the relationship between measures of intergroup bias. In R. Brown & S. L. Gaertner (Eds.), *Blackwell handbook of social psychology* (Vol. 4, Intergroup Relations, pp. 175-197). Oxford, UK: Blackwell.
[65] Dovidio, J. F., Kawakami, K., & Gaertner, S. L. (2002). Implicit and explicit prejudice and interracial interaction. *Journal of Personality and Social Psychology,* **82**, 62-68.
[66] Dovidio, J. F., Kawakami, K., Johnson, C., & Howard, B. (1997). On the nature of prejudice: Automatic and controlled processes. *Journal of Experimental Social Psychology,* **33**, 510-540.
[67] Dovidio, J. F., Mann, J., & Gaertner, S. L. (1989). Resistance to affirmative action:

The implications of aversive racism. In F. A. Blanchard & F. J. Crosby (Eds.), *Affirmative action in perspective* (pp. 83-102). New York: Springer Verlag.
[68] Duckworth, K. L., Bargh, J. A., Garcia, M., & Chaiken, S. (2002). The automatic evaluation of novel stimuli. *Psychological Science*, **13**, 513-519.
[69] Dunton, B. C., & Fazio, R. H. (1997). An individual difference measure of motivation to control prejudiced reactions. *Personality and Social Psychology Bulletin*, **23**, 316-326.
[70] Eagly, A. H., & Chaiken, S. (1993). *The psychology of attitudes*. Fort Worth, TX: Harcourt Brace Jovanovich College.
[71] Eiser, J. R., Fazio, R. H., Stafford, T., & Prescott, T. J. (2003). Connectionist simulation of attitude learning: Asymmetries in the acquisition of positive and negative evaluations. *Personality and Social Psychology Bulletin*, **29**, 1121-1235.
[72] Epley, N., & Caruso, E. M. (2004). Egocentric ethics. *Social Justice Research*, **17**, 171-187.
[73] Erdley, C. A., & D'Agostino, P. R. (1988). Cognitive and affective components of automatic priming effects. *Journal of Personality and Social Psychology*, **54**, 741-747.
[74] Fazio, R. H. (1986). How do attitudes guide behavior? In R. M. Sorrentino & E. T. Higgins (Eds.), *Handbook of motivation and cognition: Foundations of social behavior* (pp. 204-243). New York: Guilford Press.
[75] Fazio, R. H. (1989). On the power and functionality of attitudes: The role of attitude accessibility. In A. R. Pratkanis, S. J. Breckler & A. G. Greenwald (Eds.), *Attitude structure and function* (pp. 153-179). Hillsdale, NJ: Erlbaum.
[76] Fazio, R. H. (1990). Multiple processes by which attitudes guide behavior: The MODE model as an integrative framework. In M. P. Zanna (Ed.), *Advances in experimental social psychology* (Vol. 23, pp. 75-109). New York: Academic Press.
[77] Fazio, R. H. (1993). Variability in the likelihood of automatic attitude activation: Data re-analysis and commentary on Bargh, Chaiken, Govender, and Pratto (1992). *Journal of Personality and Social Psychology*, **64**, 753-758, 764-765.
[78] Fazio, R. H. (2001). On the automatic activation of associated evaluations: An overview. *Cognition and Emotion*, **14**, 1-27.
[79] Fazio, R. H., Blascovich, J., & Driscoll, D. M. (1992). On the functional value of attitudes: The influence of accessible attitudes upon the ease and quality of decision making. *Personality and Social Psychology Bulletin*, **18**, 388-401.
[80] Fazio, R. H., Chen, J., McDonel, E. C., & Sherman, S. J. (1982). Attitude accessibility, attitude-behavior consistency and the strength of the object-evaluation association. *Journal of Experimental Social Psychology*, **18**, 339-357.
[81] Fazio, R. H., Jackson, J. R., Dunton, B. C., & Williams, C. J. (1995). Variability in automatic activation as an unobtrusive measure of racial attitudes. A bona fide pipeline? *Journal of Personality and Social Psychology*, **69**, 1013-1027.

[82] Fazio, R. H., & Olson, M. A. (2003). Implicit measures in social cognition research: Their meaning and use. *Annual Review of Psychology*, **54**, 297-327.
[83] Fazio, R. H., Sanbonmatsu, D. M., Powell, M. C., & Kardes, F. R. (1986). On the automatic activation of attitudes. *Journal of Personality and Social Psychology*, **50**, 229-238.
[84] Fazio, R. H., & Williams, C. J. (1986). Attitude accessibility as a moderator of the attitude-perception and attitude-behavior relations: An investigation of the 1984 presidential election. *Journal of Personality and Social Psychology*, **51**, 505-514.
[85] Ferguson, M. J., & Bargh, J. A. (2002). Sensitivity and flexibility: Exploring the knowledge function of automatic attitudes. In L. F. Barrett & P. Salovey (Eds.), *The wisdom in feeling: Psychological processes in emotional intelligence* (pp. 383-405). New York: Guilford Press.
[86] Ferguson, M. J., & Bargh, J. A. (2003). The constructive nature of automatic evaluation. In J. Musch & K. C. Klauer (Eds.), *The psychology of evaluation: Affective processes in cognition and emotion* (pp. 169-188). Hillsdale, NJ: Erlbaum.
[87] Ferguson, M. J., & Bargh, J. A. (2004). Liking is for doing: Effects of goal pursuit on automatic evaluation. *Journal of Personality and Social Psychology*, **88**, 557-572.
[88] Ferguson, M. J., Bargh, J. A., & Nayak, D. (2005). After-affects: How automatic evaluations influence the interpretation of unrelated, subsequent stimuli. *Journal of Experimental Social Psychology*, **41**, 182-191.
[89] Festinger, L. (1957). *A theory of cognitive dissonance*. Stanford, CA: Stanford University Press.
[90] Festinger, L., & Carlsmith, J. M. (1959). Cognitive consequences of forced compliance. *Journal of Abnormal and Social Psychology*, **58**, 203-210.
[91] Fiedler, K. (1996). Explaining and simulating judgment biases as an aggregation phenomenon in probabilistic, multiple-cue environments. *Psychological Review*, **103**, 193-214.
[92] Fishbein, M., & Ajzen, I. (1975). *Belief, attitude, intention, and behavior: An introduction to theory and research*. Reading, MA: Addison-Wesley.
[93] Fiske, S. T., & Neuberg, S. L. (1990). A continuum of impression formation, from category-based to individuating processes: Influences of information and motivation on attention and interpretation. In M. P. Zanna (Ed.), *Advances in experimental social psychology* (Vol. 23, pp. 1-74). New York: Academic Press.
[94] Fiske, S. T., & Pavelchak, M. A. (1986). Category-based versus piecemeal-based affective responses: Development in schema-triggered affect. In R. M. Sorrentino & E. T. Higgins (Eds.), *Handbook of motivation and cognition: Foundations of social behavior* (pp. 167-203). New York: Guilford Press.
[95] Fodor, J. (2000). *The mind doesn't work that way*. Cambridge, MA: MIT Press.
[96] Forgas, J. P. (2000). *Feeling and thinking: Affective influences on social cognition*. New York: Cambridge University Press.

［97］Forgas. J. P. (2001). *The handbook of affect and social cognition*. Mahwah, NJ: Erlbaum.
［98］Frank, R. H. (1988). *Passions within reason: The strategic role of the emotions*. New York: W. W. Norton.
［99］Frank, R. H. (2003). Introducing moral emotions into models of rational choice. In A. S. R. Manstead, N. H. Frijda & A. H. Fischer (Eds.), *Feelings and emotions: The Amsterdam symposium*. New York: Cambridge University Press.
［100］Gawronski, B., & Strack, F. (2004). On the propositional nature of cognitive consistency: Dissonance changes explicit, but not implicit attitudes. *Journal of Experimental Social Psychology*, **40**, 535-542.
［101］Gawronski, B., Walther, E., & Blank, H. (2005). Cognitive consistency and the formation of interpersonal attitudes: Cognitive balance affects the encoding of social information. *Journal of Experimental Social Psychology*, **41**, 618-626.
［102］Gazzaniga, M. S., & Heatherton, T. F. (2003). *The psychological Science: Mind, brain, and behavior*. New York: W. W. Norton.
［103］Giner-Sorolla, R., Garcia, M. T., & Bargh, J. A. (1999). The automatic evaluation of pictures. *Social Cognition*, **17**, 76-96.
［104］Glaser, J., & Banaji, M. R. (1999). When fair is foul and foul is fair: Reverse priming in automatic evaluation. *Journal of Personality and Social Psychology*, **77**, 669-687.
［105］Gollwitzer, P. M. (1996). The volitional benefits of planning. In P. M. Gollwitzer & J. A. Bargh (Eds.), *The psychology of action: Linking cognition and motivation to behavior* (pp. 287-312). New York, NY: Guilford Press.
［106］Gollwitzer, P. M. (1999). Implementation intentions: Strong effects of simple plans. *American Psychologist*, **54**, 493-503.
［107］Greene, J., & Haidt, J. (2002). How (and where) does moral judgment work? *Trends in Cognitive Science*, **6**, 517-523.
［108］Greenwald, A. G. (1990). What cognitive representations underlie social attitudes? *Bulletin of the Psychonomic Society*, **28**, 254-260.
［109］Greenwald, A. G., & Banaji, M. R. (1995). Implicit social cognition: Attitudes, self-esteem, and stereotypes. *Psychological Review*, **102**, 4-27.
［110］Greenwald, A. G., & Farnham, S. D. (2000). Using the Implicit Association Test to measure self-esteem and self-concept. *Journal of Personality and Social Psychology*, **79**, 1022-1038.
［111］Greenwald, A. G., Klinger, M. R., & Liu, T. J. (1989). Unconscious processing of dichoptically masked words. *Memory and Cognition*, **17**, 35-47.
［112］Greenwald, A. G., McGhee, D. E., & Schwartz, J. L. K. (1998). Measuring individual differences in implicit cognition: The Implicit Association Test. *Journal of Personality and Social Psychology*, **74**, 1464-1480.
［113］Haidt, J. (2001). The emotional dog and its rational tail: A social intuitionist

approach to moral judgment. *Psychological Review*, **108**, 814-834.
[114] Haidt, J. (2003). The moral emotions. In R. J. Davidson, K. R. Scherer & H. H. Goldsmith (Eds.), *Handbook of affective sciences* (pp. 852-870). Oxford: Oxford University Press.
[115] Hassin, R. R., Uleman, J. S., & Bargh, J. A. (2005). *The new unconscious*. [a sequel to Uleman & Bargh's *Unintended thought*, 1989]. New York: Oxford University Press.
[116] Hastie, R. (1980). Memory for behavioral information that confirms or contradicts a personality impression. In R. Hastie, T. M. Ostrom, E. B. Ebbesen, R. S. Wyer, D. L. Hamilton, & D. E. Carlston (Eds.), *Person memory: The cognitive basis of social perception* (pp. 155-177). Hillsdale, NJ: Erlbaum.
[117] Hermans, D., Baeyens, F., & Eelen, P. (1998). Odours as affective processing context for word evaluation: A case of cross-modal affective priming. *Cognition and Emotion*, **12**, 601-613.
[118] Hermans, D., Crombez, G., & Eelen, P. (2000). Automatic attitude activation and efficiency: The fourth horseman of automaticity. *Psychologica Belgica*, **40**, 3-22.
[119] Hermans, D., De Houwer, J., & Eelen, P. (1994). The affective priming effect: Automatic activation of evaluative information in memory. *Cognition and Emotion*, **8**, 515-533.
[120] Higgins, E. T. (1996). Knowledge activation: Accessibility, applicability, and salience. In E. T. Higgins & A. W. Kruglanski (Eds.), *Social psychology: Handbook of basic principles* (pp. 133-168). New York: Guilford Press.
[121] Higgins, E. T., Rholes, W. S., & Jones, C. R. (1977). Category accessibility and impression formation. *Journal of Experimental Social Psychology*, **13**, 141-154.
[122] Hofmann, W., Gawronski, B., Gschwendner, T., Le, H., & Schmitt, M. (2005). A meta-analysis on the correlation between the Implicit Association Test and explicit self-report measures. *Personality and Social Psychology Bulletin*, **31**, 1369-1385.
[123] Ito, T. A., & Cacioppo, J. T. (2000). Electrophysiological evidence of implicit and explicit categorization processes. *Journal of Experimental Social Psychology*, **36**, 660-676.
[124] Jastrow, J. (1906). *The subconscious*. Boston, MA: Houghton-Mifflin.
[125] Jones, E. E., & Sigall, H. (1971). The bogus pipeline: A new paradigm for measuring affect and attitude. *Psychological Bulletin*, **76**, 349-364.
[126] Judd, C. M., & Kulik, J. A. (1980). Schematic effects of social attitudes on information processing and recall. *Journal of Personality and Social Psychology*, **38**, 569-578.
[127] Kahneman, D. (2003). A perspective on judgment and choice: Mapping bounded rationality. *American Psychologist*, **58**, 697-720.

[128] Karpinski, A., & Hilton, J. L. (2001). Attitudes and the implicit association test. *Journal of Personality and Social Psychology*, **81**, 774-788.
[129] Katz, D. (1960). The functional approach to the study of attitudes. *Public Opinion Quarterly*, **24**, 163-204.
[130] Katz, I., & Hass, R. G. (1988). Racial ambivalence and American value conflict: Correlational and priming studies of dual cognitive structures. *Journal of Personality and Social Psychology*, **55**, 893-905.
[131] Kawakami, K., & Dovidio, J. F. (2001). Implicit stereotyping: How reliable is it? *Personality and Social Psychology Bulletin*, **27**, 212-225.
[132] Kawakami, K., Dovidio, J. F., Moll, J., Hermsen, S., & Russin, A. (2000). Just say no (to stereotyping): Effects of training in the negation of stereotypic associations on stereotype activation. *Journal of Personality and Social Psychology*, **78**, 871-888.
[133] Klauer, K. C., & Musch, J. (2003). Affective priming: Findings and theories. In K. C. Klauer & J. Musch (Eds.), *The psychology of evaluation: Affective processes in cognition and emotion* (pp. 7-50). Mahwah, NJ: Erlbaum.
[134] Klinger, M. R., Burton, P. C., & Pitts, G. S. (2000). Mechanisms of unconscious priming: I. Response competition, not spreading activation. *Journal of Experimental Psychology: Learning, Memory, and Cognition*, **26**, 441-455.
[135] Koole, S. K., Dijksterhuis, A., & van Knippenberg, A. (2001). What's in a name: Implicit self-esteem. *Journal of Personality and Social Psychology*, **80**, 614-627.
[136] Krosnick, J. A., & Petty, R. E. (1995). Attitude strength: An overview. In R. E. Petty & J. A. Krosnick (Eds.), *Attitude strength: Antecedents and consequences*. Hillsdale, NJ: Erlbaum.
[137] Kruglanski, A. W., & Klar, Y. (1987). A view from a bridge: Synthesizing the consistency and attribution paradigms from a lay epistemic perspective. *European Journal of Social Psychology*, **17**, 211-241.
[138] Kunda, Z. (1999). *Social cognition*. Cambridge, MA: MIT Press.
[139] Lambert, A. J., Payne, B. K., Ramsey, S., & Shaffer, L. M. (2005). On the predictive validity of implicit attitude measures: The moderating effect of perceived group variability. *Journal of Experimental Social Psychology*, **41**, 114-128.
[140] Lang, P. J., Bradley, M. M., & Cuthbert, B. N. (1990). Emotion, attention, and the startle reflex. *Psychological Review*, **97**, 377-395.
[141] LaPiere, R. T. (1934). Attitudes vs. actions. *Social Forces*, **13**, 230-237.
[142] Larsen, J. T., McGraw, P., & Cacioppo, J. T. (2001). Can people feel happy and sad at the same time? *Journal of Personality and Social Psychology*, **81**, 684-696.
[143] Le Doux, J. E. (1996). *The emotional brain*. New York: Touchstone.
[144] Le Doux, J. E. (2000). Emotion circuits in the brain. *Annual Review Neuroscience*, **23**, 155-184.

[145] Lewin, K. (1935). *A dynamic theory of personality*. New York: McGraw-Hill.
[146] Lieberman, M. D., Gaunt, R., Gilbert, D. T., & Trope, Y. (2002). Reflection and reflexion: A social cognitive neuroscience approach to attributional inference. *Advances in Experimental Social Psychology*, **34**, 199-249.
[147] Lieberman, M. D., Ochsner, K. N., Gilbert, D. T., & Schacter, D. L. (2001). Do amnesics exhibit cognitive dissonance reduction? The role of explicit memory and attention in attitude change. *Psychological Science*, **12**, 135-140.
[148] Livingston, R. W., & Brewer, M. B. (2002). What are we really priming? Cue-based versus category-based processing of facial stimuli. *Journal of Personality and Social Psychology*, **82**, 5-18.
[149] Logan, G. D. (1980). Attention and automaticity in Stroop and priming tasks: Theory and data. *Cognitive Psychology*, **12**, 523-553.
[150] Lowery, B. S., Hardin, C. D., & Sinclair, S. (2001). Social influence on automatic racial prejudice. *Journal of Personality and Social Psychology*, **81**, 842-855.
[151] Maddux, W. W., Barden, J., Brewer, M. B., & Petty, R. E. (2005). Saying no to negativity: The effects of context and motivation to control prejudice on automatic evaluative responses. *Journal of Experimental Social Psychology*, **41**, 19-35.
[152] Marcus, G. F. (2001). *The algebraic mind: Integrating connectionism and cognitive science*. Cambridge, MA: MIT Press.
[153] Martin, L. L., & Clore, G. L. (2001). *Theories of mood cognition: A user's guidebook*. Mahwah, NJ: Erlbaum.
[154] Martin, I., & Levey, A. B. (1978). Evaluative conditioning. *Advances in Behaviour Research and Therapy*, **1**, 57-102.
[155] Masson, M. E. J. (1991). A distributed memory model of context effects in word identification. In D. Besner & G. W. Humphreys (Eds.), *Basic processes in reading* (pp. 233-263). Hillsdale, NJ: Erlbaum.
[156] Masson, M. E. J. (1995). A distributed memory model of semantic priming. *Journal of Experimental Psychology: Learning, Memory, and Cognition*, **21** (1), 3-23.
[157] McConahay, J. (1986). Modern racism, ambivalence, and the Modern Racism scale. In J. Dovidio (Ed.), *Prejudice, discrimination, and racism* (pp. 91-125). San Diego, CA: Academic Press.
[158] McConnell, A. R., & Leibold, J. M. (2001). Relations among the Implicit Association Test, discriminatory behavior, and explicit measures of racial attitudes. *Journal of Experimental Social Psychology*, **37**, 435-442.
[159] McGuire, W. J. (1969). The nature of attitudes and attitude change. In G. Lindzey & E. Aronson (Eds.), *Handbook of social psychology* (2nd ed., Vol. 3, pp. 136-314). Reading, MA: Addison-Wesley.
[160] McGuire, W. J. (1985). Attitudes and attitude change. In G. Lindzey & E.

Aronson (Eds.), *Handbook of social psychology* (3rd ed., Vol. 2, pp. 233-346). New York: Random House.
[161] Meyer, D. E., & Schvaneveldt, R. W. (1971). Facilitation in recognizing pairs of words: Evidence of a dependence between retrieval operations. *Journal of Experimental Psychology*, **90**, 227-234.
[162] Mitchell, J. P., Nosek, B. A., & Banaji, M. R. (2003). Contextual variations in implicit evaluation. *Journal of Experimental Psychology: General*, **132**, 455-469.
[163] Monin, B. (2003). The warm glow heuristic: When liking leads to familiarity. *Journal of Personality and Social Psychology*, **85** (6), 1035-1048.
[164] Moors, A., & De Houwer, J. (2001). Automatic appraisal of motivational valence: Motivational affective priming and Simon effects. *Cognition and Emotion*, **15**, 749-766.
[165] Morris, J. S., Öhman, A., & Dolan, R. J. (1998). Conscious and unconscious emotional learning in the human amygdala. *Nature*, **393**, 467-470.
[166] Moskowitz, G. B., Gollwitzer, P. M., Wasel, W., & Schaal, B. (1999). Preconscious control of stereotype activation through chronic egalitarian goals. *Journal of Personality and Social Psychology*, **77**, 167-184.
[167] Murphy, S. T., & Zajonc, R. B. (1993). Affect, cognition, and awareness: Affective priming with suboptimal and optimal stimuli. *Journal of Personality and Social Psychology*, **64**, 723-739.
[168] Musch, J., & Klauer, K. C. (2003). *The psychology of evaluation: Affective processes in cognition and emotion.* Mahwah, NJ: Erlbaum.
[169] Myers, D. G. (1993). *Social psychology* (4th ed.). Columbus, OH: McGraw-Hill.
[170] Neely, J. H. (1976). Semantic priming and retrieval from lexical memory: Evidence for faciliatory and inhibitory processes. *Memory and Cognition*, **4**, 648-654.
[171] Neely, J. H. (1977). Semantic priming and retrieval from lexical memory: Roles of inhibitionless spreading activation and limited-capacity attention. *Journal of Experimental Psychology: General*, **106**, 225-254.
[172] Niedenthal, P. M. (1990). Implicit perception of affective information. *Journal of Experimental Social Psychology*, **26**, 505-527.
[173] Nisbett, R., & Wilson, T. (1977). Telling more than we can know: Verbal reports on mental processes. *Psychological Review*, **84**, 231-259.
[174] Nosek, B. A. (2005). Moderators of the relationship between implicit and explicit evaluation. *Journal of Experimental Psychology: General*, **134**, 565-584.
[175] Nosek, B. A., & Banaji, M. R. (2001). The go/no-go association task. *Social Cognition*, **19** (6), 625-666.
[176] Nosek, B. A., Banaji, M. R., & Greenwald, A. G. (2002). Math = Me, Me = Female, therefore Math is not equal to me. *Journal of Personality and Social Psychology*, **83**, 44-59.

[177] Öhman, A. (1986). Face the beast and fear the face: Animal and social fears as prototypes for evolutionary analysis of emotion. *Psychophysiology*, **23**, 123-145.

[178] Olson, M. A., & Fazio, R. H. (2001). Implicit attitude formation through classical conditioning. *Psychological Science*, **12**, 413-417.

[179] Olson, M. A., & Fazio, R. H. (2004). Reducing the influence of extra-personal associations on the Implicit Association Test: Personalizing the IAT. *Journal of Personality and Social Psychology*, **86**, 653-667.

[180] Ortony, A., Clore, G. L., & Collins, A. (1988). *The cognitive structure of emotions*. Cambridge, UK: Cambridge University Press.

[181] Osgood, C. E., Suci, G. J., & Tannenbaum, P. H. (1957). *The measurement of meaning*. Chicago: University of Illinois Press.

[182] Payne, B. K., Cheng, C. M., Govorun, O., & Stewart, B. (2005). An inkblot for attitudes: Affect misattribution as implicit measurement. *Journal of Personality and Social Psychology*, **89**, 277-293.

[183] Petty, R. E., & Krosnick, J. A. (1995). *Attitude strength: Antecedents and consequences*. Hillsdale, NJ: Erlbaum.

[184] Phelps, E. A., O'Connor, K. J., Cunningham, W. A., Funayama, E. S., Gatenby, J. C., Gore, J. C., & Banaji, M. R. (2000). Performance on indirect measures of race evaluation predicts amygdala activation. *Journal of Cognitive Neuroscience*, **12**, 729-738.

[185] Phelps, E. A., O'Connor, K. J., Gatenby, J. C., Grillon, C., Gore, J. C., & Davis, M. (2001). Activation of the human amygdala to a cognitive representation of fear. *Nature Neuroscience*, **4**, 437-441.

[186] Pinker, S. (1997). *How the mind works*. New York: W. W. Norton.

[187] Plant, E. A., & Devine, P. G. (1998). Internal and external motivation to respond without prejudice. *Journal of Personality and Social Psychology*, **75**, 811-832.

[188] Plotkin, H. (1997). *Evolution in mind*. London: Allen Lane, Penguin, UK.

[189] Posner, M. I., & Snyder, C. R. R. (1975). Attention and cognitive control. In R. L. Solso (Ed.), *Information processing and cognition: The Loyola symposium* (pp. 55-85). Hillsdale, NJ: Erlbaum.

[190] Pratkanis, A. R. (1989). The cognitive representation of attitudes. In A. R. Pratkanis, S. J. Breckler, & A. G. Greenwald (Eds.), *Attitude structure and function* (pp. 71-98). Hillsdale, NJ: Erlbaum.

[191] Pratkanis, A. R., Breckler, S. J., & Greenwald, A. G. (1989). *Attitude structure and function*. Hillsdale, NJ: Erlbaum.

[192] Quillian, M. R. (1968). Semantic memory. In M. Minsky (Ed.), *Semantic information processing* (pp. 216-270). Cambridge, MA: MIT Press.

[193] Roediger, H. L. (1990). Implicit memory: Retention without remembering. *American Psychologist*, **45** (9), 1043-1056.

[194] Rosenberg, M. J. (1956). Cognitive structure and attitudinal affect. *Journal of*

Abnormal and Social Psychology, **53**, 367-372.
[195] Roskos-Ewoldsen, D. R., & Fazio, R. H. (1992). On the orienting value of attitudes: Attitude accessibility as a determinant of an object's attraction of visual attention. *Journal of Personality and Social Psychology*, **63**, 198-211.
[196] Rudman, L. A., Ashmore, R. D., & Gary, M. L. (2001). "Unlearning" automatic biases: The malleability of implicit stereotypes and prejudice. *Journal of Personality and Social Psychology*, **81**, 856-868.
[197] Salancik, G. R., & Conway, M. (1975). Attitude inferences from salient and relevant cognitive content about behavior. *Journal of Personality and Social Psychology*, **32**, 829-840.
[198] Sarnoff, I. (1960). Psychoanalytic theory and social attitudes. *Public Opinion Quarterly*, **24**, 251-279.
[199] Schank, R. C., & Abelson, R. P. (1977). *Scripts, plans, goals, and understanding: An inquiry into human knowledge structures*. Hillsdale, NJ: Erlbaum.
[200] Schneider, W., & Fisk, A. D. (1982). Degree of consistent training: Improvements in search performance and automatic process development. *Perception and Psychophysics*, **31**, 160-168.
[201] Schuman, H., & Johnson, M. P. (1976). Attitudes and behavior. *Annual Review of Sociology*, **2**, 161-207.
[202] Schwarz, N., & Bohner, G. (2001). The construction of attitudes. In A. Tesser & N. Schwarz (Eds.), *Blackwell handbook of social psychology: Intraindividual processes* (Vol. 1, pp. 436-457). Oxford, UK: Blackwell.
[203] Sherman, S. J., Presson, C. C., Chassin, L., Rose, J. S., & Koch, K. (2003). Implicit and explicit attitudes toward cigarette smoking: The effects of context and motivation. *Journal of Social and Clinical Psychology*, **22**, 13-39.
[204] Shiffrin, R. M., & Dumais, S. T. (1981). The development of automatism. In J. R. Anderson (Ed.), *Cognitive skills and their acquisition* (pp. 111-140). Hillsdale, NJ: Erlbaum.
[205] Shiffrin, R. M., & Schneider, W. (1977). Controlled and automatic human information processing: II. Perceptual learning, automatic attending, and a general theory. *Psychological Review*, **84**, 127-190.
[206] Sloman, S. A. (1996). The empirical case for two systems of reasoning. *Psychological Bulletin*, **119**, 3-22.
[207] Smith, E. R. (1992). The role of exemplars in social judgment. In L. L. Martin & A. L. Tesser (Eds.), *The construction of social judgment* (pp. 107-132). Hillsdale, NJ: Erlbaum.
[208] Smith, E. R. (1996). What do connectionism and social psychology offer each other? *Journal of Personality and Social Psychology*, **70**, 893-912.
[209] Smith, E. R. (1997). Preconscious automaticity in a modular connectionist system. In R. S. Wyer (Ed.), *Advances in social cognition* (Vol. 10, pp. 181-202).

Mahwah, NJ: Erlbaum.

[210] Smith, E. R. (2000, February). Connectionist representation of evaluation. Paper presented at the meeting of the Society for Personality and Social Psychology, Nashville, TN.

[211] Smith, E. R., & DeCoster, J. (1999). Associative and rule-based processing: A connectionist interpretation of dual-process models. In S. Chaiken & Y. Trope (Eds.), *Dual-process theories in social psychology* (pp. 323-336). New York: Guilford Press.

[212] Smith, E. R., Fazio, R. H., & Cejka, M. A. (1996). Accessible evaluations influence categorization of multiply categorizable objects. *Journal of Personality and Social Psychology*, **71**, 888-898.

[213] Smith, E. R., & Lerner, M. (1986). Development of automatism of social judgments. *Journal of Personality and Social Psychology*, **50**, 246-259.

[214] Smith, E. R., & Zarate, M. A. (1992). Exemplar-based model of social judgment. *Psychological Review*, **99**, 3-21.

[215] Smith, M. B., Bruner, J. S., & White, R. W. (1956). *Opinions and personality.* New York: Wiley.

[216] Smolensky, P. (1989). Connectionist modeling: Neural computation/mental connections. In L. Nadel (Ed.), P. Culicover, L. A. Cooper, & R. M. Harnish (Assoc. Eds.), *Neural connections, mental computation* (pp. 49-67). Cambridge, MA: MIT Press/Bradford.

[217] Squire, L. R. (1992). Memory and the hippocampus: A synthesis from findings with rats, monkeys, and humans. *Psychological Review*, **99**, 195-231.

[218] Squire, L. R., & Kandel, E. R. (1999). *Memory: From mind to molecules.* New York: Scientific American Library.

[219] Srull, T. K. (1981). Person memory: Some tests of associative storage and retrieval models. *Journal of Experimental Psychology: Human Learning and Memory*, **7**, 440-463.

[220] Srull, T. K. (1983). The role of prior knowledge in the acquisition, retention, and use of new information. In R. P. Bagozzi & A. M. Tybout (Eds.), *Advances in consumer research* (Vol. 10, pp. 572-576). Ann Arbor, MI: Association for Consumer Research.

[221] Stapel, D. A., & Koomen, W. (2000). How far do we go beyond the information given?: The impact of knowledge activation on interpretation and inference. *Journal of Personality and Social Psychology*, **78**, 19-37.

[222] Stapel, D. A., Koomen, W., & Ruijs, K. (2002). The effects of diffuse and distinct affect. *Journal of Personality and Social Psychology*, **83**, 60-74.

[223] Strack, F., & Deutsch, R. (2004). Reflection and impulse as determinants of "conscious" and "unconscious" motivation. In J. P. Forgas, K. Williams, & S. Laham (Eds.), *Social motivation: Conscious and unconscious processes* (pp.

91-112). Cambridge, UK: Cambridge University Press.
[224] Swanson, J. E., Rudman, L. A., & Greenwald, A. G. (2001). Using the Implicit Association Test to investigate attitude-behaviour consistency for stigmatised behaviour. *Cognition and Emotion*, **15**, 207-230.
[225] Tesser, A. (1978). Self-generated attitude change. In L. Berkowitz (Ed.), *Advances in experimental social psychology* (Vol. 11, pp. 289-338). New York: Academic press.
[226] Tesser, A., & Martin, L. (1996). The psychology of evaluation. In E. T. Higgins & A. W. Kruglanski (Eds.), *Social psychology: Handbook of basic principles* (pp. 400-432). New York: Guilford Press.
[227] Thurstone, L. L. (1928). Attitudes can be measured. *American Journal of Sociology*, **33**, 529-554.
[228] Thurstone, L. L. (1931). Measurement of social attitudes. *Journal of Abnormal and Social Psychology*, **26**, 249-269.
[229] Tulving, E., & Craik, F. I. M. (2000). *Handbook of memory*. Oxford: Oxford University Press.
[230] von Hippel, W., Sekaquaptewa, D., & Vargas, P. (1995). On the role of encoding processes in stereotype maintenance. In M. P. Zanna (Ed.), *Advances in Experimental Social Psychology* (Vol. 27, pp. 177–254). San Diego, CA: Academic Press.
[231] Walther, E., Nagengast, B., & Trasselli, C. (2005). Evaluative conditioning in social psychology: Facts and speculations. *Cognition and Emotion*, **19**, 175-196.
[232] Wentura, D. (1999). Activation and inhibition of affective information: Evidence for negative priming in the evaluation task. *Cognition and Emotion*, **13**, 65-91.
[233] Wentura, D. (2000). Dissociative affective and associative priming effects in the lexical decision task: *Yes* versus *no* responses to word targets reveal evaluative judgmental tendencies. *Journal of Experimental Psychology: Learning, Memory, and Cognition*, **26**, 456-469.
[234] Wentura, D., Rothermund, K., & Bak, P. (2000). Automatic vigilance: The attention grabbing power of approach- and avoidance-related social information. *Journal of Personality and Social Psychology*, **78**, 1024-1037.
[235] Wicker, A. W. (1969). Attitude versus actions: The relationship of verbal and overt behavioral responses to attitude objects. *Journal of Social Issues*, **25** (4), 41-78.
[236] Wilson, T. D., & Hodges, S. D. (1992). Attitudes as temporary constructions. In A. Tesser & L. Martin (Eds.), *The construction of social judgment* (pp. 37-65). Hillsdale, NJ: Erlbaum.
[237] Wilson, T. D., Lindsey, S., & Schooler, T. Y. (2000). A model of dual attitudes. *Psychological Review*, **107**, 101-126.
[238] Wittenbrink, B., Judd, C. M., & Park, B. (1997). Evidence for racial prejudice

at the implicit level and its relationship with questionnaire measures. *Journal of Personality and Social Psychology*, **72**, 262-274.

[239] Wittenbrink, B., Judd, C. M., & Park, B. (2001). Spontaneous prejudice in context: Variability in automatically activated attitudes. *Journal of Personality and Social Psychology*, **81**, 815-827.

[240] Zajonc, R. B. (1980). Feeling and thinking: Preferences need no inferences. *American Psychologist*, **35**, 151-175.

[241] Zajonc, R. B. (2001). Mere exposure: A gateway to the subliminal. *Current Directions in Psychological Science*, **10**, 224-228.

[242] Zald, D. H., & Pardo, J. V. (1997). Olfaction, emotion and the human amygdala: Amygdala activation during aversive olfactory stimulation. *Proceedings of the National Academy of Sciences*, **94**, 4119-4124.

[243] Zaller, J. (1992). *The nature and origins of mass opinion*. Cambridge, UK: Cambridge University.

第 5 章

[1] Akalis, S., & Banaji, M. R. (2004). Modification of the IAT effect via compassion. Unpublished data, Harvard University.

[2] Arkes, H. R., & Tetlock, P. E. (2004). Attributions of implicit prejudice, or "Would Jesse Jackson 'fail' the Implicit Association Test?" *Psychological Inquiry*, **15** (4), 257-278.

[3] Asendorpf, J. B., Banse, R., & Mucke, D. (2002). Double dissociation between implicit and explicit personality self-concept: The case of shy behavior. *Journal of Personality and Social Psychology*, **83**, 380-393.

[4] Asendorpf, J. B., Banse, R., & Schnabel, K. (2006). Employing automatic approach and avoidance tendencies for the assessment of implicit personality self-concept. *Experimental Psychology*, **53** (1), 69-76.

[5] Ashburn-Nardo, L., Voils, C., & Monteith, M. (2001). Implicit associations as the seeds of intergroup bias: How easily do they take root? *Journal of Personality and Social Psychology*, **81** (5), 789-799.

[6] Baccus, J. R., Baldwin, M. W., & Packer, D. J. (2004). Increasing implicit self-esteem through classical conditioning. *Psychological Science*, **15** (7), 498-502.

[7] Back, M. D., Schmukle, S. C., & Egloff, B. (2005). Measuring task-switching ability in the Implicit Association Test. *Experimental Psychology*, **52** (3), 167-179.

[8] Banse, R., Seise, J., & Zerbes, N. (2001). Implicit attitudes toward homosexuality: Reliability, validity, and controllability of the IAT. *Zeitschrift für Experimentelle Psychologie*, **48**, 145-160.

[9] Bargh, J. A. (1997). The automaticity of everyday life. In R. S. Wyer, Jr. (Ed.). *Advances in Social Cognition* (Vol. 10, pp. 1-61). Mahwah, NJ: Erlbaum

[10] Baron, A. S., & Banaji, M. R. (2006). The development of implicit attitudes:

Evidence of race evaluations from ages 6 and 10 and adulthood. *Psychological Science*, **17** (1), 53-58.
[11] Blair, I. V. (2002). The malleability of automatic stereotypes and prejudice. *Personality and Social Psychology Review*, **6**, 242-261.
[12] Blair, I. V., Ma, J., & Lenton, A. P. (2001). Imagining stereotypes away: The moderation of automatic stereotypes through mental imagery. *Journal of Personality and Social Psychology*, **81**, 828-841.
[13] Bosson, J. K., Swann, W. B., & Pennebaker, J. W. (2000). Stalking the perfect measure of implicit self-esteem: The blind men and the elephant revisited? *Journal of Personality and Social Psychology*, **79**, 631-643.
[14] Brauer, M., Wasel, W., & Niedenthal, P. (2000). Implicit and explicit components of prejudice. *Review of General Psychology*, **4**, 79-101.
[15] Brendl, C. M., Markman, A. B., & Messner, C. (2001). How do indirect measures of evaluation work? Evaluating the inference of prejudice in the Implicit Association Test. *Journal of Personality and Social Psychology*, **81** (5), 760-773.
[16] Cai, H., Sriram, N., Greenwald, A. G., & McFarland, S. G. (2004). The Implicit Association Test's D measure can minimize a cognitive skill confound: Comment on McFarland and Crouch (2002). *Social Cognition*, **22** (6), 673-684.
[17] Chee, M. W. L., Sriram, N., Soon, C. S., & Lee, K. M. (2000). Dorsolateral prefrontal cortex and the implicit association of concepts and attributes. *Neuroreport: For Rapid Communication of Neuroscience Research*, **11** (1), 135-140.
[18] Conrey, F. R., Sherman, J. W., Gawronski, B., Hugenberg, K., & Groom, C. (2005). Beyond automaticity and control: The quad-model of behavioral response. *Journal of Personality and Social Psychology*, **89** (4), 469-487.
[19] Cunningham, W. A., Johnson, M. K., Raye, C. L., Gatenby, J. C., Gore, J. C., & Banaji, M. R. (2004). Separable neural components in the processing of black and white faces. *Psychological Science*, **15** (12), 806-813.
[20] Cunningham, W. A., Preacher, K. J., & Banaji, M. R. (2001). Implicit attitude measures: Consistency, stability, and convergent validity. *Psychological Science*, **12** (2), 163-170.
[21] Cunningham, W. A., Nezlek, J. B., & Banaji, M. R. (2004). Implicit and explicit ethnocentrism: Revisiting the ideologies of prejudice. *Personality and Social Psychology Bulletin*, **30** (10), 1332-1346.
[22] Dasgupta, N., & Asgari, S. (2004). Seeing is believing: Exposure to counterstereotypic women leaders and its effect on the malleability of automatic gender stereotyping. *Journal of Experimental Social Psychology*, **40**, 642-658.
[23] Dasgupta, N., & Greenwald, A. G. (2001). On the malleability of automatic attitudes: Combating automatic prejudice with images of admired and disliked individuals. *Journal of Personality and Social Psychology*, **81** (5), 800-814.
[24] Dasgupta, N., Greenwald, A. G., & Banaji, M. R. (2003). The first ontological

challenge to the IAT: Attitude or mere familiarity? *Psychological Inquiry*, **14** (3&4), 238-243.

[25] Dasgupta, N., McGhee, D. E., Greenwald, A. G., & Banaji, M. R. (2000). Automatic preference for White Americans: Eliminating the familiarity explanation. *Journal of Experimental and Social Psychology*, **36**, 316-328.

[26] Draine, S. C., & Greenwald, A. G. (1998). Replicable unconscious semantic priming. *Journal of Experimental Psychology: General*, **127** (3), 286-303.

[27] Dunham, Y., Baron, A., & Banaji, M. (2006). From American city to Japanese village: A cross-cultural investigation of implicit race attitudes. *Child Development*, **77**, 1268-1281.

[28] Egloff, B., & Schmukle, S. C. (2002). Predictive validity of an Implicit Association Test for measuring anxiety. *Journal of Personality and Social Psychology*, **83**, 1441-1455.

[29] Egloff, B., Schwerdtfeger, A., & Schmukle, S. C. (2005). Temporal stability of the Implicit Association Test – anxiety. *Journal of Personality Assessment*, **84** (1), 82-88.

[30] Fazio, R. H., & Olson, M. A. (2003). Implicit measures in social cognition research: Their meaning and use. *Annual Review of Psychology*, **54**, 297-327.

[31] Fazio, R. H., Sanbonmatsu, D. M., Powell, M. C., & Kardes, F. R. (1986). On the automatic activation of attitudes. *Journal of Personality and Social Psychology*, **50** (2), 229-238.

[32] Ferguson, M. J., & Bargh, J. A. (2003). The constructive nature of automatic evaluation. In Musch, J., & Klauer, K. C. (Eds.), *The Psychology of Evaluation: Affective Processes in Cognition and Emotion* (pp. 169-188). Mahwah, NJ: Lawrence Erlbaum Associates.

[33] Florack, A., Bless, H., & Piontkowski, U. (2003). When do people accept cultural diversity? Affect as determinant. *International Journal of Intercultural Relations*, **27**, 627-640.

[34] Foroni, F., & Mayr, U. (2005). The power of a story: New, automatic associations from a single reading of a short scenario. *Psychonomic Bulletin and Review*, **12** (1), 139-144.

[35] Gehring, W. J., Karpinski, A., & Hilton, J. L. (2003). Thinking about interracial interactions. *Nature Neuroscience*, **6** (12), 1241-1243.

[36] Gemar, M. C., Segal, Z. V., Sagrati, S., & Kennedy, S. J. (2001). Mood-induced changes on the Implicit Association Test in recovered depressed patients. *Journal of Abnormal Psychology*, **110** (2), 282-289.

[37] Gilbert, D. T., & Hixon, J. G. (1991). The trouble of thinking: Activation and application of stereotypic beliefs. *Journal of Personality and Social Psychology*, **60**, 509-517.

[38] Govan, C. L., & Williams, K. D. (2004). Reversing or eliminating IAT effects by

changing the affective valence of the stimulus items. *Journal of Experimental Social Psychology*, **40** (3), 357-365.
[39] Greenwald, A. G., & Banaji, M. R. (1995). Implicit social cognition: Attitudes, self-esteem, and stereotypes. *Psychological Review*, **102** (1), 4-27.
[40] Greenwald, A. G., & Farnham, S. D. (2000). Using the Implicit Association Test to measure self-esteem and self-concept. *Journal of Personality and Social Psychology*, **79** (6), 1022-1038.
[41] Greenwald, A. G., McGhee, D. E., & Schwarz, J. L. K. (1998). Measuring individual differences in implicit cognition: The Implicit Association Test. *Journal of Personality and Social Psychology*, **74** (6), 1464-1480.
[42] Greenwald, A. G., & Nosek, B. A. (2001). Health of the Implicit Association Test at age 3. *Zeitschrift für Experimentelle Psychologie*, **48**, 85-93.
[43] Greenwald, A. G., Nosek, B. A., & Banaji, M. R. (2003). Understanding and using the Implicit Association Test: I. An improved scoring algorithm. *Journal of Personality and Social Psychology*, **85** (2), 197-216.
[44] Greenwald, A. G., Nosek, B. A., Banaji, M. R., & Klauer, K. C. (2005). Validity of the salience asymmetry interpretation of the IAT: Comment on Rothermund and Wentura (2004). *Journal of Experimental Psychology: General*, **134** (3), 420-425.
[45] Hall, G., Mitchell, C., Graham, S., & Lavis, Y. (2003). Acquired equivalence and distinctiveness in human discrimination learning: Evidence for associative mediation. *Journal of Experimental Psychology: General*, **132** (2), 266-276.
[46] Hofmann, W., Gawronski, B., Gschwendner, T., Le, H., & Schmitt, M. (2005). A meta-analysis on the correlation between the Implicit Association Test and explicit self-report measures. *Personality and Social Psychology Bulletin*, **31** (10), 1369-1385.
[47] De Houwer, J. (2001). A structural and process analysis of the Implicit Association Test. *Journal of Experimental Social Psychology*, **37**, 443-451.
[48] De Houwer, J. (2003). The extrinsic affective Simon task. *Experimental Psychology*, **50** (2), 77-85.
[49] Hummert, M. L., Garstka, T. A., O'Brien, L. T., Greenwald, A. G., & Mellott, D. S. (2002). Using the implicit association test to measure age differences in implicit social cognitions. *Psychology and Aging*, **17** (3), 482-495.
[50] Jajodia, A., & Earleywine, M. (2003). Measuring alcohol expectancies with the implicit association test. *Psychology of Addictive Behaviors*, **17** (2), 126-133.
[51] de Jong, P. J., Pasman, W., Kindt, M., & van den Hout, M. A. (2001). A reaction time paradigm to assess (implicit) complaint—specific dysfunctional beliefs. *Behaviour Research and Therapy*, **39** (1), 101-113.
[52] Kahneman, D., & Treisman, A. (1984). Changing views of attention and automaticity. In R. Parasuraman & D. R. Davies (Eds.), *Varieties of attention* (pp. 29-61). San Diego, CA: Academic Press.

[53] Kahneman, D., Slovic, P., & Tversky, A. (1982). *Judgment under uncertainty: Heuristics and biases.* New York: Cambridge University Press.
[54] Karpinski, A., & Hilton, J. L. (2001). Attitudes and the implicit association test. *Journal of Personality and Social Psychology,* **81**, 774-788.
[55] Karpinski, A., & Steinman, R. B., (2006). The single category implicit association test as a measure of implicit social cognition. *Journal of Personality and Social Psychology,* **91**, 16-32.
[56] Kim, D. Y. (2003). Voluntary controllability of the Implicit Association Test (IAT). *Social Psychology Quarterly,* **66**, 83-96.
[57] Lowery, B. S., Hardin, C. D., & Sinclair, S. (2001). Social influence effects on automatic racial prejudice. *Journal of Personality and Social Psychology,* **81**, 842-855.
[58] Macrae, C. N., Bodenhausen, G. V., Milne, A. B., Thorn, T. M. J., & Castelli, L. (1997). On the activation of social stereotypes: The moderating role of processing objectives. *Journal of Experimental Social Psychology,* **33**, 471-489.
[59] Maison, D., Greenwald, A. G., & Bruin, R. (2001). The Implicit Association Test as a measure of implicit consumer attitudes. *Polish Psychological Bulletin,* **32** (1), 61-69.
[60] Marsh, K. L., Johnson, B. T., & Scott-Sheldon, L. A. (2001). Heart versus reason in condom use: Implicit versus explicit attitudinal predictors of sexual behavior. *Zeitschrift für Experimentelle Psychologie,* **48** (2), 161-175.
[61] McFarland, S. G., & Crouch, Z. (2002). A cognitive skill confound on the Implicit Association Test. *Social Cognition,* **20** (6), 483-510.
[62] Mierke, J., & Klauer, K. C. (2001). Implicit association measurement with the IAT: Evidence for effects of executive control processes. *Zeitschrift für Experimentelle Psychologie,* **48** (2), 107-122.
[63] Mierke, J., & Klauer, K. C. (2003). Method-specific variance in the Implicit Association Test. *Journal of Personality and Social Psychology,* **85** (6), 1180-1192.
[64] Mitchell, C. J. (2004). Mere acceptance produces apparent attitude in the Implicit Association Test. *Journal of Experimental Social Psychology,* **40** (3), 366-373.
[65] Mitchell, J. A., Nosek, B. A., & Banaji, M. R. (2003). Contextual variations in implicit evaluation. *Journal of Experimental Psychology: General,* **132** (3), 455-469.
[66] Monteith, M. J., Ashburn-Nardo, L., Voils, C. I., & Czopp, A. M. (2002). Putting the brakes on prejudice: On the development and operation of cues for control. *Journal of Personality and Social Psychology,* **83** (5), 1029-1050.
[67] Monteith, M. J., Voils, C. I., & Ashburn-Nardo, L. (2001). Taking a look underground: Detecting, interpreting, and reacting to implicit racial biases. *Social Cognition,* **19** (4), 395-417.
[68] Nisbett, R. E., & Wilson, T. D. (1977). Telling more than we can know: Verbal

reports on mental processes. *Psychological Review*, **84** (3), 231-259.
[69] Nosek, B. A. (2005). Moderators of the relationship between implicit and explicit evaluation. *Journal of Experimental Psychology: General*, **134**, 565-584.
[70] Nosek, B. A., & Banaji, M. R. (1997). *Initial parameter testing of the Implicit Association Test*. Unpublished data.
[71] Nosek, B. A., & Banaji, M. R. (2001). The go/no-go association task. *Social Cognition*, **19** (6), 625-666.
[72] Nosek, B. A., Banaji, M. R., & Greenwald, A. G. (2002). Harvesting intergroup implicit attitudes and beliefs from a demonstration Web site. *Group Dynamics*, **6** (1), 101-115.
[73] Nosek, B. A., Greenwald, A. G., & Banaji, M. R. (2005). Understanding and using the Implicit Association Test: II. Method variables and construct validity. *Personality and Social Psychology Bulletin*, **31** (2), 166-180.
[74] Nosek, B. A., & Smyth, F. L. (2007). A multitrait-multimethod validation of the Implicit Association Test: Implicit and explicit attitudes are related but distinct constructs. *Experimental Psychology*, **54**, 14-29.
[75] Nunnally, J. C., & Bernstein, I. H. (1994). *Psychometric theory*. New York: McGraw-Hill.
[76] Olson, M. A., & Fazio, R. H. (2003). Relations between implicit measures of prejudice: What are we measuring? *Psychological Science*, **14** (6), 636-639.
[77] Ottaway, S. A., Hayden, D. C., & Oakes, M. A. (2001). Implicit attitudes and racism: Effects of word familiarity and frequency on the implicit association test. *Social Cognition*, **19** (2), 97-144.
[78] Perugini, M., & Leone, L. (2004). *Individual differences in moral decision making; Validation of an implicit measure of morality*. Unpublished manuscript.
[79] Phelps, E. A., O'Connor, K. J., Cunningham, W. A., Funayama, E. S., Gatenby, J. C., Gore, J. C., & Banaji, M. R. (2000). Performance on indirect measures of race evaluation predicts amygdala activation. *Journal of Cognitive Neuroscience*, **12** (5), 729-738.
[80] Poehlman, T. A., Uhlmann, E., Greenwald, A. G., & Banaji, M. R. (2004). Understanding and using the Implicit Association Test: III. Meta-analysis of predictive validity. Manuscript submitted for publication.
[81] Richeson, J. A., & Ambady, N. (2003). Effects of situational power on automatic racial prejudice. *Journal of Experimental Social Psychology*, **39** (2), 177-183.
[82] Richeson, J. A., Baird, A. A., Gordon, H. L., Heatherton, T. F., Wyland, C. L., Trawalter, S., & Shelton, J. N. (2003). An fMRI investigation of the impact of interracial contact on executive function. *Nature Neuroscience*, **6** (12), 1323-1328.
[83] Richeson, J. A., & Nussbaum, R. J. (2004). The impact of multiculturalism versus color-blindness on racial bias. *Journal of Experimental Social Psychology*, **40** (3), 417-423.

[84] Roediger, H. L. (1990). Implicit memory: Retention without remembering. *American Psychologist,* **45** (9), 1043-1056.

[85] Rothermund, K., & Wentura, D. (2001). Figure-ground asymmetries in the Implicit Association Test (IAT). *Zeitschrift für Experimentelle Psychologie,* **48** (2), 94-106.

[86] Rothermund, K., & Wentura, D. (2004). Underlying processes in the Implicit Association Test (IAT): Dissociating salience from associations. *Journal of Experimental Psychology: General,* **133** (2), 139-165.

[87] Rudman, L. A., Ashmore, R. D., & Gary, M. L. (2001). "Unlearning" automatic biases: The malleability of implicit prejudice and stereotypes. *Journal of Personality and Social Psychology,* **81** (5), 856-868.

[88] Rudman, L. A., Greenwald, A. G., Mellott, D. S., & Schwartz, J. L. K. (1999). Measuring the automatic components of prejudice: Flexibility and generality of the Implicit Association Test. *Social Cognition,* **17** (4), 437-465.

[89] Rudman, L. A., & Heppen, J. B. (2003). Implicit romantic fantasies and women's interest in personal power: A glass slipper effect? *Personality and Social Psychology Bulletin,* **29** (11), 1357-1370.

[90] Schacter, D. L., Bowers, J., & Booker, J. (1989). Intention, awareness, and implicit memory: The retrieval intentionality criterion. In S. Lewandowsky, J. C. Dunn, & K. Kirsner (Eds.), *Implicit memory: Theoretical issues* (pp. 47-65). Hillsdale, NJ: Erlbaum.

[91] Schmukle, S. C., & Egloff, B. (2004). Does the Implicit Association Test for assessing anxiety measure trait and state variance? *European Journal of Personality,* **18**, 483-494.

[92] Schmukle, S. C., & Egloff, B. (2005). A latent state-trait analysis of implicit and explicit personality measures. *European Journal of Psychological Assessment,* **21** (2), 100-107.

[93] Sherman, S. J., Presson, C. C., Chassin, L., Rose, J. S., & Koch, K. (2003). Implicit and explicit attitudes toward cigarette smoking: The effects of context and motivation. *Journal of Social and Clinical Psychology,* **22**, 13-39.

[94] Simon, H. A. (1955). A behavioral model of rational choice. *Quarterly Journal of Economics,* **69**, 99-118.

[95] Steffens, M. C. (2004). Is the Implicit Association Test immune to faking? *Experimental Psychology,* **51** (3), 165-179.

[96] Steffens, M. C., & Buchner, A. (2003). Implicit Association Test: Separating transsituationally stables and variable components of attitudes toward gay men. *Experimental Psychology,* **50** (1), 33-48.

[97] Steffens, M. C., & Plewe, I. (2001). Item's cross-category associations as a confounding factor in the Implicit Association Test. *Zeitschrift für Experimentelle Psychologie,* **48**, 123-134.

[98] Teachman, B. A., Gregg, A. P., & Woody, S. R. (2001). Implicit associations for fear-relevant stimuli among individuals with snake and spider fears. *Journal of Abnormal Psychology*, **110** (2), 226-235.

[99] Teachman, B. A., & Woody, S. R. (2003). Automatic processing in spider phobia: Implicit fear associations over the course of treatment. *Journal of Abnormal Psychology*, **112** (1), 100-109.

[100] Teachman, B. A., Gapinski, K. D., Brownell, K. D., Rawlins, M., & Jeyaram, S. (2003). Demonstrations of implicit anti-fat bias: The impact of providing causal information and evoking empathy. *Health Psychology*, **22** (1), 68-78.

[101] Teige, S., Schnabel, K., Banse, R., & Asendorpf, J. B. (2004). Assessment of multiple implicit self-concept dimensions using the Extrinsic Affective Simon Task (EAST). Unpublished manuscript.

[102] Wegner, D. M. (2002). *The illusion of conscious will*. Cambridge, MA: Bradford Books.

[103] Wigboldus, D. (2004). *Single-target implicit associations*. Unpublished manuscript.

[104] Wilson, T. D., Lindsey, S., & Schooler, T. Y. (2000). A model of dual attitudes. *Psychological Review*, **107** (1), 101-126.

[105] Wittenbrink, B., Judd, C. M., & Park, B. (1997). Evidence for racial prejudice at the implicit level and its relationship with questionnaire measures. *Journal of Personality and Social Psychology*, **72** (2), 262-274.

[106] Wittenbrink, B., Judd, C. M., & Park, B. (2001). Spontaneous prejudice in context: Variability in automatically activated attitudes. *Journal of Personality and Social Psychology*, **81** (5), 815-827.

事項索引

あ
IAT 効果の神経科学的関連　163
IAT 手続き　148
IAT の構成概念妥当性　155
IAT の内的妥当性　146
アタッチメントスタイル　101
アタッチメント理論　91
アフォーダンス　45
安心感に基づく自己表象　101
安全基地　98
意識の意図的側面　26
意識の現象的側面　26
依存性制御モデル　106
一体感　91
意図性　18
if-then 形式　89
意味プライミング　118
因果関係の INUS 条件　20
エイジェンシー感覚　22

か
解釈比較モデル　62
関係構造　86
関係スキーマ　89
関係的自己　88
関係的・相互依存的自己解釈　91
関係認知　85
関係保護　105
関係モデル理論　93
感情　130
観念運動行為　44, 46
共同関係と交換関係　93
拒絶感受性　93
計算論的アプローチ　13
後意識的自動性　16
行為の力動理論　78
構成的観点　136
行動マッチング　48

構文固執　47
効率性　28
コネクショニストモデル　13, 137

さ
最適弁別性理論　50
作業モデル　92
作動自己概念モデル　66
次元性　125
自己推論　89
自己保護　105
示差性　126
実行意図　21
視点取得　51
自動性（automaticity）　9
自動的因果推論　71
自動的目標遂行　67
自動評価　115
社会的な絆としての模倣　52
社会的排斥　50
重要他者　86
純粋に刺激駆動　26
状況依存性　122
状況独立性　121
条件つき受容　89
所属（とつながり）　86
自律性　16, 25
親密な関係　86
ステレオタイプ　56
ステレオタイプ脅威　65
前意識的自動性　16
潜在記憶　128
潜在態度測定法　118
潜在的測定　145
潜在的認知　144
潜在連合テスト　145
漸進的アプローチ　16
潜在的認知の発達　158

索　引

選択的アクセシビリティモデル　62

た
対人スクリプト　89
態度　115
　──対象　117
他者の自己への内包　90
単一タグ観点　135
調整変数　125
D 得点算出法　151, 152
転移　87
同化効果と対比効果　61
動機づけ　123
統制性　24
特徴ベースのアプローチ　11

な
2 過程モデル　11
ニュールック心理学　12
認知的相互依存状態　91
脳画像法　120

は
速さ　29
評価　115
評価プライミング　118

評価プライミング効果　119
表情の模倣　47
ファン効果　74
プライミング　41
並列分散処理モデル　137

ま
ミケランジェロ現象　108
見せ掛けの心的因果理論　69
無条件の受容　89
命題的評価　140
メカニズムベースアプローチ　17
目標依存性　21
目標依存的自動性　16
目標感染　71

や
容量モデル　11
抑制処理　138
予測妥当性　133

ら
ルールベース　140
連合的評価　140
連合ネットワーク　126
　──理論　135

人名索引

あ
アーツ（Aarts, H.）　1, 41, 63, 68, 69, 71-74, 76, 77, 79, 80
アカリス（Akalis, S.）　154
アグニュー（Agnew, C. R.）　91
アッシュ（Asch, S. E.）　60
アラド（Arad, D.）　95
アロン（Aron, A.）　90, 102
アンダーセン（Andersen, S. M.）　97, 100, 103, 105, 108
アンダーソン（Anderson, J. R.）　17

イーグリー（Eagly, A. H.）　116
イトウ（Ito, T. A.）　120
ヴァラシャー（Vallacher, R. R.）　19
ウィーラー（Wheeler, S. C.）　66
ウィッカー（Wicker, A. W.）　129
ウィリアム・ジェームズ（James, W.）　44, 45
ウィルソン（Wilson, T. D.）　127
ウェイクフィールド（Wakefield, J.）　22
ウェグナー（Wegner, D. M.）　2, 19, 23, 69
ウエスト（West, J.）　46

エイデルバーグ（Eidelberg, L.）　44, 45
エゴロフ（Egloff, B.）　153
エスティーズ（Estes, Z.）　63
オルソン（Olson, M. A.）　127, 156

か
カーネマン（Kahneman, D.）　143
カーバー（Carver, C. S.）　15, 32, 58
ガウロンスキー（Gawronski, B.）　124, 140
カシオッポ（Cacioppo, J. T.）　120
カスター（Custers, R.）　68, 79
カステッリ（Castelli, L.）　128
カニングハム（Cunningham, W. A.）　120, 156, 163
カワカミ（Kawakami, K.）　57
カンデル（Kandel, E. R.）　128
クーメン（Koomen, W.）　132
クール（Kuhl, J.）　77
グッデール（Goodale, M. A.）　43, 83
グッドマン（Goodman, C. C.）　12
グリーンワルド（Greenwald, A. G.）　7, 144, 149, 151, 152, 162
クルグランスキー（Kruglanski, A. W.）　74, 75
クロアーゼ（Croizet, J. C.）　132
クロス（Cross, S. E.）　95, 102, 111
ゴア（Gore, J. S.）　111
コーワン（Cowan, W. B.）　26
ゴシュケ（Goschke, T. M.）　77
ゴルヴィッツァー（Gollwitzer, P. M.）　21
コンレイ（Conrey, F. R.）　154

さ
ザイアンス（Zajonc, R. B.）　47, 48, 131
サイモン（Simon, H. A.）　143
ザヤス（Zayas, V.）　98
ジェイコブソン（Jacobson, E.）　46
シフリン（Shiffrin, R. M.）　12
シャイアー（Scheier, M. F.）　15, 32
ジャストロウ（Jastrow, J.）　46
シャー（Shah, J. Y.）　72, 75, 78, 104
ジャンヌロー（Jeannerod, M.）　46
シュナイダー（Schneider, W.）　12
シュムクル（Schmukle, S. C.）　153

ショウダ（Shoda, Y.）　98
ジラス（Gillath, O.）　104
シンクレア（Sinclair, L.）　99
シンプソン（Simpson, J. A.）　109
ジンメル（Simmel, M.）　72
スクワイア（Squire, L. R.）　128
スターペル（Stapel, D. A.）　62, 131, 132
ストラック（Strack, F.）　124
スマイス（Smyth, F. L.）　157

た
ダイクステルハウス（Dijksterhuis, A.）　1-4, 41, 56, 60, 63, 74, 76, 80
ダウニー（Downey, G.）　93, 100, 109
タッカー（Tucker, M. A.）　46
ダックワース（Duckworth, K. L.）　127
ダッブス（Dabbs, J. M.）　53
ダマシオ（Damasio, A. R.）　130
ダンハム（Dunham, Y.）　158
チェイケン（Chaiken, S.）　116
チェン（Chen, M.）　129
チェン（Chen, S.）　2, 4, 5, 95
チャートランド（Chartrand, T. L.）　1, 4, 40, 44, 48, 49, 70, 133
ツェルコフ（Tzelgov, J.）　18
ディク（Dik, G.）　72
デービス（Davis, M. H.）　51
デネット（Dennet, D. C.）　24
デハート（DeHart, T.）　106
デ・ハウアー（De Houwer, J.）　2, 3
ドリゴタス（Drigotas, S. M.）　108
トレイズマン（Treisman, A.）　15
ドレイファス（Dreyfus, H.）　22

な
ナカッチェ（Naccache, L.）　34
ニーリィ（Neely, J. H.）　119
ノーレットランダーシュ（Norretranders, T.）　40
ノゼック（Nosek, B. A.）　7, 125, 126, 134, 148-150, 156, 157, 161

は
バーク（Berk, M. S.）　108

索　引

バージ（Bargh, J. A.）　15-17, 25, 26, 30, 40, 41, 44, 48, 55, 57, 58, 70, 72, 77, 80, 87, 103, 122, 123, 129, 138
ハイダー（Heider, F.）　72
ハイト（Haidt, J.）　130
ハッシン（Hassin, R. R.）　71
バナジ（Banaji, M. R.）　7, 144, 154, 156, 158, 161, 162
バビラス（Bavelas, J. B.）　47
バロン（Baron, A. S.）　158
パワーズ（Powers, W. T.）　25
バン・ニッペンバーグ（van Knippenberg, A.）　60, 80
バンフィールド（Banfield, J. F.）　58
ヒギンズ（Higgins, E. T.）　132
ヒンクレー（Hinkley, K.）　100
ファーガソン（Ferguson, M. J.）　6, 123, 132, 138
ファジオ（Fazio, R. H.）　6, 118, 119, 121, 126, 127, 134, 135, 156
フィスク（Fiske, S. T.）　6, 132
フィスケ（Fiske, A. P.）　96
フィッツシモンズ（Fitzsimons, G. M.）　72, 73, 103
フェスティンガー（Festinger, L.）　124
フェルドマン（Feldman, S.）　93, 100
フェルプス（Phelps, E. A.）　163
フォロニ（Foroni, F.）　159
ブリューワー（Brewer, M. B.）　50
プリンツ（Prinz, W.）　44
ブルーナー（Bruner, J. S.）　12
ブロック（Block, N.）　26, 27, 35
ベインズ（Banse, R.）　96
ベルニエリ（Bernieri, F. J.）　48, 53
ボウルビィ（Bowlby, J.）　5, 107
ポールマン（Poehlman, T. A.）　157
ボッソン（Bosson, J. K.）　153, 155
ホフマン（Hofmann, W.）　152, 157
ホランド（Holland, R. W.）　69
ボルドウィン（Baldwin, M. W.）　97-99, 101
ホルムズ（Holmes, J. G.）　101

ま

マー（Marr, D.）　9
マーフィー（Murphy, S. T.）　131
マイアー（Mayr, U.）　159
マクダニエル（McDaniel, M. A.）　75
マダックス（Maddux, W. W.）　123, 138
マッキー（Mackie, J. L.）　20
ミクリンサー（Mikulincer, M.）　95, 98, 101, 106, 107, 110
ミッチェル（Mitchell, J. A.）　165
ミルグラム（Milgram, S.）　58
ミルナー（Milner, A. D.）　43
ムーアズ（Moors, A.）　2, 3
ムスワイラー（Mussweiler, T.）　46, 62
メイン（Main, K. J.）　97
モスコビッチ（Moskowitz, G. B.）　15, 73
モニン（Monin, B.）　130

や・ら

ヤブロ（Yablo, S.）　19
ラーキン（Lakin, J. L.）　49
ライト（Wright, S.）　102
リゾラッティ（Rizzolatti, G.）　40
リベット（Libet, B.）　39
ル・ブフ（LeBoeuf, R. A.）　63
レズニク（Reznik, I.）　97, 103
ロウリー（Lowery, B. S.）　123, 158
ローガン（Logan, G.）　26
ローガン（Logan, G. D.）　16-18
ロード（Lord, C. G.）　90

訳者紹介 (*は編訳者)

イントロダクション
北村英哉*（東洋大学）
北村英哉（2008）感情研究の最新理論―社会的認知の観点から― 感情心理学研究, **16**(2), 156-166.
北村英哉・佐藤史緒（2008）潜在測定による自己と態度の研究―Implicit Association Test 紙筆版による地域イメージの検討― 東洋大学21世紀ヒューマン・インタラクション・リサーチ・センター研究年報, **5**, 31-36.
Kitamura, H.（2005）Effects of mood states on information processing strategies: Two studies of automatic and controlled processing using misattribution paradigms. *Asian Journal of Social Psychology*, **8**, 139-154. など

1章 『無意識と自動性』
木村　晴*（帝京大学）
木村　晴（2005）抑制スタイルが抑制の逆説的効果の生起に及ぼす影響 教育心理学研究, **52**(3), 230-240.
木村　晴（2004）望まない思考の抑制と代替思考の効果 教育心理学研究, **52**(2), 115-126.
木村　晴（2003）思考抑制の影響とメンタルコントロール方略 心理学評論, **46**(4), 584-596. など

2章 『無意識の社会的行動』
及川昌典*（同志社大学）
及川昌典（2005）意識的目標と非意識的目標はどのように異なるのか？ ステレオタイプ抑制における非意識的目標の効果 教育心理学研究, **53**(4), 504-515.
及川昌典（2005）知能観が非意識的な目標追求に及ぼす影響 教育心理学研究, **53**(1), 14-25.
Oikawa, M.（2004）. Moderation of automatic achievement goals by conscious monitoring. *Psychological Reports*, **95**, 975-980. など

3章 『無意識と人間関係』
武田美亜（青山学院女子短期大学）
武田美亜（2008）開示者と被開示者による自己開示の内面性認知が被開示者から開示者への好意に及ぼす影響 東洋大学社会学部紀要, **46-1**, 65-81.
武田美亜・沼崎誠（2007）相手との親密さが内的経験の積極的伝達場面における2種類の透明性の錯覚に及ぼす効果 社会心理学研究, **23**, 57-70.
武田美亜・沼崎誠（2007）共通基盤の想定が透明性の錯覚に及ぼす効果 対人社会心理学研究, **7**, 11-19. など

4章 『無意識的な評価』
青林　唯（障害者職業総合センター　社会的支援部門）
青林　唯（2008）行動－状態志向性尺度の内的一貫性と妥当性の検討　パーソナリティ研究, **16**, 129-140.
青林　唯（2008）状況の自己知識へのアクセス可能性がネガティブ感情の制御に及ぼす影響　認知心理学研究, **5**, 165-175.
Wakabayashi, A., & Aobayashi, T.（2007）. Obsessions and compulsions in Japanese university students: the Padua Inventory and its relationship with obsessive-compulsive personality. *Personality and Individual Differences*, **43**, 1113-1123. など

5章 『潜在連合テスト』
原島雅之（千葉大学）
原島雅之・小口孝司（2007）顕在的自尊心と潜在的自尊心が内集団ひいきに及ぼす効果　実験社会心理学研究, **47(1)**, 69-77. など

無意識と社会心理学
高次心理過程の自動性

2009 年 4 月 10 日　初版第 1 刷発行
2010 年 8 月 30 日　初版第 3 刷発行

（定価はカヴァーに表示してあります）

原編者　John A. Bargh
編訳者　及川　昌典
　　　　木村　晴
　　　　北村　英哉
発行者　中西　健夫
発行所　株式会社ナカニシヤ出版
　　　〒606-8161　京都市左京区一乗寺木ノ本町 15 番地
　　　　　　Telephone　075-723-0111
　　　　　　Facsimile　075-723-0095
　　　Website　http://www.nakanishiya.co.jp/
　　　E-mail　iihon-ippai@nakanishiya.co.jp
　　　　　　郵便振替　01030-0-13128

装幀＝白沢　正／印刷＝ファインワークス／製本＝兼文堂
Copyright © 2009 by M. Oikawa, H. Kimura, & H. Kitamura
Printed in Japan.
ISBN978-4-7795-0322-1